"十四五"国家重点出版物出版规划项目

国家出版基金项目
NATIONAL PUBLICATION FOUNDATION

中国区域协调发展研究丛书

范恒山　主编

# 成渝地区
# 双城经济圈建设

史育龙　张惠强 等 著

辽宁人民出版社

**图书在版编目（CIP）数据**

成渝地区双城经济圈建设 / 史育龙等著. —沈阳：
辽宁人民出版社，2023.11
（中国区域协调发展研究丛书 / 范恒山主编）
ISBN 978-7-205-10977-6

Ⅰ.①成… Ⅱ.①史… Ⅲ.①区域经济发展—研究—
成都②区域经济发展—研究—重庆 Ⅳ.①F127.711
②F127.719

中国国家版本馆 CIP 数据核字（2023）第 223247 号

出版发行：辽宁人民出版社
　　　　　地址：沈阳市和平区十一纬路 25 号　邮编：110003
　　　　　电话：024-23284321（邮　购）　024-23284324（发行部）
　　　　　传真：024-23284191（发行部）　024-23284304（办公室）
　　　　　http://www.lnpph.com.cn
印　　　刷：辽宁新华印务有限公司
幅面尺寸：170mm×240mm
印　　张：20
字　　数：285 千字
出版时间：2023 年 11 月第 1 版
印刷时间：2023 年 11 月第 1 次印刷
策划编辑：郭　健
责任编辑：郭　健　何雪晴
封面设计：胡小蝶
版式设计：留白文化
责任校对：吴艳杰
书　　号：ISBN 978-7-205-10977-6
定　　价：92.00 元

# 总　序

　　区域发展不平衡是世界许多国家尤其是大国共同面对的棘手难题，事关国家发展质量、民族繁荣富强、社会和谐安定。鉴此，各国都把促进区域协调发展作为治理国家的一项重大任务，从实际出发采取措施缩小地区发展差距、化解突出矛盾。

　　我国幅员辽阔、人口众多，各地区自然资源禀赋与经济社会发展条件差别之大世界上少有，区域发展不平衡是基本国情。新中国成立以来，党和国家始终把缩小地区发展差距、实现区域协调发展摆在重要位置，因应不同时期的发展环境，采取适宜而有力的战略与政策加以推动，取得了积极的成效。新中国成立初期，将统筹沿海和内地工业平衡发展作为指导方针，为内地经济加快发展从而促进区域协调发展奠定了坚实基础；中共十一届三中全会以后，实施东部沿海率先发展战略，为快速提升我国综合实力和国际竞争力提供了强劲驱动力。"九五"时期开始，全面实施区域协调发展战略，以分类指导为方针解决各大区域板块面临的突出问题，遏制了地区差距在一个时期不断拉大的势头。党的十八大以来，协调发展成为治国理政的核心理念，以区域重大战略为引领、以重大区域问题为抓手，多管齐下促进区域协调发展，区域经济布局和国土空间体系呈现崭新面貌。在新中国七十多年发展的辉煌史册中，促进区域协调发展成为最亮丽、最动人的篇章之一。围绕发挥地区比较优势、缩小城乡区域发展和收入分配差距，促进人的全面发展并最终实现全体人民共同富裕这个核心任务，中国从自身实际出发开拓进取，推出了一系列创新性举措，形成了一大批独特的成果，也积累了众多的富有价值的宝贵经验，成为大国解决区域发展不平衡问题的一个典范，为推动全人类更加公平、更可持续的发展做出了重要贡献。中国的探索，不仅造就了波澜壮阔、撼人肺腑的伟大实践，也形成了具有自身特色的区域协调发展的理论体系。

我国已经开启全面建设社会主义现代化国家的新征程。促进区域协调发展既是推进中国式现代化的重要内容，也是实现中国式现代化的重要支撑。缩小不合理的两极差距，实现区域间发展的动态平衡，有利于推动经济高质量发展，有利于增进全体人民幸福美好生活，有利于实现国家的长治久安。我国促进区域协调发展取得了长足的进步，但面临的任务依然繁重，一些积存的症疾需要进一步化解，一些新生的难题需要积极应对。我们需要认真总结以往的成功做法，适应新的形势要求，坚持目标导向和问题导向的有机统一，继续开拓创新，把促进区域协调发展推向一个新高度，努力构建优势互补、高质量发展的区域经济布局和国土空间体系。

顺应新时代推进现代化建设、促进区域协调发展的要求，中国区域协调发展研究丛书出版面世。本套丛书共10册，分别是《中国促进区域协调发展的理论与实践》《四大区域板块高质量发展》《区域发展重大战略功能平台建设》《京津冀协同发展》《长江经济带发展》《粤港澳大湾区高质量发展》《长江三角洲区域一体化发展》《黄河流域生态保护和高质量发展》《成渝地区双城经济圈建设》《高水平开放的海南自由贸易港》，既有关于区域协调发展的整体分析，又有对于重大战略实施、重点领域推进的具体研究，各具特色，又浑然一体，共同形成了一幅全景式展示中国促进区域协调发展理论、政策与操作的图画。从目前看，可以说是我国第一套较为系统全面论述促进区域协调发展的丛书。担纲撰写的均是经济、区域领域的著名或资深专家，这一定程度地保障了本丛书的权威性。

本丛书付梓面世凝聚了各方面的心血。中央财办副主任、国家发展改革委原副主任杨荫凯同志首倡丛书的撰写，并全程给予了积极有力的推动和指导；国家发展改革委地区振兴司、地区经济司、国土地区所等提供了重要的支撑保障条件，各位作者凝心聚力进行了高水平的创作，在此谨致谢忱。

期待本丛书能为加快中国式现代化建设，特别是为促进新时代区域协调发展提供有益的帮助，同时也能为从事区域经济工作的理论研究者、政策制定者和实践探索者提供良好的借鉴。让我们共同努力，各尽所能，一道开创现代化进程中区域经济发展的新辉煌。

2023 年 10 月

# 前　言

　　成渝地区生态禀赋优良、能源矿产丰富、各类城镇密布、风物纷繁多样，历史上就是我国西部地区基础条件较好、人口城镇密集、经济比较发达的重要增长极。党的十八大以来，中共中央多次对成渝地区的发展作出重要部署。经国务院批复同意，2016年4月，国家发展改革委、住房城乡建设部联合印发《成渝城市群发展规划》。2020年1月3日，习近平总书记主持召开中央财经委员会第六次会议，作出推动成渝地区双城经济圈建设、打造高质量发展重要增长极的重大决策部署。2021年10月，中共中央、国务院印发《成渝地区双城经济圈建设规划纲要》，明确了到"十四五"期末和2035年的发展目标和重点任务，为成渝地区制定了高质量发展的"任务书"和"施工图"。党的二十大报告明确提出，推动成渝地区双城经济圈建设。

　　本书系统总结成渝地区经济社会发展历程与现状，以成渝两地的分合为主线，概括提炼大国内陆双城格局的演变过程，从成渝铁路、三线建设，到重庆计划单列和直辖、成渝经济区提出。进而从经济规模、城镇格局、产业体系、基础设施、生活水平、开放条件、城乡融合等方面阐述了成渝地区如何发展成为一个充满活力的地区。与此同时，还需清楚地看到，与《成渝地区双城经济圈建设规划纲要》提出的"打造带动全国高质量发展的重要增长极和新的动力源"这个目标和使命相比，与京津冀、长三角、粤港澳大湾区这三大发达区域相比，成渝地区的发展水平和质量仍有不小的差距。比照《成渝地区双城经济圈建设规划纲要》，本书从协同打造现代产业体系、优化双核引领的城镇发展格局、合力建设现代基础设施网络、构建区域一体化发展机制、强化高品质生活宜居地建设、联手打造内陆改革开放高地、共同推动城乡融合发展等7个方面，对成渝地区双城经济圈建设进行深入分析，提出建设举措。

本书是集体创作的成果，由史育龙负责统一指导，具体章节编写人员如下：

第一章、第二章、第九章、第十章，张惠强；

第三章，连欣；

第四章，潘昭宇；

第五章，唐怀海；

第六章，周君；

第七章，易小光、丁瑶、苟文峰、李权、邹於娟、赵伦；

第八章，易小光、丁瑶、余贵玲、邓兰燕、李林、罗丛生；

最后，由史育龙、张惠强负责全书统稿。

# 目　录

# 第一章
# 成渝地区的发展历程与现状

在我国区域发展格局中，成渝地区①是一个具有鲜明个性特点的重要板块，地处西部但人口密集物产丰富，深居内陆却不乏开放包容的品格气质②，在中华民族多元一体格局③形成发展历史进程中，特别是在近代以来的革命、建设和改革开放的各个时期，发挥了重要作用，为建设社会主义现代化国家贡献了独特的区域力量。

## 第一节　分合之间：大国内陆双城格局的演变过程

成渝地区的发展故事主轴，是围绕着重庆、成都两大城市之间的关系展开的。3000年前，重庆和成都分别是巴国和蜀国重镇，此后历朝历代的行政区划调整中，两地分分合合，形成了风格迥异的社会结构和文化底色。本章从新中国成立后建成的第一条铁路——成渝铁路开始梳理巴蜀的分合历史。

---

① 本书所论及的"成渝地区"，一般指的是《成渝地区双城经济圈建设规划纲要》所确定的规划范围，包括重庆市下辖的 27 个区（县）以及开州、云阳的部分地区，四川省 15 个市，总面积 18.5 万平方千米。为了资料梳理和行文方便，本章大部分篇幅把川渝两地作为背景纳入叙述。

② 王笛：《跨出封闭的世界：长江上游区域社会研究：1644—1911》，北京大学出版社 2018 年版。

③ 费孝通：《中华民族的多元一体格局：民族学文选》，生活·读书·新知三联书店 2021 年版。

## 一、成渝铁路：从"蜀道难"到"大道通天"

"蜀道之难，难于上青天"！交通曾经是成渝地区发展的主要瓶颈，水利便利、物产丰饶的四川盆地被高山和高原环绕阻隔，在相当长时间里，仅有险峻的长江水路和秦岭巴山间的羊肠小道得以与外界连接。

20世纪初，在帝国主义瓜分中国的狂潮中，为了能够控制物产丰富的四川，英法日俄等国纷纷提出修筑川汉铁路的计划，而四川人民则据理力争，向清政府提出自主筑路的正当要求。1904年，四川人民终于赢得了筑路自主权，在成都成立了川汉铁路总公司，巴山蜀水掀起筑路热，爱国学子纷纷走出国门学习铁路修筑工程技术，成渝两地也争相开办铁路技校培养筑路人才。1911年5月9日，清政府宣布将川汉铁路筑路权收归国有，川渝群众展开了轰轰烈烈的保路运动。辛亥革命胜利后，北洋军阀政府和国民党政府虽然先后成立过"成渝铁路筹备处"或"成渝铁路工程局"之类的机构，但是直到刘邓大军解放西南为止，四川人民的铁路梦还停留在图纸上。

1949年底，邓小平受命组建中共中央西南局。1950年1月，邓小平向中共中央汇报工作时专门提到要"着重于修建成渝铁路"。1950年2月，西南军政委员会做出的第一个重大决策就是"以修建成渝铁路为先行，带动百业发展，帮助四川恢复经济"[1]，并向党中央上交报告。

接到西南军政委员会的报告后，周恩来亲自审定，然后直呈毛泽东。彼时正值新中国成立初期，百废待兴，单就铁路来说，至少有两条亟待开工，一是海军提出修建从山东蓝村经烟台到浙江萧山的铁路，以备海防；二是新疆的王震给中央打了四五次报告，请求加快宝兰、兰新铁路建设，以固西北边防，均是迫在眉睫的任务。因此，当邓小平赴京向毛泽东请示时，毛泽东说："你能说服我，我就鼎力相助，否则，就暂时搁置。"邓小平便讲了三点：第一，四川交通闭塞、政令不畅，古人云：天下未乱蜀先乱，天下已治

---

① 《参加西南局城市工作会议》，引自《邓小平讲话实录》，红旗出版社2018年版。

蜀未治。不修铁路，不利于四川的政令畅通。第二，重庆、成都是西南中心城市，如修建铁路，可以带动四川乃至西南百业兴旺，并向全国提供优质大米、猪肉、禽蛋和副食品，互通有无。第三，中国人还从未自行设计、自行施工修建铁路，如果成渝铁路率先修成，既可提高中国的国际声望，也可使大大小小的工厂订货充足，加快工业发展。这三条理由让毛泽东下定决心："修成渝铁路，先期启动资金拨 2000 万公斤小米工价。"国家当时财政相当困难，党中央和政府为了西南人民，决定在极其艰难的条件下立即开始兴建成渝铁路。[①]

1950 年 3 月 21 日，负责修筑成渝铁路的重庆铁路工程局挂牌成立，4 月，派出第一批工程技术人员赴铁路沿线重新勘测，为正式开工做准备。随后，中共中央批准了西南军政委员会建设成渝铁路的计划，并提出"依靠地方，群策群力，就地取材，修好铁路"的方针。1950 年 6 月 1 日，铁道部部长滕代远下达成渝铁路动工命令，7 日，西南铁路工程局成立，取代被撤销的重庆铁路工程局，负责修筑成渝铁路。1950 年 6 月 15 日，成渝铁路正式开工。在开工典礼上，西南军区政委邓小平发表重要讲话，西南军区司令员贺龙亲手授予筑路部队"开路先锋"大旗。邓小平说："进军西南时，就下决心把西南建设好，并从建设人民的交通事业做起。"当日，西南军区直属部队组成军工筑路第一总队首先进入指定工地带头施工。

在广大军民的共同努力下，成渝铁路工程进展顺利，1952 年 6 月 13 日，成渝铁路正线 505 千米铺轨工程提前完工。事实上，成渝铁路的胜利通车，不仅推动了西南地区的经济发展，更为重要的是，这是新中国成立后修建的第一条铁路，是由中国人自己独立设计、自行修筑的，采用的全部是国产钢轨和枕木。成渝铁路的胜利通车，"表现了中国劳动人民的伟大力量，打破了某些人的民族自卑心理"[②]。

---

① 俞荣新：《成渝铁路修建背后》，http://dangshi.people.com.cn/n/2014/0807/c85037-25424800.html。

② 朱兰：《邓小平与成渝铁路建设》，《四川档案》2004 年第 4 期，第 17—18 页。

## 二、三线建设：高山大川里的工业体系备份

三线建设，是新中国为应对外部安全环境的变化，自 20 世纪 60 年代中期开始进行的以国防工业建设为中心的战略大后方建设，共投入资金 2052 亿元，安排了 1100 个建设项目。[①] 中央实施的三线建设项目大多集中在西南和西北地区，四川、重庆是西南三线建设项目的重点地区。实施的重点项目有攀枝花钢铁工业基地、成昆铁路、襄渝铁路、以成都为中心的航空工业基地，以及以重庆为中心的常规兵器工业基地、重庆至万县的造船工业基地，以及以重庆为中心的汽车、机械制造和特殊冶金工业基地，之后又增加了西昌卫星发射中心等，由此形成了独立完整、门类齐全的交通能源、基础工业和国防工业体系，实现了中央提出的在我国西部纵深地区建设一个比较完整的战略后方基地的目标。

成昆、襄渝两条铁路的修筑是世界铁路建筑史上的奇迹。全长 1100 千米的成昆铁路修筑在"大跃进"时期上马，随后在国民经济调整时期停工。1964 年 8 月复工，经过 34 万筑路大军 5 年的艰苦努力，于 1970 年 7 月 1 日建成通车。三线建设开始后，铁道部还提出修建襄樊至成都的铁路，后改定为襄樊至重庆。全长 915.6 千米的襄渝铁路从 1968 年开始施工，到 1973 年 10 月全线建成通车，累计投资 36.18 亿元[②]，最多时动用员工达 82 万余人。

三线建设改变了新中国工业主要分布在沿海一带的原有格局，在交通闭塞、工业基础薄弱、经济文化相对落后但自然资源却十分丰富的四川地区初步建立起了一个新兴的、现代化的工业基地。经过三线建设，四川的国防科技工业逐步发展成为一个行业和门类较齐全、技术装备较好、科技力量较强、能独立研制多种军品和民品的生产科研体系，成为我国战略发展后方生产基地的重要组成部分。四川的工业布局开始由中心城市向全省扩展，基础

---

① 中共四川省委党史研究室课题组：《四川三线建设概况及研究综述》，http://www.scds.org.cn/2018-1/24/656-6003-243.htm。

② 文中"元"泛指人民币。

设施有了质的改观，为以后的现代化建设奠定了坚实基础。同时，三线建设项目主要集中在经济发展落后的山区，对于促进区域协调发展、社会稳定和民族团结，都发挥了十分重要的作用。

### 三、计划单列：经济体制综合改革试点开启分立

1983 年 2 月，中共中央、国务院批准在重庆进行经济体制综合改革试点。其中一项重要内容是，国家对当时作为省辖市的重庆，各项计划在全国计划中单列户头，直接下达，简称"计划单列"。在此之前，重庆市曾两次实行计划单列，一次是 1954 年至 1958 年，一次是 1964 年至 1968 年。这两次计划单列，后来均被取消。和前两次"计划单列"相比，20 世纪 80 年代这一次的历史条件和指导思想有了很大变化，其具体内容是在吸取历史经验的基础上，根据经济体制改革的要求而有新的发展；即使某些做法形式上和前两次"计划单列"相似，也被赋予了新的意义。在国务院批准《关于在重庆市进行经济体制综合改革试点意见的报告》上指出，"认真搞好这个改革试点，对于进一步搞活和开发我国西南的经济，探索军工生产和民用生产相结合的新路子，以及如何组织好以大城市为中心的经济区，都具有重要意义"。

重庆市第三次实行的"计划单列"，其主要内容可以概括为以下几点。

一是在全国计划中，对重庆市实行全面的单列。20 世纪 60 年代中期，国家对 6 个省辖大市只是单列了工业生产、主要物资和商品分配调拨、基本建设、财政收支、劳动工资等。重庆市这一次的"计划单列"，则明确规定其范围是经济、科技、社会发展各项计划的全面单列。其中属于国家计委主管的计划，由国家计委在全国经济、社会发展计划中对重庆市单列指标直接下达；属于国务院其他各委、部、局及各总公司主管的计划，由这些部门在全国的部门、行业计划中对重庆市各对口部门单列指标直接下达。

二是把重庆市视同省级计划单位，将其各项计划直接纳入全国计划统筹安排、综合平衡。各种全国性的经济活动，如全国计划会议和全国性的专业计划、规划会议，工业排产、商业供货、物资订货、外贸交易、技术交流

等，重庆市均视同省一级的经济单位对待而参加。单列计划采取"先二后一"的方法，即先将重庆市和全国各省、市、自治区一样直接纳入全国计划统筹安排，然后再把对重庆市单列的计划指标以四川省下列"其中重庆市"的方式加到四川省的计划数中。而20世纪60年代中期的"计划单列"，并未明确重庆市视同省级计划单位对待，安排计划也往往是采取"先一后二"的方法，即先确定四川省的总指标，然后再协商从中划分出重庆市单列的指标是多少。"先一后二"和"先二后一"两种方法，在计划表式上都采用了四川省下列"其中重庆市"的技术处理，但反映的单列逻辑是不相同的。

三是全面赋予重庆市以相当于省的计划管理和经济管理权限，由市统一组织全市的生产、建设、流通、分配和各项社会事业的发展。20世纪60年代中期"计划单列"时，重庆市只是在很有限的几个方面具有相当于省的计划和经济管理权，如非工业部门的小型基本建设项目，可在国家计委单列下达的投资总额内由市自行审批、具体安排。现在则是在计划、生产、建设、商业、物资、外经、财政、税收、信贷、物价、劳动、工资、科技、教育、文化、卫生等各个方面，都赋予重庆市以相当于省的管理权限，某些方面如引进设备审批权限还享有比省更大一点的自主权。这样，重庆市就由过去基本是一个单纯的计划执行单位，变成为同时还具有一定自主权的二级计划决策单位。

重庆市实行计划全面单列后，其行政地位仍然是四川省的省辖市，在省内仍然作为省辖的一个行政单元继续参加全省的各种经济活动，在财政上还对省保持了一定比例的上交关系。在此后的一段时间中，在四川省的指导和扶持下，重庆市还要继续发展和省内各地区的经济联系。和"计划单列"以前所不同的是，这种经济联系为后续的国企改革、"军转民"、对外开放等提供了体制保障，为1997年设立直辖市奠定了基础，在与四川的关系方面，也由过去的行政地区、行政部门、行政层次之间的关系，逐步演变为经济联合和协作关系。[①]

① 白和金：《重庆市的"计划单列"与计划体制改革》，《经济与管理研究》1984年第4期，第15—19页。

## 四、重庆直辖：分治下的合作进入新阶段

改革开放初期，我国东部沿海率先对外开放，得以快速发展。由此带来中西部地区与东部沿海的差距越来越大，区域协调发展日益迫切。地处长江上游的重庆，通过长江黄金水道能够直接联系东部沿海地区，伴随三峡工程建设以及后来实施西部大开发战略，区位优势和战略地位逐步显现。20 世纪 90 年代中期，设立重庆直辖市的问题进入议事日程。

1996 年 9 月 5 日，中共中央、国务院批准了四川省委、省政府《关于委托重庆市代管万县市、涪陵市和黔江地区的请示》。9 月 15 日，重庆市正式代四川省对"两市一地"行使党政、经济与社会发展及三峡库区移民工作等管理职能。与此同时，为解决代管后重庆市农村人口增多，面积大、移民任务重等问题，经国务院批准，重庆市增设了移民、扶贫、农业和农村工作机构，为直辖市的正式设立奠定了组织基础。

1997 年 2 月 27 日，国务院向全国人民代表大会提出《关于提请审议设立重庆直辖市的议案》，议案指出，"为了充分发挥重庆市作为特大经济中心城市的作用，进一步推动川东地区以至西南地区和长江上游地区的经济和社会发展，并且有利于三峡工程建设和库区移民的统一规划、安排、管理，同时解决四川省由于人口过多和所辖行政区域过大、不便管理的问题"，决定设立重庆直辖市。3 月 14 日，全国人大八届五次会议审议通过了关于设立重庆直辖市的议案，作出了《关于批准设立重庆直辖市的决定》。至此，重庆完成了第三次成为中央政府直辖市的法律程序。[①]

四川省社会科学院学术顾问林凌指出：从重庆直辖开始，四川学术界就已经在思考，两地在行政区划上分开后，经济社会如何发展协调的问题。可以说，合作，从分治那一刻萌芽。《"十五"计划纲要》将实施西部大开发、促进地区协调发展作为一项战略任务，重庆在长江上游经济带开发的主体地

---

① 唐润明：《重庆：直辖之路》，《中国档案》2008 年第 6 期，第 64—66 页。

位得以确定。2001 年，成渝两地签订了《重庆—成都经济合作会谈纪要》，提出携手打造"成渝经济走廊"，第一次提出"成渝经济"这个概念。2003 年，中科院地理所在《中国西部大开发重点区域规划前期研究》提出，在未来 5 至 10 年内，要积极构建以成渝两大都市为中心、各级中心城市相互联系和合作的中国西部最大的双核城市群，形成西部大开发的最大战略支撑点，西部地区人口、产业、信息、科技和文化等集聚中心，长江上游经济带的核心。[①]2005 年，国家发改委国土地区所课题组在《协调空间开发秩序和调整空间结构研究》报告中指出，成渝地区是我国西部地区人口与城镇数量最密集区域，也是西部地区工农业生产最为发达区域。建议加快整合成渝地区，使重庆增长极转化整合成一条巨大的增长轴，并使此增长轴具有两个单增长极所不具有的功能。[②]

## 五、成渝经济区：谋划中国经济增长"第四极"

2004 年，国务院西部开发办规划组在《中国西部大开发中重点经济带研究》中指出："长江上游经济带的空间布局特征是'蝌蚪型经济带'，区域中心是成渝经济区。"2005 年 9 月，由四川省社会科学院牵头，联合重庆市社会科学院以及四川数十位专家完成的国家发改委"十一五"规划研究课题《共建繁荣：成渝经济区发展思路研究——面向未来的 7 点策略和行动计划》，对成渝经济区进行了较为全面系统的研究，其结论和建议为国家发展改革委把成渝地区列为"十一五"经济区规划的试点地区提供了有力的理论依据和现实佐证。

2006 年，国家西部大开发"十一五"规划出台，明确提出建设成渝经济区。2007 年 4 月，四川省与重庆市签署《关于推进川渝合作共建成渝经济区的协议》（简称《协议》），共同提出打造中国经济增长"第四极"的目标。该

---

① 刘卫东等：《中国西部开发重点区域规划前期研究》，商务印书馆 2003 年版。

② 国家发改委国土地区所课题组：《协调空间开发秩序和调整空间结构研究》，《经济学动态》2005 年第 2 期，第 35—39 页。

《协议》不仅确定了"成渝经济区"的地理范围，确定建立统一的工作和协调机制，还就基础设施建设、一体化市场体系、产业协作、共建生态屏障等合作目标和主要措施达成框架性协议。

2008 年 10 月，四川省与重庆市签署《关于深化川渝经济合作框架协议》，标志着川渝合作共建成渝经济区进入深化发展阶段。

2010 年 2 月，国家部委联合调研组与四川省、重庆市交换意见会在重庆市召开。会上，时任国家部委联合调研组副组长、国家发展改革委地区经济司司长范恒山强调，要从充分反映国内外环境的新变化、贯彻国家战略的要求、体现地方的实际需要三个方面把成渝经济区区域规划编制成一个高水平的规划，要在战略定位、空间布局、产业结构、基础设施建设、区域协调发展、生态环境保护、深化改革和扩大开放等方面下功夫，提升规划高度、体现规划特色。

2011 年 3 月 1 日，《成渝经济区区域规划》经国务院常务会议讨论并原则通过。同年 5 月 5 日，国务院正式批复《成渝经济区区域规划》。国务院常务会议指出，在新形势下加快成渝经济区发展，对深入推进西部大开发、促进全国区域协调发展、增强国家综合实力具有重要意义。要深化改革，扩大开放，优化空间布局，推动区域一体化发展，推进统筹城乡改革，提升发展保障能力，发展内陆开放型经济，构建长江上游生态安全屏障。从中西部地区日益形成的五大城市群、经济区的整体实力来看，成渝经济区经济优势明显，发展潜力巨大，整体实力在中西部排在第一位，明显高于其他四个城市群。"成渝经济区"要在 15 年左右的时间内，构建完善的交通运输体系，分工明确、布局合理的城镇体系，结构优化的产业体系，资源共享、要素充分流动的市场体系，形成中国第四大增长极和西部大开发的引擎，带动和辐射长江上游及西部发展。以成都和重庆为支撑，以其周围一批区域性中心城市为节点建设"成渝经济区"，在我国宏观生产力空间战略格局中，具有承东启西的重要功能和作用。加快川渝合作，共建"成渝经济区"，打造我国"第四增长极"，既是区域内各方的内在要求，也应成为国家实施西部大开发战略的重要举措。

# 第二节　发展基础：充满活力的地区经济脱颖而出

改革开放以来，特别是党的十八大以来，成渝地区发展迅速，已经成为我国西部人口最密集、产业基础最雄厚、创新能力最强、市场空间最广阔、开放程度最高的区域。从经济总量、产业结构、对外贸易、生态建设的方面看，成渝地区的发展基础不断夯实，在国家发展大局中具有独特而重要的战略地位。

## 一、经济规模不断扩张

四川是我国经济大省、人口大省，经济和人口总量均位列全国前 6 位。重庆市是我国中西部唯一的直辖市。成渝地区双城经济圈最大的特点就是由两座超大城市引领区域发展，进而成为支撑全国发展大格局的重要力量。2021 年，成渝地区双城经济圈实现地区生产总值 73919.2 亿元，比上年增长 8.5%；经济总量占全国的 6.5%、西部地区的 30.8%，经济增速继续领跑西部，比西部地区平均水平高 1.1 个百分点。

2021 年底，重庆国内生产总值达 27894.02 亿元，自 1997 年成为直辖市以来，实现了 11% 的年平均增长速度；第一产业生产总值 1922.03 亿元，年均增长 4%；第二产业生产总值 11184.94 亿元，年均增长 13.4%；第三产业生产总值 14787.05 亿元，年均增长 10.5%。成都 1978 年国内生产总值 35.94 亿元，至 2021 年达 19916.98 亿元，40 余年间平均增长 11.7%，高于四川省同期 6.2% 的平均增长率。其中第一产业生产总值从 11.44 亿元增至 582.79 亿元，年平均增长 13.4%；第二产业生产总值从 16.97 亿元增至 6114.34 亿元，年平均增长 7.5%；第三产业生产总值从 7.52 亿元增至 13219.85 亿元，年平均增长 19.74%（图 1-2-1）。

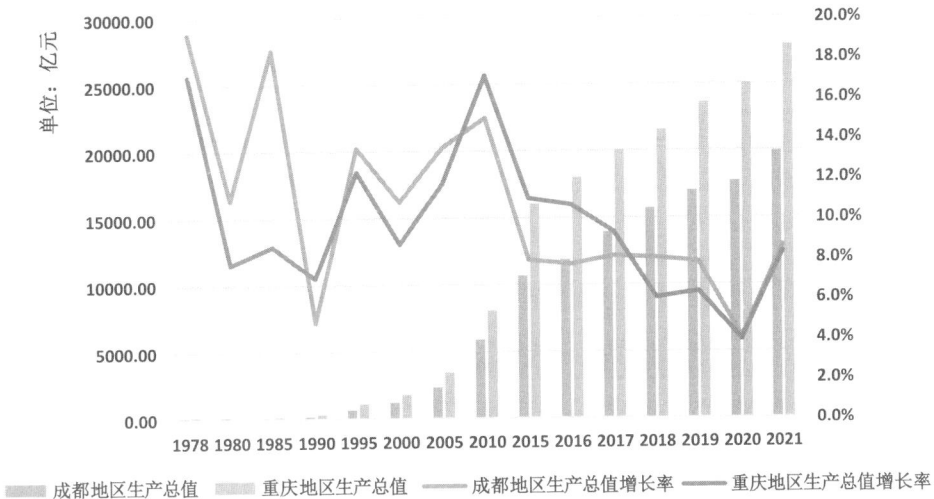

图 1-2-1 成都和重庆地区生产总值水平及增速

除核心城市外，近年来，成渝地区双城经济圈各区域中心城市国内生产总值有显著提升。从经济总量来看，2021 年八个区域中心城市 [①] 地区生产总值总量为 17422.22 亿元。四川的六个区域中心城市 2020 年地区生产总值均突破了 2000 亿元，其中绵阳、宜宾突破了 3000 亿元。重庆的两个区域中心城市中，万州超过 1000 亿元（表 1-2-1）。

表 1-2-1 成渝地区双城经济圈区域中心城市地区生产总值与常住人口

| 地区 | 地区生产总值（亿元） | | | | 常住人口（万人） | | |
|---|---|---|---|---|---|---|---|
| | 2021 年 | 2020 年 | 2019 年 | 2018 年 | 2020 年 | 2019 年 | 2018 年 |
| 绵阳 | 3350.29 | 3010.1 | 2856.2 | 2303.8 | 486.8 | 531.3 | 485.7 |
| 乐山 | 2205.15 | 2003.4 | 1863.3 | 1709.8 | 316.0 | 327.1 | 326.7 |
| 南充 | 2601.98 | 2401.1 | 2322.2 | 2006.0 | 560.8 | 643.5 | 644.0 |
| 达州 | 2351.70 | 2117.8 | 2041.5 | 1690.2 | 538.5 | 574.1 | 572.0 |
| 宜宾 | 3148.08 | 2802.1 | 2601.9 | 2026.4 | 458.9 | 457.3 | 455.6 |

① 这里的区域中心是根据《成渝城市群发展规划》确定。

| 地区 | 地区生产总值（亿元） | | | | 常住人口（万人） | | |
|---|---|---|---|---|---|---|---|
| | 2021 年 | 2020 年 | 2019 年 | 2018 年 | 2020 年 | 2019 年 | 2018 年 |
| 泸州 | 2406.10 | 2157.2 | 2081.3 | 1895.6 | 425.4 | 432.9 | 431.7 |
| 黔江 | 270.98 | 245.2 | 229.4 | 247.3 | 48.73 | 48.6 | 48.4 |
| 万州 | 1087.94 | 970.7 | 920.9 | 982.6 | 156.4 | 165.0 | 164.8 |
| 合计 | 17422.22 | 15707.6 | 14916.7 | 12861.7 | 2991.53 | 3179.8 | 3128.9 |

数据来源：各地 2018—2021 年统计年鉴或统计公报。

高速增长带来了经济规模的迅速扩大，使成渝地区在西部地区的经济地位赫然突出。成渝地区总面积 18.5 万平方千米，2021 年地区生产总值 73919.2 亿元，以占全国 1.9% 的面积承载了 6.5% 的经济总量。在西部地区，成渝地区以不到 3% 的面积承载了 31.7% 的经济总量，三次产业生产总值分别占西部地区的 23.7%、31.2% 和 33.9%，社会消费品零售总额占西部地区的 38.8%，成为西部地区经济当之无愧的"发展先锋"（表 1-2-2）。

表 1-2-2　2021 年成渝地区双城经济圈主要指标及在西部地区、全国占比表

| 指标 | 成渝双城经济圈 | 西部地区 | 在西部地区占比 | 全国 | 在全国占比 |
|---|---|---|---|---|---|
| 土地面积（万平方千米） | 18.5 | 678.2 | 2.7% | 960 | 1.9% |
| 地区生产总值（亿元） | 73919.21 | 239710.09 | 30.8% | 1143670 | 6.5% |
| 国内生产总值增速（%） | 8.4 | 7.1 | —— | 8.1 | —— |
| 第一产业增加值（亿元） | 6191.25 | 27437.09 | 22.6% | 83086 | 7.5% |
| 第二产业增加值（亿元） | 28262.42 | 92570.41 | 30.5% | 450904 | 6.3% |
| 第三产业增加值（亿元） | 39465.54 | 119702.59 | 33.0% | 609680 | 6.5% |
| 社会消费品零售总额（亿元） | 34553.55 | 92300.63 | 37.4% | 440823 | 7.8% |

数据来源：重庆市统计局：《2021 年成渝地区双城经济圈经济发展情况解读》。

## 二、城镇格局持续优化

一是人口规模持续增加。成渝地区人口总量大、密度高，近年来呈现不断增长趋势。从第七次全国人口普查（简称"七普"）数据看，2020年成渝地区总人口达到9764.93万人，占全国的6.92%（表1-2-3），较2014年（同口径）提高0.16个百分点，几乎相当于关中—天水、兰州西宁、呼包鄂榆、滇中、黔中、天山北坡和宁夏沿黄7个城市群人口的总和。2010—2020年，成渝地区常住人口（同口径）增加718.36万人，占西部12个省（区、市）常住人口增量的31.93%。

表1-2-3　2021年成渝双城经济圈主要指标及在西部地区、全国占比表

| 指标 | 成渝双城经济圈 | 西部地区 | 在西部地区占比 | 全国 | 在全国占比 |
|---|---|---|---|---|---|
| 七普常住人口（人） | 97649287 | 382852295 | 25.51% | 1411780000 | 6.92% |
| 六普常住人口（人） | 90465685 | 360355992 | 25.10% | 1339720000 | 6.75% |

数据来源：根据全国及各省市人口"六普""七普"数据公报整理计算。

二是重庆、成都国家中心城市建设成效显著。重庆、成都两个国家中心城市建设快速推进，作为经济高质量发展的引擎作用和区域辐射带动作用日益凸显。2021年，重庆市和成都市地区生产总值分别接近2.8万亿元和2万亿元，在全国城市中分列第5、第7位，是经济总量全国十强中排名最靠前的中西部城市。2020年第七次全国人口普查数据显示，重庆和成都进入超大城市[①]行列，城区常住人口均超过1000万人。在GaWC发布的世界城市

---

[①] 2014年国务院印发的《关于调整城市规模划分标准的通知》规定，城区常住人口1000万以上的城市为超大城市。城区是指在市辖区和不设区的市，区、市政府驻地的实际建设连接到的居民委员会所辖区域和其他区域。

评级<sup>①</sup>中，成都由 2014 年的 Gamma- 级提升至 2020 年的 Beta+ 级，在中国各大城市中位居香港、北京、上海、台北、广州、深圳 6 个城市之后；重庆由此前未进入榜单连续提升至 Beta 级。

三是核心城市加快推进"相向发展"。重庆、成都两地按照《成渝城市群发展规划》"打造成渝发展主轴"的要求，加快相向发展。2017 年 4 月，成都提出并大力实施"东进"战略，积极推动龙泉山东侧的简阳、简州、淮州、空港四大新城开发，并启动成都天府国际机场建设。重庆着力发展渝西片区，2012 年以来，渝西片区工业投资占全市工业投资额的比重超过六成，基础设施投资累计超过 2 万亿元，年均增长接近 20%，增速居各片区之首；璧山、大足、潼南、铜梁等成为重庆工业化和城镇化最活跃的地区，对全市工业增长贡献率超过 30%；重庆科学城等一大批重大项目均位于渝西片区。更为重要的是，重庆市将渝西 12 区纳入主城区范围<sup>②</sup>，主城区总面积达到 2.87 万平方千米，成渝相向发展有了实质性进展。

四是中小城市发展活力逐步显现。地区内中小城市发展质量有所提升，集聚人口和产业能力不断增强。2010—2020 年间，绵阳、宜宾、泸州、广安、眉山常住人口实现增长，南充、绵阳、宜宾进入Ⅱ型大城市行列；重庆市江津、大足、璧山等区常住人口增长超过 10 万人，万州、黔江等节点城区人口快速发展，梁平、丰都、垫江、忠县、开州、云阳等沿江城镇生态经济和特色产业发展也形成良好态势，荣昌、永川高新区升格为国家级高新区。

---

① 全球化与世界级城市研究小组与网络（GaWC）的世界城市评级，是全球关于世界一、二、三、四线城市体系的权威排名。GaWC 是一个以欧美城市研究和实践领域的学者组成的学术机构，以先进生产性服务业公司在世界各大城市中的办公网络为指标，用六大"高级生产者服务业机构"在世界各大城市中的分布为指标对世界 700 多座城市进行排名，主要包括：银行、保险、法律、咨询管理、广告和会计。GaWC 将世界城市分为 Alpha、Beta、Gamma、Sufficiency 四个大的等级。

② 主城都市区由中心城区 9 个区和主城新区 12 个区组成，面积 2.87 万平方千米，是重点发展的优势区域，是高质量发展的重要增长极和成渝地区双城经济圈核心引擎，是产业升级引领区、科技创新策源地、改革开放试验田、高品质生活宜居区。其中，长寿、江津、璧山、南川为四个同城化发展先行区，涪陵、合川、永川、綦江—万盛为四个重要战略支点城市，大足—双桥、铜梁、潼南、荣昌为四个桥头堡城市。

## 三、现代产业体系逐步建立

成渝地区各地市立足比较优势，促进产业分工协作，引导产业集群发展，积极发展新经济，建设共享平台，壮大现代产业体系，区域产业基础不断夯实。

一是先进制造产业快速发展。成渝地区已经形成汽车、电子信息等万亿级产业集群，新型显示、5G 示范应用、信息安全等部分领域跻身全国前列。2011 年《成渝经济区区域规划》与 2016 年《成渝城市群发展规划》发布实施后，成渝地区因势利导，大量吸引先进装备制造业、现代服务业等领域的投资，相关产业加速集聚，尤其在"十三五"期间，成都和重庆加大新一代信息技术、生物医药、新材料等战略性新兴产业布局，实现了由传统工业向先进制造业和现代服务业双轮驱动的成功转型。2021 年川渝两省市围绕汽车和电子信息产业出台了高质量协同发展实施方案，引导汽车、电子信息两大主导产业错位发展。开工全面合作共建重大项目 65 个、完成投资 2154 亿元。成渝地区工业互联网一体化发展示范区建设工作方案获批，共建全国一体化算力网络成渝国家枢纽节点。两省市联合选定 20 个园区为首批产业合作示范园区，遂潼环氧乙烷产业合作园、遂潼天然气产业园等项目建成投产。

二是协同创新能力稳步提升。成渝地区科研机构、科技人员规模和集聚度名列中西部前茅，拥有一大批国家重点实验室、工程实验室、工程（技术）研究中心等研发机构和创新平台，是西部地区重要的创新创业高地。成都市拥有 56 所高等院校，30 多家国家级科研机构，近 500 万各类人才，在大数据、5G、机器人等领域人才储备丰富，对海归人才吸引力居全国第三。成都 2021年全年新增新经济企业 11.7 万家、"独角兽"企业 9 家，新经济营业收入增长19.4%，新经济总量指数连续 17 个月全国排名第 2 位。重庆市高等院校共计65 所，其中本科院校 25 所，高职高专院校 38 所。重庆市以两江协同创新区为载体，2021 年引进新型研发机构 10 家，累计达 40 家，全区高新技术企业达 1159 家，科技型企业达 6258 家，与国家技术转移东部中心共建沪渝协同创新中心，加快建设国家海外人才离岸创新创业基地，联合重科院打造"易智网"技术交易平台。成渝地区推动以"一城多园"模式高标准共建西部科学城，北京大学重庆大数据研究院、中科院成都天府新区科技创新交叉研究平台、中国（绵阳）科技城激光产业基地等 40 个重大项目总投资 1054.5 亿元。川渝科技资源共享服务平台建成上线，电子科技大学重庆微电子产业技术研究院、长江上游种质创制大科学中心等项目加快推进。重庆高新区、成都高新区等 12 家高新区建立协同创新战略联盟。

三是现代服务业蓬勃发展。近年来，成渝地区大力发展现代物流、现代金融、商贸服务、高技术服务业和科技服务业等，全面提升服务业发展水平。强化重庆、成都国家级物流枢纽功能，打造万州、涪陵、泸州、自贡等商贸物流基地，建设电子、化工、汽车等专业物流园区。提升重庆、成都金融服务功能，支持成渝共建西部金融中心，重庆获准开展合格境内有限合伙人（QDLP）试点，重庆、成都纳入国家法定数字货币应用试点，两地探索开展本外币合一银行账户体系和跨境资金池试点，共同争取支付服务同城化在成渝地区率先落地。以成都、重庆高技术服务产业基地为中心，打造具备特色的高技术服务产业集群。积极发展科技服务业，推动科技成果转化，促进创新型产业发展。共建全国一体化算力网络国家枢纽节点，成都超算中心、中新（重庆）国际超算中心先后投入使用，加快争取纳入国际超算中心体系。共营巴蜀文化旅游走廊，宽窄巷子与洪崖洞、青城山—都江堰与金佛山、西岭雪山与仙女山等两地 IP 强强联手，共同推动两地文化旅游产业高质量发展。搭建区域一体化文化旅游产品云平台，打造成渝地区文化旅游公共服务数字化品牌。

四是共同推进现代农业发展。成渝地区农业自古以来就在全国占据重要战略地位，素有"粮猪安天下"的说法。两地农业发展具备比较优势，两地耕地面积 1.09 亿亩（1 亩 =0.0667 公顷）、占全国耕地总面积的 5.7%，是西部地区农业生产条件最优、集中连片规模最大的区域之一。两地耕地复种指数较高，形成了夏、秋和晚秋一年三季的耕作制度。粮食产量稳定在 4500 万吨以上，占全国的 6.9%；油料产量达 400 万吨以上，占全国的 12.4%。生猪出栏量常年保持 8000 万头以上，猪肉产量长期保持在 600 万吨以上。近年来，成渝地区把乡村产业振兴放在突出位置，加快推动农业高质量发展，实现了从粮食种植业为主朝着农林牧渔业全面发展的转型。2015—2019 年成渝地区双城经济圈各产业产值见表 1-2-4。2020 年实现休闲农业和乡村旅游业综合经营性收入 1187 亿元，接待游客 5.3 亿人次以上，休闲农业规模效益持续领跑全国。"三品一标"农产品累计 10062 个，农产品总体抽检合格率保持在 97% 以上，涪陵榨菜、奉节脐橙等农产品区域品牌价值居全国前列。农产品加工业产值与农业总产值比重达 1.5∶1。两地农产品进出口贸易额达 207.33 亿元，增速高于全国平均水平，中欧班列（成渝）累计开行突破 1.4 万列，列次占全国比重超 40%，运送的货物中，农产品占比达到 16%。

表 1-2-4　2015—2019 年成渝地区双城经济圈农林牧渔业总产值统计（亿元）

| 产业 | 2015 | 2016 | 2017 | 2018 | 2019 |
|---|---|---|---|---|---|
| 农业总产值 | 3522.14 | 3940.76 | 4202.02 | 4649.35 | 5046.08 |
| 林业总产值 | 243.32 | 271.54 | 302.54 | 340.62 | 406.71 |
| 畜牧业总产值 | 2591.55 | 2806.34 | 2690.78 | 2535.32 | 2772.54 |
| 渔业总产值 | 257.84 | 281.98 | 308 | 327.09 | 337.57 |
| 农、林、牧、渔业总产值 | 6614.85 | 7300.62 | 7503.34 | 7852.38 | 8562.90 |

数据来源：根据 2016—2020 年《重庆统计年鉴》《四川统计年鉴》有关数据整理计算。

成渝地区双城经济圈农业产业发展平台日趋成熟。目前，四川省拥有省级及以上农业领域产业技术研究院 11 家，国家现代农业产业园 10 个，数量位居全国前列。重庆市也有 2 家入选国家现代农业产业园，成渝地区国家现代农业产业园占全国总数的比例接近 10%，成为全国国家现代农业产业园区最为密集的区域。

五是中小城市产业体系不断完善。成渝地区双城经济圈各区域中心城市也初步建成了符合自身实际的现代产业体系，初步形成了产业集群成链发展的态势。各中心城市新兴产业布局见表1-2-5。宜宾、南充、绵阳3个区域中心城市分别设立了省级新区，成为产业发展的重要载体。2020年8个区域中心城市累计实现工业增加值超过4500亿元。绵阳的电子信息产业集群、泸州宜宾的世界级优质白酒产业集群、宜宾的智能终端与新能源汽车、乐山的旅游与光伏产业、达州的能源化工与新材料等产业也是成渝地区双城经济圈产业基础的重要内容。成渝地区双城经济圈各区域中心城市新兴产业布局趋于完善，未来将为成渝地区双城经济圈成为我国第四经济增长极提供重要动力。

表1-2-5　成渝地区双城经济圈区域中心城市新兴产业布局

| 城市 | 新兴产业布局规划 |
|------|------------------|
| 绵阳 | 核技术、定向能、空天技术、新型显示、数字视听、软件与信息服务、新一代网络技术、新能源与智能汽车、节能环保、核技术及应用装备、智能装备、航空发动机、金属废弃物处理、北斗卫星应用 |
| 乐山 | 电子元器件、集成电路、光电信息、半导体、钒钛钢铁材料、稀土材料、太阳能电池材料、节能环保、核技术及应用装备 |
| 南充 | 电子信息产业、新材料产业、高端装备制造产业、生物医药产业、节能环保产业 |
| 达州 | 玄武岩纤维、微玻纤新材料、高强度抗震建筑钢材、钒钛合金、铜基新材料、新型显示、智能终端 |
| 宜宾 | 轨道交通、智能手机、智能家居、智能穿戴设备及其核心器件的研发制造、新能源汽车锂电产业、高端机床及机床专用刀具、大型特种智能装备及零部件配套产业、通用航空、无人机、磁性材料 |
| 泸州 | 智能终端、智能制造、物联网、信息安全工程、中药、化学药、生物制药、医疗器械 |
| 黔江 | 硅料生产、拉晶、切片、电池组件、电池回收、绿色能源、垃圾处理和节能环保装备、制药、药用胶囊、中药饮片 |
| 万州 | 关键芯片、元器件制造、生物原料药、航运通导装备、高技术船舶及海工装备、高纯靶材、高温合金、电子封装、新能源汽车、数字创意、半导体连接材料、5G设备、智能传感、智能家电、智能终端配套产业 |

## 四、交通互联互通加力提速

成渝地区综合交通基础设施加快建设，重庆、成都两大综合交通枢纽作用日益突出，区域内基础设施互联互通水平大幅提升。

一是坚持规划引领共绘发展蓝图。国家综合立体交通网主骨架"3轴2廊2通道"在成渝地区双城经济圈交汇，重庆、成都定位为国际性综合交通枢纽城市，战略位势和辐射带动力显著提升。6月，国家发展改革委、交通运输部印发实施《成渝地区双城经济圈综合交通运输发展规划》，明确提出要建成重庆、成都间"1小时交通圈""1小时通勤圈"，构建高品质对外综合交通运输网络。重庆、四川两省市加快编制省级综合立体交通网规划纲要及有关专项规划，省际通道项目建设时序、技术标准有机协调衔接，重点布局了一批新川渝省际通道，成渝主轴发展带及南北两翼通道能力持续增强。《"十四五"现代综合交通运输体系发展规划》提出，建设成渝地区双城经济圈等国际性综合交通枢纽集群，提升重庆、成都等枢纽城市的全球互联互通水平和辐射能级；推动区域机场群协同发展，建设成渝等世界级机场群；打造成渝地区双城经济圈1小时交通网，畅通多向出川出渝综合运输通道；有序推动成渝地区双城经济圈城际铁路和市域（郊）铁路建设。

二是铁路日趋完善成网。成渝地区已形成北、东、南三个主要方向对外铁路通道，成都至西安、重庆至利川、重庆至贵阳3条大通道建成，运能紧张得以初步缓解，与周边地区的时空距离大幅缩小。渝贵通道、成渝通道、西成通道基本实现客货分线运输，有效提升了通道能力和服务水平。成渝中线高铁作为重庆、成都双城发展主轴上的"大动脉"，2021年8月已获国家发展改革委批复，9月启动建设。渝西高铁前期工作有序推进，成都至达州至万州铁路、渝昆高铁项目2021年完成投资近100亿元，成渝双城直达动车客运班列日均运行超过200列次。

三是航运、空运更加便捷高效。成渝地区国际航空枢纽建设提速，截至2021年底，成渝地区枢纽机场累计开通航线737条，其中国际（地区）航线

236条。2021年,成都双流机场和重庆江北机场旅客吞吐量分别为4013.6万人次、3575.2万人次,位列全国第2位和第4位,合计占全国机场旅客吞吐总量的8.4%,在新冠疫情蔓延的背景下显示出强劲的韧性。2021年,双流机场和江北机场的货邮吞吐量分别达62.8万吨和47.7万吨,分列全国第7位和第8位。在全球经济、供应链遭受疫情影响的情况下,通过拓展国际货运航线和"客改货",打造高效便捷的运输通道,最终推动货邮吞吐量跨上新台阶。成都天府国际机场高质量建成投运,2021年6月成功首飞,继北京上海之后,开启全国第三个"两场一体"运营模式。重庆新机场选址初步明确,成渝地区"干支结合"机场布局进一步优化。川渝两地联合印发《共建长江上游航运中心实施方案》,嘉陵江利泽航电枢纽、岷江航电枢纽建设加快推进,川渝水运通道互联互通能力不断提升。港口合作持续深化,川渝合资共建重庆万州新田港二期工程工可获批,南充、广元、广安三大港口全部开通至重庆港的集装箱班轮航线。嘉陵江梯级通航建筑物联合调度有序推进,嘉陵江通行能力及通行效率显著提升。

四是轨道上的经济圈加快形成。成渝高铁完成提质改造,成都至重庆实现1小时通达。成都至达州至万州铁路和成渝中线高铁启动建设,渝西高铁重庆至安康段可研报告已报审,渝宜高铁可研加快编制。截至2021年9月底,内江至自贡至泸州铁路已开通运营;2022年6月,郑万高铁襄阳至万州段正式开通运营,成都至自贡至宜宾高铁、重庆至昆明高铁预计将于2023年开通运营。一批城际铁路、市域(郊)铁路、城市轨道交通项目加快规划建设,中心城市与周边城市间1小时交通圈通勤圈正加速形成。截至2020年底,成都和重庆城市轨道交通线路里程分别为557.8千米和343.3千米,分列全国第3位和第8位,合计占全国比重达11.9%;日均客流量为334.2万人次和230.1万人次,位列全国第3位和第8位。

## 五、人民生活水平不断提高

成渝地区的生活向来以"巴适""安逸"为典型特征闻名于世,消费繁荣、生活便捷成为吸引各类人群的重要力量。

一是国际消费目的地加快打造。成渝地区双城经济圈区位突出、交通便利、风物多样、人口密集、市场广阔，具有建设国际消费目的地的坚实基础。近年来成渝人口持续净流入，支撑消费保持较快增长。重庆进入国家首批国际消费中心城市培养建设试点行列，成都是常住人口超过 2000 万人的国家中心城市，2020 年，重庆、成都常住人口分别为 3205.4 万人、2093.8 万人，十年增加了 320.8 万人、581.9 万人，具有很强的消费集聚辐射能力。两地社会消费品零售总额分别为 11787.2 亿元、8118.5 亿元，分列全国城市第 3 位和第 6 位。近年来，成渝地区因"魔幻之都""网红城市""美食之都""熊猫基地""不夜之城"等城市名片享誉全球，巴蜀特色得到进一步彰显，国际知名度和影响力不断提升。成渝地区双城经济圈已成功构建起以汽车制造、电子信息、智能家居、健康食品、特色轻工、轻纺服装为主的消费品工业体系，汽车、白酒、调味品等特色消费品产业集群在全国具有重要地位。

二是公共服务共建共享多点突破。两地联合开展交通通信、就业社保、医疗卫生等六大便捷生活行动，实施 16 项便民举措，让公共服务有温度、政策保障有力度。所有市区（县）实现户口迁移迁入地"一站式"办理。截至 2021 年 11 月底，已有近 3500 家定点医疗机构实现住院费用跨省直接结算，超过 2.65 万家医药机构实现普通门诊费用跨省直接结算，两省市医保参保人员住院达 11.2 万人次，门诊就医购药跨省直接结算达 61.6 万人次。住房公积金异地转移接续要件简化为 1 张表，办理时间由 1 个月缩短至 3 个工作日以内。成渝城际动车日均开行 78.5 对、发送 8.6 万人，重庆中心城区和成都主城公共交通实现"一卡通""一码通乘"。共同出台川渝跨界毗邻地区 120 应急救援服务范围、川渝两地卫生技术人才"双百"项目等实施方案。共同举办首届川渝住房城乡建设博览会、首届川渝妇幼健康事业高质量发展论坛等活动。

三是共建巴蜀文化旅游走廊。成渝地区拥有世界自然和文化双遗产 2 个、世界自然遗产 2 个、国家 AAAAA 级景区 25 个，自然和文旅资源禀赋突出。

巴蜀文化具有 5000 年发展历史，在中国上古三大文化体系中占有重要地位，具有将自然文化资源转化为旅游经济优势的良好基础。重庆和成都持续打造美食之都，推动餐饮品牌化、特色化发展，巴蜀美食地标聚集作用不断增强，对本地旅游的带动作用明显。成渝两地成功打造了不夜九街、解放碑、宽窄巷子、春熙路等一批全国知名的夜间经济集聚区，形成了潮味、潮享、潮尚、潮玩、潮购等多种夜间经济业态。"川渝地区巴蜀文明进程研究"纳入国家文物局"考古中国"重大项目，有序实施了长征国家文化公园（重庆段、四川段）、巴蜀非遗文化产业园等一批引领性、示范性重大文化旅游项目。推动洪崖洞和宽窄巷子、金佛山和都江堰等地标级景区达成战略合作，支持市场主体开发川渝两省市一程多站旅游线路，打造跨省区精品旅游联线产品，先后发布乡村旅游、红色研学、生态康养等精品线路 70 余条。

四是积极开展各类文旅活动。实施川渝"互联网＋公共文化服务"工程，启动川渝阅读"一卡通"项目。深入推进无障碍旅游合作，联袂打造"智游天府"和"惠游重庆"公共服务平台。打通平台数据壁垒，实现游客身份和健康信息互通共享及跨平台核验认证。成立巴蜀文化馆、图书馆行业联盟巴蜀文化旅游推广联盟，共同承办第六届中国诗歌节、"唱支山歌给党听"大家唱群众歌咏活动暨首届巴蜀合唱节等国家级文旅项目。设立"巴蜀文创潮集"文创产品专场直播推介，累计向两省市市民和游客发放惠民消费券 140.1 万张，发放优惠补贴 1719.4 万元，拉动文化旅游市场消费 5.8 亿元。联合主办"巴蜀文化旅游走廊自由行"活动，两省市近 200 家旅游景区分别面向重庆、四川籍游客推出 120 万张免费门票和优惠政策；合作举办"巴山蜀水"文创展、"雕饰山河——巴蜀地区石窟与摩崖造像"艺术展、"成渝双城记·非遗云聚会"等活动。

## 六、内陆开放新高地逐渐成势

成渝地区全方位开放新格局和国际合作竞争新优势日渐形成，向内陆开放高地建设迈出了坚实步伐。

一是积极融入"一带一路"国际贸易大通道。2011 年 3 月，首趟渝新欧班列从重庆发出开往德国杜伊斯堡，开启了中欧班列创新发展的序章。2021 年全年中欧班列（成渝）共计开行超 4800 列，开行量占全国比例超过 30%，运输超 40 万标箱，回程班列占比超 50%，开行线路已可通达欧洲超百个城市。目前，中欧班列（成渝）已成为全国开行班次最多、运输货值最高、联系区域最广、运行最稳定的中欧班列。成渝两地携手打造中欧班列（成渝）成为推动中欧班列高质量发展的重要举措。西部陆海新通道由重庆引出，是深化陆海双向开放、推进西部大开发形成新格局的重要举措。2021 年，西部陆海新通道海铁联运班列累计开行 6117 列，同比增长 33%；其中，重庆开行 2059 列，累计开行 4936 列，外贸货物货值累计约 191 亿元，货物辐射全球 107 个国家和地区的 315 个港口，服务品类超 640 个。2021 年，重庆通过西部陆海新通道运输货物 11 万标箱，其中有四成货物是来自四川。重庆果园港实现了长江上游干线的航线全覆盖，宜宾港 90% 的货物选择在果园港进行中转。成都经开区与果园港签订协议，将共同建设成都无水港。届时，从成都经开区经果园港公水联运至上海的集装箱，货运时间可节约 8 天，货物周转率提升 40%，为企业降低物流成本 10% 以上。

二是高水平开放平台加快建设。近年来，成渝两地不断扩大对外开放、持续深化国际交流，外国领事机构也接踵入驻成渝。成都和重庆分别有总领事馆 20 家、11 家，领区范围普遍为西南地区的重庆市、四川省、云南省、贵州省、西藏自治区，有多家领事馆的领区超越传统西南大区范围，延伸到西北和中南地区部分省份。在共建川渝自贸试验区协同开放示范区方面，共同制订了川渝自由贸易试验区协同开放示范区总体方案，已经实现了"六个协同"，即目标、领域、政策、产业、机制和时序协同。以领域协同为例，双方联合签署金融合作备忘录，并开展外汇管理改革创新、外汇监管互认。2021 年 4 月，川渝两地自贸区法院共同签署了《川渝自贸区知识产权司法保护合作备忘录》，联合发布了《知识产权纠纷行为保全申请指引（试行）》《知识产权纠纷行为保全审查指引（试行）》以及《川渝自贸区知识产权司法保护典型案例》。目前两地自贸区法院已经建立起了跨域立案、远程庭审、异地执行、远程线上调解等多项合作工作机制。

三是经贸合作不断深化。深化外商投资管理体制改革，全面实施海关通关一体化，外商投资便利化程度大幅提升。2021年，川渝两地的外贸进出口总值分别为9513.6亿元和8000.6亿元，位列西部地区前两位。两地合计占全国的4.48%，占中西部的25.3%，占西部地区的49.3%。2010年以来，川渝两地平均每年利用外资均超过100亿美元。2021年5月，在重庆举行的第三届西洽会上，四川在重大项目上签约两个项目，协议投资额110.2亿元；同年9月，重庆组织代表团参与在四川成都举行的第十八届西博会，并在经济合作项目签约仪式上签约3个重点项目，金额110亿元。

## 七、共同推进城乡融合发展

2007年，成渝两地开启了全国统筹城乡综合配套改革试验，扎实推进农村产权制度、户籍制度和公共服务供给方式等领域改革。2019年，四川成都西部片区和重庆西部片区入选国家城乡融合发展试验区，为建立健全城乡融合发展体制机制和政策体系提供可复制可推广的经验。2007年至2021年，重庆城乡居民收入比从3.91∶1下降至2.4∶1，成都则从2.63∶1下降至1.8∶1，二者均低于全国平均水平。

一是从统筹城乡起步。2007年6月，国家发展改革委批准重庆市和成都市设立全国统筹城乡综合配套改革试验区，要求两地"在重点领域和关键环节率先突破，大胆创新""为推动全国深化改革，实现科学发展与和谐发展，发挥示范和带动作用"。重庆和成都的发展阶段不同，成都城乡居民收入水平高，是我国发展水平较高的大城市代表；重庆则是"大城市、大农村、大山区、大库区"并存，城乡差距大，是全国城乡发展的一个缩影。选取两地作为试点，具有全局意义。2009年初，国务院印发《关于推进重庆市统筹城乡改革和发展的若干意见》，把统筹城乡上升为推动地方经济发展的主动力，提出加快重庆市统筹城乡改革和发展，是深入实施西部大开发战略的需要，是为全国统筹城乡改革提供示范的需要，是形成沿海与内陆联动开发开放新格局的需要，是保障长江流域生态环境安全的需要。之后，国务院批复《成都市统筹城乡综合配套改革试验总体方案》，允许成都市在九个方面先行先试：建立三次产业互动的发展机制；构建新型城乡形态；创新统筹城乡的管理体制；探索耕地保护和土地节约集约利用的新机制；探索农民向城镇转移的办法和途径；健全城乡金融服务体系；健全城乡一体化的就业和社会保障体系；实现城乡基本公共服务均等化；建立促进城乡生态文明建设的体制机制。虽然成渝两地在资源禀赋、发展水平差异较大，但改革探索均直达城乡关系之根本——重建城乡居民的财产权利和居民权利。两地都认识到，城乡一体化并不是城乡增长发展机会完全一样，更不是把城乡景观搞得毫无差别。所谓"城乡一体化"的出发点和落脚点，是平等设置城乡人民的权利，使之对急速工业化和城市化进程中常常不均衡的机会，能够做出同样积极的反应，从而假以时日，逐步实现城乡居民人均收入水平的接近，以及获得感方面的平等满足。①

二是农村产权制度改革探索。成渝城乡改革最重要的探索是其对农村产权制度的改革试验，在对农村各类产权进行全面确权、登记、颁证的基础上，通过市场化方式推动产权规范流转。2008 年 1 月，成都市委、市政府1 号文件——《关于加强耕地保护进一步改革完善农村土地和房屋产权制度的意见（试行）》提出深化农村土地和房屋产权制度改革，建立健全归属明晰、权责明确、保护严格、流转顺畅的农村产权制度，切实推动农村资产资本化，促进农民生产生活方式转变，为统筹城乡科学发展创造条件。具体工作包括确认土地和房屋权属，奠定农村土地和房屋产权制度改革的基础；推进集体建设用地和房屋依法流转；通过"挂钩置换"促进农村集体建设用地在一定范围内异地高效集中集约利用；建立和实行耕地保护基金制度，采用经济和契约方式保护耕地；进一步优化完善城乡规划和土地利用总体规划。

---

① 引自北京大学国家发展研究院第三方评估组：《成渝全国统筹城乡综合配套改革试验区评估报告》，2016 年 1 月。

重庆则通过设立农村土地交易所，开展土地实物交易和指标交易试验，逐步建立城乡统一的建设用地市场，通过统一有形的土地市场，以公开规范的方式转让土地使用权，率先探索完善配套政策法规。

三是公共服务供给方式改革。由户籍制度所固化的居民身份和福利待遇差别，是城乡改革的重要对象。重庆市于 2010 年下半年开始启动户籍制度改革，主要针对本市农村进城转户，最大亮点是简化了转户条件，大幅降低落户门槛。农村户籍居民只要在重庆主城区务工 5 年以上、在其余区县务工 3 年以上，均可申请落户。在落户成本分担机制上，政府、个人、企业共同分担，其中 40% 由企业承担，主要包括各类社会保险；30% 由政府负担，基础设施和公共服务投资；30% 由落户的农民自己承担，用于支付房屋租金、孩子学费、养老金等。在公共服务供给改革中以"有工作、无住房"的超低门槛，在全国率先示范向外来人口开放公租房。成都积极破除因户籍身份带来的城乡差异，着力构建城乡一体、多档保障的公共服务体系，再逐步收窄各档次之间的差别，最终实现城乡基本公共服务的均等化和一元化身份制度。

四是持续开展城乡融合发展探索。经过十余年的改革探索，成渝两地形成一整套城乡改革经验，大部分向全国范围内推广。2019 年底，国家发展改革委等十八部门联合印发《国家城乡融合发展试验区改革方案》，并公布 11 个国家城乡融合发展试验区名单，四川成都西部片区、重庆西部片区入列其中。方案要求试验区坚持农业农村优先发展，以缩小城乡发展差距和居民生活水平差距为目标，以协调推进乡村振兴战略和新型城镇化战略为抓手，以促进城乡生产要素双向自由流动和公共资源合理配置为关键，突出以工促农、以城带乡，破除制度弊端、补齐政策短板，率先建立起城乡融合发展体制机制和政策体系，为全国提供可复制可推广的典型经验。四川成都西部片区的试验重点包括建立城乡有序流动的人口迁徙制度；建立农村集体经营性建设用地入市制度；完善农村产权抵押担保权能；搭建城乡产业协同发展平台；建立生态产品价值实现机制。重庆西部片区的试验重点包括建立城乡有序流动的人口迁徙制度；建立进城落户农民依法自愿有偿转让退出农村权益制度；建立农村集体经营性建设用地入市制度；搭建城中村改造合作平台；搭建城乡产业协同发展平台。

# 第三节　存在问题：比肩沿海三大城市群还有差距

尽管在经济增长、产业体系建设、改革开放、城乡融合发展等领域，成渝地区在过去 10 余年取得了令人瞩目的成绩，但与成渝地区双城经济圈建设规划提出的"打造带动全国高质量发展的重要增长极和新的动力源"这个目标和使命相比，与京津冀、长三角、粤港澳大湾区这三大发达区域仍有不小的差距。

## 一、经济规模和发展水平还有待提升

国际层面，据统计，2017 年世界六大城市群地区生产总值分别为美国东北部大西洋沿岸城市群 40320 亿美元，日本太平洋沿岸城市群 33820 亿美元，北美五大湖城市群 33600 亿美元，长三角城市群 20652 亿美元，英国中南部城市群 20186 亿美元，欧洲西北部城市群 21000 亿美元，成渝地区刚过 1 万亿美元，与这些城市群还有相当大的差距。

成渝地区双城经济圈 2021 年的地区生产总值为 7.6 万亿元，人均地区生产总值约为 7.78 万元，低于全国平均水平（80976 元）。成渝的经济总量约为京津冀（9.63 万亿元）的 78.9%、长三角（27.61 万亿元）的 27.5% 和粤港澳大湾区（12.8 万亿元）的 59.4%。从人均水平看，成渝相当于京津冀（8.73 万元）的 89.1%、长三角（11.74 万元）的 66.3%、大湾区（14.85 万元）的 52.4%。担当与沿海三大发达地区比肩的发展引擎重任，迫切需要成渝地区在巩固近年来良好发展势头的基础上再上一个大台阶。

## 二、城镇体系和空间结构有待优化完善

成渝地区拥有成都和重庆两个超大城市，使得其在西部所有城市群中处

于引领地位，但内部缺少重要的节点城市，长期面临着"中部塌陷"的问题。除了重庆、成都两大中心城市之外，绵阳和宜宾地区生产总值刚过3000亿元，其他城市的地区生产总值规模大多处于1000亿—2000亿元之间。作为对比，中西部地区有10个地级市（非省会）的经济总量均高于绵阳、宜宾。因此加快培育除成都、重庆以外的其他城市，变"中部塌陷"为"中部崛起"是成渝城市群一体化的必经途径。[①]林毅夫教授和他的合作者指出，大家所说的四川盆地，其实从经济分布来讲，更像一口"锅"，成渝中部差不多就是锅底。成渝中部除了资阳，还有资阳东南边的内江和东北边的遂宁，资阳的经济发展水平比内江和遂宁都低。2019年人均地区生产总值，资阳只有31013元，约为全省的55.6%，低于甘孜州、阿坝州；内江比资阳高一些，但也只有38743元，约为全省的69.5%；遂宁又比内江高一些，不过也只有42115元，约为全省的75.5%。这个落差较大，比全川平均水平低25到45个百分点。[②]

## 三、产业发展存在同质竞争、协同和研发能力不足

成渝地区资源禀赋相近，主导产业相似度较高，分工协作不够充分，缺乏互补性，低水平重复建设和"同构化"现象较为突出，尚未形成错位发展、配套发展的局面。尤其成都、重庆两个核心城市在发展定位上有较多交叉重叠，在汽车和电子信息产业两大万亿级集群的竞争中尤为激烈。南充、达州两市都提出要做川东北区域中心，遂宁、广安争做重庆"车轮子""菜篮子"，泸州、宜宾在川南"割据争雄"。以化工产业为例，既有传统的老化工基地泸州、自贡、宜宾等市，也有后起的南充、乐山、达州、广安等市，均建起各级化工工业园区，甚至成都也建起了石化产业基地。

从研发投入角度看，成渝地区与东部地区的差距还比较明显。2020年，

---

① 杨波、龚锐：《成渝城市群跨界问题及其协同治理的必要性》，《中国经贸导刊（中）》2020年第4期，第64—66页。

② 林毅夫、付才辉：《成渝地区双城经济圈建设的新结构经济学分析建议报告》，《成都日报·理论周刊》，2020年6月17日。

四川省、重庆市研发经费分别为 1055.3 亿元和 526.8 亿元，列全国第 8 位和第 14 位，研发经费投入强度（研发经费占地区生产总值比重）分别为 2.17% 和 2.11%，均低于全国平均水平（2.4%）。成渝地区缺乏具有引领性的大平台、大项目。两地拥有国家重点实验室仅 15 个，远远落后于北京、上海，也排在南京、西安、武汉之后。国务院国资委直属的央企总部在成渝地区内仅有 2 家。区域内没有一家全国性高端要素交易市场，本土发展得好的企业难免被上海、深圳等一线城市"割韭菜"。

## 四、交通基础设施内畅外联还需提升

成渝地区对外通达性受山川阻隔，东向沿江到长三角地区高铁尚未全线打通，沿江港口建设缺乏统筹，三峡大坝货物过闸能力与实际需求相比仍有较大缺口，长江黄金水道功能尚未充分发挥。南向进入云南只有一条需向东南绕行贵州的高铁，经云南、穿缅甸、进入印度洋的快速通道尚未形成。西北方向联系通道少、运行时间长，与兰州、西宁均没有快速通道，除新开通的兰渝铁路，运行时间均超过 15 小时，严重影响对西北腹地的辐射带动能力。区域内城际铁路大多按照区际干线实施，城际客流与对外客流重合，对城市群内早晚高峰车次和停靠站点分配不足。市域（郊）铁路既有铁路站间距大、对沿线城镇覆盖不够。高速公路、民航支线机场等密度不高，部分节点城市没有高等级公路铁路联通。能源和水资源保障水平有待提高，重庆电力保障长期处于紧平衡状态，跨区域的引水补水网络建设缓慢，城市主城区应急备用水源建设滞后。

成渝地区对外大通道建设相对缓慢极大影响了成渝城市群对外开放合作。目前区域内尚无一个机场拥有第五航权，外国航空公司承载经成渝至第三国的客货业务难以落地，相关服务业的开展受阻。川渝两地均拥有自由贸易试验区，但在深化改革创新方面，与东部沿海自贸区相比有较大差距，尤其是在贸易便利化、金融创新服务实体经济及人力资源交流方面，需要进一步加大开放力度。

## 五、资源环境约束和治理挑战日益加大

四川重庆两地山水相连，生态环境息息相关，同时共同担负着建设长江上游生态屏障的重任。近年来，四川、重庆大力推进生态环境治理，但是环境协同治理方面还处于初步阶段，尚未形成联合屏障，大气污染防治力度未达到国家要求，改善环境空气质量的成效与群众期望还存在差距。

跨界污染是成渝地区面临的一大难题，例如流经川渝两省市的涪江一级支流琼江，发源于四川省乐至县，流经四川省遂宁市、资阳市及重庆市潼南区、铜梁区，全长约240千米，四川和重庆境内各120千米。由于沿江两岸工厂的污染物排放及生活污水的直接排放，琼江流域出现高锰酸钾、磷化物等化学污染物质严重超标的现象。2020年，川渝两省市签订《深化川渝两地水生态环境共建共保协议》，提出进一步建立健全川渝协作机制，统筹推进流域水环境保护、水生态修复和水资源管理，筛选部分重点跨界河流开展流域横向生态保护补偿试点，并选择一至两条跨界河流共同开展流域综合协同治理试点。沿江各县区不断健全跨界河流联防联控机制，强化上下游联动，共同打击非法开采、侵占河道、污水偷排偷放、非法捕捞等违法行为，推动形成上下游、左右岸、干支流联防联控工作合力，推动生态环境保护一体化。在川渝联手推进下，琼江水质持续改善稳中向好，平均达到Ⅲ类水质。

# 第二章
# 成渝地区的战略地位与
# 双城经济圈的顶层设计

中共中央、国务院高度重视成渝地区发展。2020 年 1 月 3 日，习近平总书记主持召开中央财经委员会第六次会议，作出推动成渝地区双城经济圈建设、打造高质量发展重要增长极的重大决策部署，为未来一段时期成渝地区发展提供了根本遵循和重要指引。

## 第一节　成渝地区双城经济圈建设的重大意义

2020 年初召开的中央财经委员会第六次会议提出，要推动成渝地区双城经济圈建设，在西部形成具有全国重要影响力的增长极。在内部经济发展压力加大和外部风险挑战增多的背景下，把以重庆、成都为核心的成渝地区打造为继长三角、粤港澳、京津冀之后的"第四增长极"，对内，成为区域发展新引擎，带动西部地区发展，破解我国长期存在的区域发展不平衡、不充分问题；对外，依托"一带一路"，成为扩大开放的新支点，在支撑内陆地区参与国际竞争的同时，极大拓展我国战略回旋空间。[①]

---

① 李勇、惠小勇、赵宇飞：《成渝地区双城经济圈对中国意味着什么》，《党员文摘》2021 年第 11 期，第 32—34 页。

成渝作为国家的战略大后方，历史上曾在许多重要时刻发挥关键作用。改革开放特别是西部大开发以来，成渝地区在基础设施建设和产业发展方面取得长足进展。党的十八大之后，通过积极参与共建"一带一路"、长江经济带发展等重大战略，成渝地区积累了一定的发展实力，在西部的战略高地地位日益凸显。面向未来，在世界面临百年未有之大变局的时代背景下，抢抓重要战略机遇期的时间窗口，全力支持成渝地区双城经济圈建设，加快形成与东部沿海三大城市群比肩的发展引擎和创新高地，对于进一步提升我国在全球竞争中的位势、顺利开启第二个百年奋斗目标新征程、实现中华民族伟大复兴的中国梦都具有重要意义。

## 一、拓展战略纵深、建设陆海强国的有力举措

成渝地区是我国西部人口和经济密度最高的一个相对独立的地理单元，重庆、成都两个中心城市直接辐射带动地区的人口总量达 1.2 亿，占西部地区人口的 1/3。同时，成渝地区拥有丰富的水源、天然气、页岩气等清洁能源，极为丰富的自然风景资源和民族文化资源，气候温润、风调雨顺，具有悠久的农耕文明传统，粮食、油料、生猪等在全国具有重要地位。得益于独特的地理位置、丰富的自然资源和悠久的历史文化，成渝地区在近代史上是中国无可替代的战略后方与相对安全的战略纵深。抗战时期，成渝地区是"大后方"。在抗日战争中，这个地区战时军工和民用经济体系的建立，支持了前线的武装抗战，也为后来的区域经济发展留下了较好的基础。重庆和宜宾李庄是战时的文化重镇，在战乱中为国家保护培育了一大批文化、科技人才。①

成渝地处四川盆地，位于"一带一路"和长江经济带交汇处，西临"胡焕庸线"，是西部陆海新通道的起点，自古以来一直是连接中原与滇藏边疆的枢纽要地，也是东亚、东北亚进入东南亚和南亚次大陆的主要通道，历来就是国家重要战略腹地。成渝地区崛起，意味着具有全国意义的增长引擎和战

---

① 李晓江：《国之重器——成渝"双城经济圈"再认识》，《成都商报红星评论》，2020 年 5 月 26 日。

略支撑地区从东部沿海向西推进 1500 千米，成为中国作为陆海统筹、均衡发展的大国强国综合实力的重要标志，将为维护国家安全、增强综合国力发挥重要作用。

## 二、发挥大国优势、形成强大国内市场的重要途径

成渝地区人口总量大、密度高，创新要素相对富集，资源禀赋和基础设施条件相对较好，具有广阔的潜在增长空间，也是我国西部和长江上游地区城镇化程度、产业基础、创新能力、发展水平最高的区域。成渝地区双城经济圈发展动能直接传导到广阔的西部，带动西部大开发；与长江中游城市群联动，和长三角地区相呼应，进而"舞动"长江经济带。面对复杂多变的国际环境，成渝与东部沿海不同的开放发展路径彰显了中国经济发展的强大韧性，与东部沿海的发展差距为中国经济持续增长提供了巨大的回旋空间，成为强大国内市场的重要依托。

近年来，消费成为国民经济最大的拉动力，消费的扩容提质是形成强大国内市场的基础。国际消费中心城市是现代国际化大都市的核心功能之一，是消费资源的集聚地，更是一国乃至全球消费市场的制高点，具有很强的消费引领和带动作用。2021 年，重庆、成都的社会消费品零售总额分别达到13967.67 亿元和 9251.8 亿元，位列全国第 3 位和第 6 位，重庆入选首批国际消费中心城市建设试点，成都在积极创建国际消费中心城市。打造富有巴蜀特色的国际消费目的地，以高质量供给引领和创造市场新需求，坚持高端化与大众化并重、快节奏与慢生活兼具，激发市场消费活力，不断增强巴蜀消费知名度、美誉度、影响力，有助于形成强大国内市场的区域支撑。

## 三、优化开放格局、促进区域协调发展的必然要求

开放水平不高是中西部地区发展相对滞后的重要原因。"一带一路"建设打开了向西开放的新空间，西部地区由内陆边陲一举成为开放前沿。成渝地区也因之成为共建"一带一路"、长江经济带发展和西部陆海新通道等国家战

略的交汇点。连接亚欧大陆两端的"中欧班列"从这里起源,迄今仍以成渝两市为国内最大始发城市,成渝两地正在携手将中欧班列(成渝)打造成为全国中欧班列第一品牌。以"中新(重庆)战略性互联互通示范项目"为基础构建的西部陆海贸易新通道,形成了"一带"与"一路"有效衔接的国际大通道。该通道利用铁路、公路、水运、航空等多种运输方式,由重庆向南经贵州等地,通过广西北部湾等沿海沿边口岸,通达新加坡及东盟主要物流节点;向北与中欧班列连接,利用兰渝铁路及西北地区主要物流节点,通达中亚、南亚、欧洲等区域,为我国西部开放打开了新局面。

以开放为引领促进成渝地区崛起,并在区域协同推进创新驱动、军民融合、乡村振兴等国家战略,有利于形成全方位对外合作竞争新优势,建设更高层次开放型经济;有利于把成渝地区从开放高地推向创新发展高地,并在中国区域经济发展由东西分异转向南北分化的背景下,引领西部地区高质量发展,塑造区域协调发展新格局。

## 第二节 成渝地区在国家战略中的定位及其演进

党的十八大以来,以习近平同志为核心的党中央明确提出实施新型城镇化战略,提出走以人为本、四化同步、优化布局、生态文明、文化传承的中国特色新型城镇化道路。新型城镇化成为推动我国经济社会持续健康发展、迈向社会主义现代化国家的重要力量。成渝地区的快速发展,正是在新型城镇化的宏观背景下展开的。

### 一、起于成渝城市群发展规划

2013年底召开的中央城镇化工作会议,分析了我国城镇化发展面临的形势,明确推进城镇化的指导思想、主要目标、基本原则、重点任务。会议要求根据资源环境承载能力构建科学合理的城镇化宏观布局,把城市群作为主体形态，促进大中小城市和小城镇合理分工、功能互补、协同发展，提出在中西部和东北有条件的地区，依靠市场力量和国家规划引导，逐步发展形成若干城市群，使其成为带动中西部和东北地区发展的重要增长极。

2014 年 3 月中共中央印发《国家新型城镇化规划（2014—2020 年）》，明确提出加快培育成渝等城市群，使之成为推动国土空间均衡开发、引领区域经济发展的重要增长极。规划要求，要在严格保护生态环境的基础上，引导有市场、有效益的劳动密集型产业优先向中西部转移，吸纳东部返乡和就近转移的农民工，加快产业集群发展和人口集聚。

2016 年 4 月，国家发展改革委、住房和城乡建设部联合印发《成渝城市群发展规划》（简称《规划》），明确提出到 2020 年，成渝城市群要基本建成经济充满活力、生活品质优良、生态环境优美的国家级城市群。到 2030 年，重庆、成都等国家中心城市的辐射带动作用明显增强，城市群一体化发展全面实现，同城化水平显著提升，创新型现代产业支撑体系更加健全，人口经济集聚度进一步提升，国际竞争力进一步增强，实现由国家级城市群向世界级城市群的历史性跨越。

此后，成渝城市群建设成为我国优化城镇化空间布局和深入推进西部大开发的重要内容，在中共中央、国务院的政策文件中被反复提及。2018 年 11 月，中共中央、国务院发布的《中共中央 国务院关于建立更加有效的区域协调发展新机制的意见》明确指出："建立以中心城市引领城市群发展、城市群带动区域发展新模式，推动区域板块之间融合互动发展。"以重庆、成都为中心的城渝城市群发展，对于沟通西南西北地区、加快构建西部大开发新格局和带动长江经济带发展等都具有重要意义。2019 年 4 月，国家发展改革委印发的《2019 年新型城镇化建设重点任务》中提到，在优化城镇化布局形态方面，扎实开展《成渝城市群发展规划》实施情况跟踪评估，研究提出支持成渝城市群高质量发展的政策举措，培育形成新的重要增长极。

## 二、谋划成渝地区双城经济圈建设

2020 年 1 月，中央财经委员会第六次会议提出，推动成渝地区双城经济圈建设，在西部形成高质量发展的重要增长极，强调要尊重客观规律，发挥比较优势，推进成渝地区统筹发展，促进产业、人口及各类生产要素合理流动和高效集聚，强化重庆和成都的中心城市带动作用，使成渝地区成为具有全国影响力的重要经济中心、科技创新中心、改革开放新高地、高品质生活宜居地，助推高质量发展。

2020 年 4 月，国家发展改革委印发的《2020 年新型城镇化建设和城乡融合发展重点任务》中提到，加快推进《成渝地区双城经济圈建设规划纲要》编制实施，促进重庆市、四川省通力协作，加大成渝地区发展统筹力度，发挥中心城市带动作用，加强交通、产业、环保、民生政策对接，共同建设具有全国影响力的科技创新中心，加快培育形成新动力源。

2020 年 10 月，中共中央政治局会议审议通过了《成渝地区双城经济圈建设规划纲要》（简称《规划纲要》）。2021 年 10 月，中共中央、国务院印发了《成渝地区双城经济圈建设规划纲要》。《规划纲要》指出，成渝地区双城经济圈位于"一带一路"和长江经济带交汇处，是西部陆海新通道的起点，具有连接西南西北，沟通东亚与东南亚、南亚的独特优势。区域内生态禀赋优良、能源矿产丰富、城镇密布、风物多样，是我国西部人口最密集、产业基础最雄厚、创新能力最强、市场空间最广阔、开放程度最高的区域，在国家发展大局中具有独特而重要的战略地位。

2021 年 3 月，十三届全国人大五次会议审议通过的《中华人民共和国国民经济和社会发展第十四个五年规划和 2035 年远景目标纲要》（简称《"十四五"规划纲要》）在"建设现代化基础设施体系"一章，提出"建设京津冀、长三角、粤港澳大湾区、成渝世界级机场群"的任务；在"完善城镇化空间布局"部分，提出要"优化提升京津冀、长三角、珠三角、成渝、长江中游等城市群"；在"深入实施区域协调发展战略"一章，提出"推进成渝地区双城经济圈建设，打造具有全国影响力的重要经济中心、科技创新中心、改革开放新高地、高品质生活宜居地，提升关中平原城市群建设水平，促进西北地区与西南地区合作互动"。

党的二十大报告也在"促进区域协调发展"部分重申了"推动成渝地区双城经济圈建设"。

## 三、"两中心、两地"定位内涵

把成渝地区双城经济圈建设成为具有全国影响力的重要经济中心、科技创新中心、改革开放新高地、高品质生活宜居地，是《规划纲要》确定的战略定位，对于准确把握成渝地区双城经济圈的发展方向具有重要意义。

### （一）具有全国影响力的重要经济中心

近年来，成渝地区发展驶入快车道。中心城市辐射带动作用持续提升，中小城市加快发展，基础设施更加完备，产业体系日渐完善，科技实力显著增强，内需空间不断拓展，具备了建设具有全国影响力的重要经济中心的基础条件。重庆、成都是国家中心城市，也是超大城市，具有很强的区域辐射带动能力。在两大城市的带动下，成渝地区的经济总量占西部地区的比重已高达1/3，成为继长三角、粤港澳和京津冀之后影响力最大的区域经济体。因此，在已有基础上，建成具有全国影响力的重要经济中心是务实可行的定位和目标。《规划纲要》提出，依托综合交通枢纽和立体开放通道，提高参与全球资源配置能力和整体经济效率，培育竞争优势突出的现代产业体系，发展富有巴蜀特色的多元消费业态，打造西部金融中心、国际消费目的地，共建全国重要的先进制造业基地和现代服务业高地。

### （二）具有全国影响力的科技创新中心

成渝地区拥有西部规模最大的高水平科教资源，高校、科研院所的创新能力强。《规划纲要》发挥成渝地区比较优势，顺应高质量发展要求，提出大力实施创新驱动战略，建设成渝综合性科学中心等重点任务，使创新成为双城经济圈建设的第一动力，把成渝地区双城经济圈建设成为国家战略科技力量的重要组成部分、突破共性关键技术尤其是"卡脖子"技术的重要创新源。《规划纲要》提出，紧抓新一轮科技革命机遇，发挥科教人才和特色产业优势，推动创新环境优化，加强创新开放合作，促进创新资源集成，激发各类创新主体活力，大力推进科技和经济发展深度融合，打造全国重要的科技创新和协同创新示范区。

**（三）具有全国影响力的改革开放新高地**

改革创新和开放探索的成就奠定了成渝地区双城经济圈的发展基础。成渝地区成为近年来全国发展最为活跃、产业和市场扩容最快的区域板块之一，靠的正是持续不断的改革创新和开放探索。与此同时，成渝地区双城经济圈建设也面临不少迫切需要通过进一步深化改革扩大开放解决的难题，无论是探索充分发挥双城引领带动作用的有效途径，还是进一步夯实发展基础、解决中间"塌陷"问题；无论是打造科技创新中心，还是建设高品质生活宜居地，深度改革和高水平开放仍然是标本兼治的"关键一招"。把成渝地区建成"具有全国影响力的改革开放新高地"，就是要在更高起点、更高层次、更高目标上推进改革开放，在要素市场化改革、科研体制、跨行政区经济社会管理等重点领域进行改革突破，通过改革开放进一步激发释放发展活力、提高发展质量，探索内陆城镇密集地区高质量发展之路，引领带动西部地区同步实现现代化。

**（四）具有全国影响力的高品质生活宜居地**

巴适、安逸是成渝地区生活方式的真实写照和典型标签。高品质生活宜居地的提出，彰显了以人民为中心的发展思想，体现了以人为核心的新型城镇化要求，有利于吸引高端创新人才，实现高质量发展。《规划纲要》提出，大力推进生态文明建设，筑牢长江上游生态屏障，在西部地区生态保护中发挥示范作用，促进社会事业共建共享，大幅改善城乡人居环境，打造世界级休闲旅游胜地和城乡融合发展样板区，建设包容和谐、美丽宜居、充满魅力的高品质城市群。

## 四、系列政策部署安排

2020 年初中央财经委员会第六次会议做出"推动成渝地区双城经济圈建设"的重要部署以来，各部门、各有关方面据此针对成渝地区经济社会发展推出系列政策、安排重大项目。

2021 年 3 月 1 日，最高人民法院印发实施《关于为成渝地区双城经济圈建设提供司法服务和保障的意见》（简称《意见》），突出强调进一步加强民商事审判各项工作，严格区分经济纠纷与经济犯罪，进一步加强产权司法保护，依法慎用刑事强制措施，严格规范涉案财产的保全和处置措施，支持和监督行政机关依法行政，为打造带动全国高质量发展的重要增长极和新的动力源营造良好法治环境。《意见》从刑事审判、民商事审判、金融审判、知识产权审判、环境资源审判、涉外商事海事审判、行政审判、执行、诉讼服务等 9 个方面明确工作重点，确保为成渝地区双城经济圈建设营造良好法治环境。

2021 年 6 月 7 日，国家发展改革委、交通运输部联合印发《成渝地区双城经济圈综合交通运输发展规划》，提出以打造"轨道上的双城经济圈"为重点，优化完善基础设施网络，强化成渝地区对外交通、城际交通、都市圈交通合理布局和高效衔接，全面推进设施内外联通、管理高效协同、服务一体便捷，构建安全、便捷、高效、绿色、经济的现代化综合交通运输体系，有力支撑成渝地区双城经济圈建设。到 2025 年，以补短板、强弱项为重点，着力构建多种运输方式无缝衔接的综合立体交通网络。一体衔接联通设施网络总体形成。对外运输大通道、城际交通主骨架、都市圈通勤网基本完善。到 2035 年，以一体化发展为重点，全面建成设施互联互通、运行智能安全、服务优质高效的现代化综合交通运输体系，全面实现对外开放通道通欧达海、立体互联，重庆、成都国际门户枢纽联通全球，运输组织水平、创新能力、体制机制一体化合作国内领先。

2021 年 6 月 7 日，第十三届全国人大常务委员会第二十九次会议举行，受国务院委托，交通运输部部长李小鹏向全国人大常委会报告现代综合交通运输体系建设工作情况。报告提到，将加快构建高质量的综合立体交通网，加快建设京津冀、长三角、粤港澳大湾区、成渝地区双城经济圈四大国际性综合交通枢纽集群，提升北京—天津、上海、广州—深圳、重庆—成都等国际性综合交通枢纽的全球互联互通水平，加快推进80个左右全国性综合交通枢纽城市建设，统筹推进"十四五"时期120个国家物流枢纽建设，实施一批综合客运和货运枢纽重大项目。

2021年7月，中国农业发展银行出台《关于支持成渝地区双城经济圈建设的实施意见》，指出支持成渝地区双城经济圈建设是农发行服务国家战略的内在要求。成渝地区双城经济圈建设是国家深入实施区域协调发展战略、构建高质量发展区域经济布局的重要组成部分。农发行要充分发挥好服务国家战略职能作用，助力成渝地区发展成为国家经济社会高质量发展的重要动力源和增长极。

2021年8月，人力资源和社会保障部与重庆市人民政府、四川省人民政府共同签署《推动成渝地区双城经济圈建设深化人力资源社会保障战略合作协议》。未来，三方将重点围绕就业、社保、人才、人力资源、劳动关系、公共服务能力等开展深入合作，合力打造人力资源社会保障区域协作高水平样板。

2021年8月17日，国家发展改革委正式批复《关于新建成渝中线铁路（含十陵南站）可行性研究报告》，项目起自重庆枢纽重庆北站，经重庆科学城、铜梁、大足、安岳、乐至、简州新城，至成都枢纽成都站。线路正线全长292千米，全线设8座车站，其中新建车站6座。项目总投资692.73亿元。

2021年9月27日，根据人力资源社会保障部统一部署，四川省人社厅和重庆市人社局联合印发《2021年成渝地区双城经济圈急需紧缺人才目录编制工作方案》，四川和重庆首次共同编制发布成渝地区双城经济圈急需紧缺人才目录。目录包含先进制造业、数字经济、现代服务业、现代高效特色农业等产业领域。

2021年11月，海关总署出台了支持成渝地区双城经济圈建设12条举措，包括提升通道效能、推动开放平台建设、促进外贸新业态发展、提升监管执法水平、加强海关国际合作等方面。比如，在提升通道效能方面：海关支持成渝两地中欧班列开展内外贸货物混编运输，降低物流成本，支持成渝地区中欧班列集结中心建设。推广实施铁路快速通关模式，支持开展邮件、跨境电商进出口运输业务。在疫情防控允许条件下，支持国际航线开行"通程航班"，实现国际国内中转航班"通程联运、行李直挂"。支持开通更多进出境全货机境内续驶段混载航线。推进"航空＋陆运"业务发展，促进现有航线与口岸资源共享互通。支持"沪渝直达快线"开行。支持在成渝关区试行上海—重庆水水联运中转业务"离港确认"模式。支持沿海港口在双城经济圈设立无水港。

2021年11月26日，国家发展改革委批复同意四川省人民政府上报的《成都都市圈发展规划》，这是全国第三个、中西部第一个都市圈规划。要求落实成渝地区双城经济圈建设总体部署，充分发挥成都辐射带动作用和德阳、眉山、资阳优势，推动一体化、同城化发展，全面推进基础设施互联互通、现代产业协作共兴、对外开放协同共进、公共服务便利共享、生态环境共保共治，加快建设具有全国影响力的现代化都市圈，为推动成渝地区双城经济圈建设提供强劲动力和坚实支撑。

2021年12月10日，国家发展改革委印发《成渝地区双城经济圈多层次轨道交通规划》，提出依托重庆、成都为核心，强化双圈互动和对外辐射，完善区域路网布局、提升内联外通水平、持续优化运输结构，加快构建四网融合、枢纽衔接、运营一体的多层次轨道交通网络，大力提升服务能力、质量效益和服务品质，打造高效率高水平的轨道上的双城经济圈，支撑成渝地区一体化高质量发展，形成"一带一路"、长江经济带、西部陆海新通道联动发展的战略性枢纽。到2025年，初步建成轨道上的成渝地区双城经济圈，进出川渝四向通道基本形成，形成功能清晰、布局合理的设施"一张网"，点线协调、衔接高效的枢纽"零换乘"，客货并重、联程联运的运输"一体化"。到2035年，成渝地区双城经济圈基础设施互联互通基本实现，干线铁路、城际铁路、市域（郊）铁路、城市轨道交通等多层次轨道交通网络高度融合、枢纽无缝衔接、运营智能高效，运输组织水平、科技和体制创新能力位于国内前列，轨道交通全面发挥客运和货运骨干作用，支撑引领区域一体化发展。

2021 年 12 月 24 日，中国人民银行等部门印发《成渝共建西部金融中心规划》，提出以金融支持成渝地区双城经济圈高质量发展为主线，以构建优势互补的现代金融业为根本，以金融改革创新为动力，以内陆金融开放创新为突破口，以营造良好金融发展环境和防范化解金融风险为保障，深化金融体制机制改革，共同完善提升区域金融市场功能，合力扩大金融对外开放，深化跨境跨区域金融合作，强化重庆和成都中心城市带动作用，促进各类金融要素资源合理流动和高效集聚，支持重庆打造西部金融中心，加快推进成渝共建西部金融中心。到 2025 年，西部金融中心初步建成。金融体制机制更加优化，金融机构创新活力不断增强，金融开放程度显著提高，辐射集聚能力不断增强，支撑人民币"走出去"的区域战略地位更加凸显，金融生态环境明显优化，金融营商环境居全国前列。到 2035 年，西部金融中心地位更加巩固。基本确立具有较强金融资源配置能力和辐射影响力的区域金融市场地位，形成支撑区域产业发展、引领全国高质量发展、西部陆海贸易和国内国际双循环的内陆金融开放服务体系，金融服务"一带一路"功能更加完善，西部金融中心的国际影响力显著增强。

2022 年 1 月，交通运输部、国家铁路局、中国民用航空局、国家邮政局联合印发《西部陆海新通道"十四五"综合交通运输体系建设方案》（简称《建设方案》）。《建设方案》明确了 5 项重点任务：一是完善综合立体交通网，强化互联互通。提升陆路通道能力、强化海运通道功能、推进综合交通枢纽体系建设、强化与辐射延展带等的衔接、促进与周边国家互联互通；二是促进物流降本增效提质，提高运输效率。提升运输组织能力、提升多式联运水平、提升国际运输效率；三是提高创新发展能力，增强发展动能。推动交通基础设施数字化网联化、推进物流信息共享应用、鼓励智慧物流新模式发展、创新协同发展体制机制；四是强化融合联动发展，扩展发展空间。建设统一开放的交通运输市场、促进新业态有序发展、加强国际市场对接；五是注重安全绿色发展，提升可持续发展能力。

2022 年 2 月 7 日，国家发展改革委、中央网信办、工业和信息化部和国家能源局同意在成渝地区启动建设全国一体化算力网络国家枢纽节点，要求成渝枢纽充分发挥本区域在市场、技术、人才、资金等方面的优势，发展高密度、高能效、低碳数据中心集群，提升数据供给质量，优化东西部间互联网络和枢纽节点间直连网络，通过云网协同、云边协同等优化数据中心供给结构，扩展算力增长空间，实现大规模算力部署与土地、用能、水、电等资源的协调可持续。成渝枢纽规划设立天府数据中心集群和重庆数据中心集群。其中，天府数据中心集群起步区为成都市双流区、郫都区、简阳市。重庆数据中心集群起步区为重庆市两江新区水土新城、西部（重庆）科学城璧山片区、重庆经济技术开发区。

2022 年 2 月 10 日，生态环境部、国家发展改革委、重庆市人民政府和四川省人民政府印发《成渝地区双城经济圈生态环境保护规划》，要求强化长江上游生态大保护，深入打好污染防治攻坚战，深化成渝地区生态环境保护协作，创新城市生态环境治理体系，为成渝地区建设高品质生活宜居地提供生态环境保障，构建人与自然和谐共生的美丽中国先行区。

2022 年 2 月 28 日，国家发展改革委、自然资源部、住房和城乡建设部联合印发《成都建设践行新发展理念的公园城市示范区总体方案》，支持成都建设践行新发展理念的公园城市示范区，探索山水人城和谐相融新实践和超大特大城市转型发展新路径。

2022 年 3 月，中国民航局印发《关于加快成渝世界级机场群建设的指导意见》，明确成渝世界级机场群建设的指导思想、主要目标和 5 方面的任务举措，将着力打造中国民航发展第四极。

2022 年 5 月，由川渝两地联合申报的"国家网络安全产业园区（成渝）"获工业和信息化部批复，这是全国首个获批的跨省域国家级网络安全产业园区。工业和信息化部在批复中指出，建设成渝国家网络安全产业园区对推动将网络安全产业打造为成渝高质量发展重要增长极和新的动力源具有重要意义，将在政策实施、项目布局、企业培育、试点示范等方面给予积极支持。

2022年5月，文化和旅游部、国家发展改革委、重庆市人民政府、四川省人民政府联合印发《巴蜀文化旅游走廊建设规划》，提出三大建设定位，即全国文化旅游发展创新改革高地、全国文化和旅游协同发展样板、世界级休闲旅游胜地。

2022年6月，交通运输部服务构建新发展格局工作领导小组第三次会议召开，会议审议了《西部陆海新通道综合交通运输体系建设2022年工作要点（讨论稿）》等文件。交通运输部决定对部服务构建新发展格局工作领导小组进行调整，增设西部陆海新通道综合交通运输体系建设工作专项办公室。2022年各成员单位要加强协同配合，提升综合交通枢纽集聚辐射能力，加快成渝地区双城经济圈国际性枢纽集群建设。

2022年8月19日，经国务院同意，中国人民银行等六部委印发《重庆市建设绿色金融改革创新试验区总体方案》，标志着重庆市绿色金融改革创新试验区正式启动。该方案提到，重庆市绿色金融改革试验区建设将聚焦金融改革创新的"试验田"、绿色低碳发展的"强引擎"、成渝双城共建的"新平台"、跨区域合作的"新桥梁"的"四大定位"。

2022年9月，经国家发展改革委同意，川渝两省市人民政府共同印发了《重庆都市圈发展规划》。明确重庆都市圈规划范围包括重庆市渝中区等21个区和四川省广安市。广安成为目前全国唯一全域纳入跨省域都市圈的地级市。

2022年9月28日，全国首个跨省域管辖的法院——成渝金融法院正式揭牌。揭牌仪式在重庆、成都同步举行，两地以视频方式进行了互连直播。成渝金融法院负责管辖重庆市、四川省属于成渝地区双城经济圈内的应由中级人民法院管辖的有关金融民商事案件和涉金融行政案件，具体管辖范围以最高人民法院相关司法解释为准。

2022年9月29日，重庆成都双核联动联建会议以视频会议形式召开，共谋落实国家战略之计、共商推动双核联动之策。

# 第三章
# 协同打造现代产业体系

高质量发展是全面建设社会主义现代化的首要任务，建设现代产业体系是其应有之义和重要抓手。成渝地区加快构建高效分工、错位发展、有序竞争、相互融合的现代产业体系，在全国新发展格局中占据着重要位置。要以全球新一轮科技革命和产业链重塑为契机，聚焦产业创新、绿色、协同、开放发展，汇聚优质创新资源，促进创新成果转化，完善绿色产业体系，提升资源能源利用效率，深化"一区两群"、川渝两地产业协同，积极参与国内国际产业分工协作，提高参与全球资源配置能力和整体经济效率，共建全国重要的先进制造业基地和现代服务业高地，加快形成高质量发展新动能，建设具有全国影响力的重要经济中心，发挥科教人才和特色产业优势，强化机制创新，加强创新开放合作，促进创新资源集成，激发各类创新主体活力，大力推进科技和经济发展深度融合，建设全国重要的科技创新和协同创新示范区。

## 第一节　成渝地区产业协同发展的特征与趋势

### 一、产业集群发展成效显著

成渝地区整体经济实力在西部地区较强，2021 年，四川省、重庆市、成都市经济总量分别达到 5.39 万亿、2.79 万亿和 1.99 万亿元，增速均超过 8.2%，高于全国平均增速。近年来，成渝地区高端要素和产业加速集聚，汽车、电子信息、装备制造、生物医药等领域不断壮大，拥有全部 41 个工业大类，成为全国重要的制造业基地。两地产业互补性强，正联手打造汽车、电子信息两大世界级产业集群。

特色制造业集群高位发展。成渝制造业发展突出高端化、配套化、集聚化，形成汽车、电子信息等一批千亿级支柱产业集群。截至 2020 年底，重庆市规模以上工业产值超过 2 万亿元，全部工业增加值接近 7000 亿元，拥有全部 31 个制造业大类行业，基本建成门类齐全、产品多样的制造业体系。优势领域更加彰显，微型计算机、手机、汽车、摩托车产量占全国比重分别超过 24%、9%、6%、29%。形成以长安系为龙头，10 多家整车企业为骨干，上千家配套企业为支撑的优势汽车产业集群，"链群效应"快速形成。装备制造产业持续壮大，依托内燃机、仪器仪表等国家级研发生产基地，形成输变电成套设备、轨道交通装备等一批竞争能力强的重点企业。

成都形成万亿级电子信息产业和 8 个千亿级产业集群，市场主体达到 341 万户。2020 年，成都市电子信息、食品饮料、装备制造、先进材料和能源化工五大现代制造业实现营业收入 12733.7 亿元。电子信息产业规模达到 10065.7 亿元，同比增长 19.8%，成为成都首个产值破万亿的产业，位居全国第六、中西部第一。电子信息产业规模以上企业数量 1400 余户，从业人员超 60 万。"中国五百强"企业中的 40 家电子信息企业有 26 家入驻成都，"世界五百强"中的 49 家电子信息企业有 14 家入驻成都。

成渝在集成电路、机器人、汽车整车及零部件研发、轨道交通等领域具有协同创新态势。从细分领域看，成都在软件、芯片设计、医药研发等产业链前端具有较强实力，重庆在产业链中后端的制造环节更具优势。战略性新兴产业发展方向较相似，均将生物医药、新材料及环保等作为培育重点。

## 二、产业协同取得积极进展

产业协作机制持续完善。截至 2020 年底，四川和重庆共同出台了《汽车产业高质量协同发展实施方案》《电子信息产业高质量协同发展实施方案》，联合选定 20 个园区作为首批产业合作示范园[①]，正在共建电子信息产业经济走廊。成渝地区围绕电子信息、汽车、装备制造、新材料、生物医药等重点领域，成立川渝产业园区发展联盟，吸引两地 90 余家重点园区、179 家优势企业、12 家银行省级分行、10 余家商协会及 20 余家服务机构加入，形成产业发展共同体。2021 年川渝推进实施合作共建重大项目 67 个[②]，通过城市间的产业优势互补与合作，极大提高了生产效率、提升了整体竞争优势（表 3-1-1）。

表 3-1-1　成渝地区双城经济圈内汽车产业布局示意图

| 城市 | 产业布局 |
| --- | --- |
| 重庆 | 大力发展新能源汽车和智能汽车<br>知名汽车厂商：长安、力帆、通用五菱、北京现代、上汽依维柯等 |
| 成都 | 重点发展动力系统、底盘系统、汽车电子及新能源汽车动力电池、驱动电机等关键技术和零部件<br>知名汽车厂商：一汽大众、沃尔沃、川汽野马等 |
| 自贡 | 大力发展整车品牌及配套零部件产品<br>知名汽车厂商：明君汽车 |
| 德阳 | 重点发展新能源汽车整车生产及零部件<br>知名汽车厂商：华星棉业 |
| 绵阳 | 着力发展整车及零部件制造、新能源汽车产业<br>知名汽车厂商：川汽野马新能源、华瑞 |
| 遂宁 | 突出发展汽车及零部件产业<br>知名汽车厂商：江淮 |
| 内江 | 重点发展汽车零部件制造<br>知名汽车厂商：隆昌山川、方向鸿翔 |

① 国家发展和改革委员会：《国家新型城镇化报告》，人民出版社 2018 年版。

② 《成渝共筑高质量增长极》，《瞭望新闻周刊》2022 年第 5 期。

续表

| 城市 | 产业布局 |
|------|---------|
| 南充 | 着力发展新能源汽车与汽车零配件产业<br>知名汽车厂商：吉利、银翔 |
| 宜宾 | 着力打造汽车零部件及新能源汽车制造产业链<br>知名汽车厂商：成都捷邦汽车、奇瑞观致 |
| 资阳 | 打造国家汽车机车制造出口基地和西部汽车零部件制造基地<br>知名汽车厂商：四川现代、南骏汽车 |

产业协同一体化程度持续加深。从主导产业看，成渝均在电子信息、装备制造、医药健康等领域具有明显优势，产业关联度较高。自 2020 年提出"成渝双城经济圈"以来，两市产业协调交流大大增加，经济联系增强，市场一体化和产业集群发展水平提升，产业同质化现象逐渐减弱。川渝两地已经签订汽车、电子、无线电等多个领域的合作协议，在工业互联网、消费品、软件等重点领域加速协同。两地围绕电子信息和汽车产业上线产业链供需对接平台，目前注册汽车企业 2062 家、电子信息企业超过 180 家，提供产品和服务 600 余项。成渝电子信息产业保持双向互动，产业互补性不断增强。例如集成电路产业方面，四川是国内集成电路封装测试大户，重庆则引进了国内优秀的晶圆制造商。[①]

城市产业互投形势良好。川渝两地积极推动经济圈内各城市相互投资，投资领域涉及汽车及零部件、装备制造、农业产业化、房地产、商贸物流等多方面。近三年，渝企入川实际投资 4799 亿元，占四川引资总量的 19%，同期，川企入渝实际投资 3088 亿元，占重庆市引进内资总量的 16%，列各省市第二位。就成渝相邻地区的合作而言，四川遂宁和重庆潼南签署了"1+N"协作协议，以促进综合发展。重庆市荣昌区和邻近的四川泸州市讨论了基础设施和产业协调等 7 个领域的合作。

---

① 刘旭强：《成渝电子信息产业双向互动未来五年共造世界级电子信息产业集群》，https://baijiahao.baidu.com/s?id=1681889476180172942。

## 三、产业链整体协同、分工协作水平仍待提升

从产业结构看，近年来，随着成渝地区双城经济圈工业化、城市化的快速推进，区域产业规模不断扩大，三次产业结构不断优化。成渝地区第二、三产业地区生产总值占比总体呈现较为稳定的趋势，实现由工业主导向工业和服务业"两轮驱动"的转变。成都、重庆主城区以第二、三产业为主，第三产业超过50%。中心城市、主城区和外围县市区的产业发展处于不同的发展阶段。

川渝两地产业结构类似，主要产业有一定重合。两地制造业均倚重电子制造，四川整体偏向轻工业，重庆市重工业拉动更为有力。四川和重庆在汽车配件、新一代电子信息等9个行业领域都有重叠，分别占四川、重庆比较优势产业的47%和75%。[1] 由于成渝地区尚未形成跨区域的产业横向、纵向协同发展模式，导致产品同质化现象较为突出。[2]

利用产业结构相似系数对成渝地区双城经济圈城市间产业分工程度进行定量分析发现，经济圈内城市间产业结构相似系数均大于0.8（表3-1-2），"同构"问题较为严重。城市群产业发展比较情况见表3-1-3，成渝两市作为经济圈的"双核"，支柱产业重合度较高，产业布局趋同，在电子信息、汽车、装备制造等多个产业上存在产业"拼抢"、直接竞争现象，不利于整个经济圈产业竞争力的提升。

表3-1-2　成渝地区双城经济圈各城市产业结构相似系数[3]

|  | 重庆 | 成都 | 自贡 | 泸州 | 德阳 | 绵阳 | 遂宁 | 内江 | 乐山 | 南充 | 眉山 | 宜宾 | 广安 | 达州 | 雅安 | 资阳 |
|---|---|---|---|---|---|---|---|---|---|---|---|---|---|---|---|---|
| 重庆 | 1.00 | – | – | – | – | – | – | – | – | – | – | – | – | – | – | – |
| 成都 | 0.96 | 1.00 | – | – | – | – | – | – | – | – | – | – | – | – | – | – |

[1] 陈露耘、张舟、王付永：《辩证对待成渝地区产业同质化竞争》，《四川日报》，2020年7月30日。

[2] 黄寰：《以产业结构优化推动成渝地区全产业链升级》，《区域经济评论》2021年第2期，第15—16页。

[3] 成都市经济发展研究院区域经济研究所：《以集群化发展为抓手 推动成渝地区双城经济圈产业协同共兴》，https://mp.weixin.qq.com/s/sHT2UMtvW486-0Nq-EIXIw。

续表

| | 重庆 | 成都 | 自贡 | 泸州 | 德阳 | 绵阳 | 遂宁 | 内江 | 乐山 | 南充 | 眉山 | 宜宾 | 广安 | 达州 | 雅安 | 资阳 |
|---|---|---|---|---|---|---|---|---|---|---|---|---|---|---|---|---|
| 自贡 | 0.96 | 0.97 | 1.00 | – | – | – | – | – | – | – | – | – | – | – | – | – |
| 泸州 | 0.94 | 0.92 | 0.93 | 1.00 | – | – | – | – | – | – | – | – | – | – | – | – |
| 德阳 | 0.96 | 0.94 | 0.97 | 0.90 | 1.00 | – | – | – | – | – | – | – | – | – | – | – |
| 绵阳 | 0.95 | 0.97 | 0.98 | 0.93 | 0.98 | 1.00 | – | – | – | – | – | – | – | – | – | – |
| 遂宁 | 0.95 | 0.94 | 0.97 | 0.95 | 0.97 | 0.97 | 1.00 | – | – | – | – | – | – | – | – | – |
| 内江 | 0.94 | 0.91 | 0.95 | 0.94 | 0.97 | 0.96 | 0.98 | 1.00 | – | – | – | – | – | – | – | – |
| 乐山 | 0.88 | 0.86 | 0.91 | 0.81 | 0.94 | 0.91 | 0.93 | 0.94 | 1.00 | – | – | – | – | – | – | – |
| 南充 | 0.94 | 0.94 | 0.98 | 0.94 | 0.98 | 0.99 | 0.98 | 0.97 | 0.91 | 1.00 | – | – | – | – | – | – |
| 眉山 | 0.96 | 0.92 | 0.96 | 0.90 | 0.99 | 0.96 | 0.96 | 0.95 | 0.93 | 0.97 | 1.00 | – | – | – | – | – |
| 宜宾 | 0.88 | 0.88 | 095 | 0.86 | 0.95 | 0.94 | 0.92 | 0.94 | 0.93 | 0.94 | 0.94 | 1.00 | – | – | – | – |
| 广安 | 0.96 | 0.94 | 0.97 | 0.95 | 0.97 | 0.97 | 0.99 | 0.97 | 0.95 | 0.97 | 0.97 | 0.94 | 1.00 | – | – | – |
| 达州 | 0.89 | 0.85 | 0.92 | 0.85 | 0.93 | 0.89 | 0.92 | 0.95 | 0.98 | 0.90 | 0.92 | 0.95 | 0.96 | 1.00 | – | – |
| 雅安 | 0.97 | 0.91 | 0.94 | 0.91 | 0.92 | 0.91 | 0.92 | 0.91 | 0.89 | 0.90 | 0.94 | 0.90 | 0.95 | 0.93 | 1.00 | – |
| 资阳 | 0.93 | 0.94 | 0.96 | 0.91 | 0.97 | 0.97 | 0.99 | 0.97 | 0.96 | 0.97 | 0.95 | 0.93 | 0.98 | 0.93 | 0.89 | 1.00 |

表 3-1-3  城市群产业发展比较

| 城市群 | 城市 | 当前支柱产业 | 未来主导产业 | 本地代表公司 |
|---|---|---|---|---|
| 成渝城市群 | 成都 | 电子信息、汽车制造、绿色食品、装备制造、生物医药、新型材料 | 航空航天、高端制造、科技服务业、量子科技、人工智能、生物技术、区块链 | 成都先导、科伦药业、东方电气 |
| 成渝城市群 | 重庆 | 汽车制造、电子信息、新材料、装备制造、消费品产业、能源工业、医药 | 集成电路、新型显示、新型智能终端、新能源汽车和智能网联汽车、生物、先进材料、高端装备制造、绿色环保、软件和信息技术服务、新兴服务业 | 金科集团、长安汽车、龙湖集团、迪马实业、华宇集团 |

续表

| 城市群 | 城市 | 当前支柱产业 | 未来主导产业 | 本地代表公司 |
|---|---|---|---|---|
| 关中平原城市群 | 西安 | 电子信息、汽车、航空航天、高端装备、新材料新能源、生物医药 | 人工智能、5G技术、增材制造、机器人、大数据与云计算 | 中国航天科技集团公司、杨森制药、因诺科技 |
| 长江中游城市群 | 武汉 | 光电子信息、汽车及零部件、生物医药及医疗器械 | 人工智能、航空航天、空天信息、氢能、网络安全、量子科技 | 东风汽车、中国宝武钢铁集团、烽火通信、龙头九州通 |
| | 长沙 | 新材料、工程机械、食品、电子信息、汽车及零部件、有色冶金 | 新一代信息技术、高端装备制造、人工智能、数字经济 | 北汽福田、三一重工、中联重科 |
| | 南昌 | 绿色食品、现代轻纺、新型材料、机电装备制造 | 汽车及新能源汽车、电子信息、生物医药、航空装备 | 江铃汽车、济民可信、华润江中、洪都集团、联创电子、正邦集团 |

数据来源：根据公开数据整理。

　　产业发展水平有待提升。目前，成渝在电子信息、汽车生产等多个领域形成了较大的规模优势，产量和产值位居全国前列，但大而不强、大而不优问题突出。多数产业主要发展环节集中在附加值较低的生产制造、加工组装环节，研发设计、管理营销和后市场服务等附加值较高的环节发展不足，产业创新总体水平偏低，产业发展总体仍处于全球价值链中低端水平（表3-1-4）。随着劳动力成本上升，竞争优势难以维持。

　　产业分工协作有待进一步加强。某些实体经济领域产业具有"横向"竞争关系而"纵向"合作，缺乏有效的区域间产业协同决策机制，产业错位发展存在障碍。多年来，成渝双子城在交通枢纽、西部金融中心、总部经济、IT产业、汽车产业发展，甚至到外国领事机构的落户等方面，始终存在"较劲"问题。重庆、成都作为成渝地区双城经济圈核心城市，近年来在集成电路、新型显示、智能终端等细分领域竞争日渐激烈，"零和博弈"问题比较严重。成德眉资四市基于资源禀赋、比较优势建立起的产业体系布局高度相似，主要集中在制造业零部件加工配套、整机组装等低价值环节，以及农产品初加工、原材料销售和少许的展会展销、特色产品销售等环节，尚未形成"成链成群"抱团发展的格局。

表 3-1-4　成渝地区双城经济圈优势产业领域的现状发展环节 [1]

| 产业领域 | 成渝地区发展环节 | 国际范围内价值链高端环节 |
|---|---|---|
| 电子信息产业 | • 电子材料及设备生产制造<br>• 芯片设计、制造和封装测试<br>• 笔记本电脑生产组装 | • 芯片研发设计<br>• 传感器等关键零部件研发<br>• 软件开发和服务 |
| 汽车产业 | • 传统汽车零部件生产和整机组装<br>• 新能源汽车生产<br>• 汽车维修<br>• 汽车文化娱乐 | • 汽车关键零部件研发<br>• 新能源汽车、智能汽车生产<br>• 汽车文化娱乐 |
| 新型材料产业 | • 原材料生产供应<br>• 产品制造<br>• 封装测试、整机装配 | • 新型材料研发 |
| 医药健康产业 | • 医药研发<br>• 医药制造<br>• 医用器械制造<br>• 药品流通<br>• 医疗健康服务 | • 医药研发<br>• 医疗金融<br>• 医疗大数据应用<br>• 医疗健康服务 |
| 智能制造产业 | • 精密模具、零部件制造<br>• 智能终端产品制造<br>• 智能装备（环保、文旅装备等）生产制造 | • 智能装备研发<br>• 智能装备技术服务<br>• 智能产品软件服务 |

---

[1] 区域经济研究所：《以集群化发展为抓手 推动成渝地区双城经济圈产业协同共兴》，https://mp.weixin.qq.com/s/sHT2UMtvW486-0Nq-EIXIw。

# 第二节　推动制造业高质量发展

制造业是国民经济的主体，是立国之本、兴国之器、强国之基。要坚持把发展经济着力点放在实体经济上，一手抓传统产业转型升级，一手抓战略性新兴产业发展壮大，加快推进产业基础高级化、产业链现代化，提高经济质量效益和核心竞争力。依托双核、都市圈外围地区、都市圈北翼和南翼发展特色优势，优化重大生产力布局，共同建设成渝高水平汽车研发制造基地，联手打造电子信息、装备制造等具有全球影响力和国际竞争力的现代产业集群，共同培育先进材料、生物医药等高成长性新兴产业集群，共建全国重要的先进制造业基地。

## 一、优化重大生产力布局

生产力布局的根本目的是促进区域发展，其理论依据主要是区域发展理论，代表性的有平衡发展理论和非平衡发展理论两类。区域平衡发展理论强调在区域经济增长过程中，各部门或产业间、各区域间或区域内部的平衡发展，主张平衡增长的经济学家大都认为随着生产要素的区际流动，各区域的经济发展水平将趋于收敛。空间均衡并不是指经济活动在区域空间上均匀分布，而是代表一种与地区资源环境禀赋相协调，符合可持续发展要求的区域生产力布局状态。基于新发展理念的空间均衡，要在充分认识地区比较优势的基础上，合理确定劳动地域分工，促进经济、社会和生态复合系统协调发展，实现人口、资源、环境的地域统筹，促进区域社会福利水平的均等。

对成渝而言，其生产力总体水平仍没有达到发达水平，制造业依然是区域产业主体，无论是经济基础还是资源禀赋水平都不足以支撑全地区的平衡快速增长，不适合采取平衡发展理论作为生产力布局的指导思想，均衡发展理念应当发挥指导作用。

成渝双城经济圈要优化重大生产力布局指导，整合提升优势产业，加快补齐关键短板，增强全产业链优势，形成特色鲜明、相对完整、安全可靠的区域产业链供应链体系。要提升重庆、成都产业创新发展能力，打造制造业高质量发展双引擎，推动都市圈外围地区加快发展电子信息、汽车等产业，形成研发在中心、制造在周边、链式配套、梯度布局的都市圈产业分工体系。要强化双城经济圈北翼地区先进材料、汽摩配件等产业协作，南翼地区联动集聚食品饮料、装备制造、能源化工、节能环保等产业。

## 二、培育具有国际竞争力的先进制造业集群

### （一）共建世界级汽车产业集群

成渝地区是全国六大汽车产业基地之一，目前成渝地区共有汽车整车企业 45 家、规模以上汽车零部件企业 1600 家，汽车年产量近 300 万辆，年产值超过 6000 亿元。重庆和成都两地的汽车整车产量占全国的 18%，具备参与全球竞争、带动区域发展的实力（图 3-2-1）。

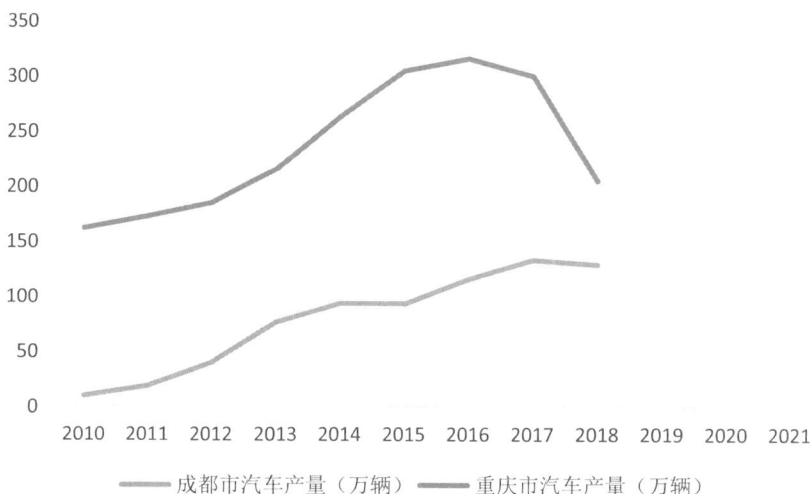

图 3-2-1 成都、重庆市近年来汽车产量发展变化

数据来源：成都市统计年鉴、重庆市统计年鉴。

　　2020 年，成都市汽车产能达到 200 万辆，整车产量 104.5 万辆，汽车制造业产值 1507.5 亿元，汽车产业成为成都第二大支柱产业。重庆市共有汽车生产企业 41 家，年产能 400 万辆，拥有汽车零部件企业上千家，打造了长安集团、长安福特、长安铃木、力帆汽车等品牌，具备发动机、变速器、制动系统、转向系统、车桥、内饰系统、空调等各大总成较完整的供应链体系，汽车零部件本地配套化率超过 70%。

　　汽车制造跨区域协同形成合力。2020 年，两市共同搭建了成渝地区双城经济圈汽车产业链供需信息对接平台。两江新区和天府新区两大国家级新区正联手成立汽车产业联盟。汽车产业整零协同发展进一步加深，围绕产业链、供应链领域形成上下游协作配套。目前重庆市 26 个区县 103 家零部件企业已参与成都市的整车配套，产品涵盖底盘、线索、空调、玻璃、差速器、模具、灯具等 89 个类别。成都已有西菱动力、天兴仪表、华鼎国际、博世传感等企业参与重庆整车配套。[①]

　　成渝汽车产业发展存在大而不强问题。两地汽车产业产量占全国 18%，但产值仅占全国的 8%，单车均价和利润均远低于全国平均水平。缺少龙头企业和一流品牌，本地产业链与供应链体系相对薄弱，研发能力不足。新能源汽车产业发展不足，2020 年四川全省新能源汽车产能 1.9 万辆，不到上海、广东的五分之一。[②]

　　从行业整体发展看，当前汽车产业正在经历艰难的阵痛期。中国汽车工业协会数据显示（图 3-2-2），2018 年，我国汽车销售量首次经历负增长，2019 年，汽车销量同比减少 231.2 万辆，下降 8.2%。2020 年，我国汽车生产与销售分别完成 2522.5 万辆和 2531.1 万辆，同比分别下降 2% 和 1.9%。2021 年，国内汽车销量 2627.5 万辆，同比增长 3.8%，结束了自 2018 年以来连续 3 年的下滑态势。但由于一些超预期因素影响，汽车产业整体发展仍面临较大

---

① 曹宇阳：《"开门造车"：成渝共做强链文章》，《四川日报》，2020 年 7 月 30 日。

② 杜巧梅：《寻找中国新能源汽车产业高地 | 成都：新能源汽车产业链薄弱，需加速奔跑》，《21 世纪经济报道》，2021 年 11 月 09 日。

不确定性。

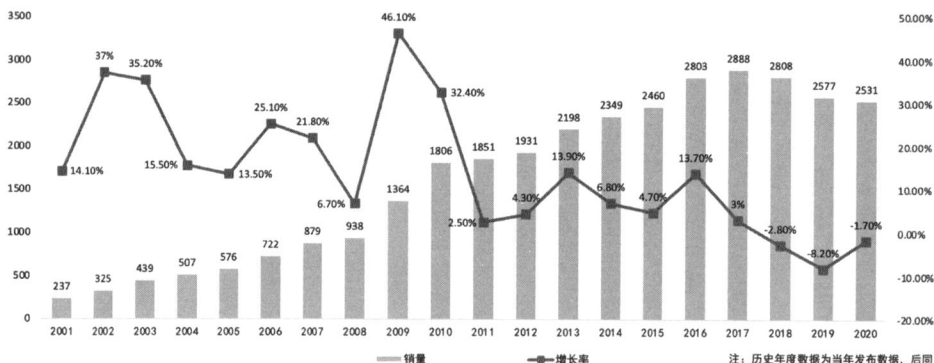

图 3-2-2　2001—2020 年中国汽车销售量变化趋势

数据来源：中国汽车工业协会。

受之前新冠病毒感染影响，全球产业链供应链格局加速重组，受芯片短缺、电池成本上升影响，汽车行业遭受较大冲击，"缺芯少电"导致企业普遍面临产能释放缓慢、成本控制困难、全新产品投放节奏不达预期、企业经营效益受到挑战等现实问题，成渝地区也难以幸免。

成渝要依托汽车产业基础优势促进补链强链。加强对龙头企业的培育，以链主企业为核心打通产业链、价值链、合作链和创新链。加强展会、供需信息对接等合作平台建设，推动链主企业与零部件企业的深度合作。以智能化和互联网等为主打方向，积极引入"造车新势力"并推动传统车企与互联网企业合作。

在顶层设计方面，结合成渝双方汽车产业基础现状，在制定汽车产业规划中体现协同发展思路、目标、路径、重点任务和保障措施等。成立工作专班，研究出台专项扶持政策，支持两市汽车产业相关组织进行对接、推广、交流等活动，建立健全配套服务平台。

在技术创新方面，围绕新能源汽车"三电"系统、燃料电池电堆、自动驾驶系统等领域，支持车业、院校、科研院所等共同参与关键零部件研发，加强关键共性技术攻关。根据自身专长和特点，辅助车企持续提升动力系统、传动系统、汽车电子等关键系统、零部件的技术和性能。

在产业配套方面，发挥各自优势，共建产业平台。充分发挥汽车产业基础优势，加强汽车产业信息互联互通，促进产业链、供应链互补互强，共同提高汽车零部件配套水平，支持车企到双方基地建立研发中心、软件中心、营销中心等。依托成都经开区汽车产业功能区与重庆两江新区联动招商，形成技术合力、市场合力、资源合力，协同打造支柱产业，共同推动成渝两地的汽车产业高端化发展。以新区经济、园区经济为重点，持续夯实新区、园区内的要素配置、体制机制、与全球创新资源的对接等能力建设。

在示范应用方面，联合申创国家新能源与智能网联汽车相关试点示范项目，推动形成一批示范应用合作项目，加快氢燃料电池、智能网联汽车等商业化运营，推动新能源汽车及充换电（加氢）基础设施运营跨平台、跨领域、跨区域多数据互联互通。

在市场拓展和平台互动方面，支持相关行业协会整合资源要素，共同举办成渝两地汽车产业链、供应链线上线下系列活动，开拓国际国内市场，共同培育和引进产业人才团队，完善产业链、供应链供需对接平台。

### （二）共同打造电子信息优势产业集群

成渝地区双城经济圈电子信息产业形成了"芯—屏—存—软—智—网—端"等完整的产业链，产值规模已达万亿级，成为两地支柱产业。重庆市利用集国家综合保税区、出口加工区、保税物流区、港口功能于一身的政策优势，加快发展电子信息产业，初步形成"整机＋配套"以及"生产＋检测＋供应链服务"智能终端产业体系。截至2021年底，重庆笔记本电脑产值逾4000亿元，已连续6年成为全球最大的笔记本电脑生产基地，产量约占全球的40%。计算机整机及配套产业占比高达51.7%，手机及配套产业占比为19%，电子核心部件、智能仪表等其他电子产业合计占比为29.3%。从最初只是代工生产，到如今笔记本电脑42种零部件基本实现本地配套，形成产业优势。

但电子信息产业发展也面临产业布局和要素资源过于集中、核心技术

"卡脖子"、受中美贸易摩擦等外部因素影响严重、中高端供应链不健全、部分行业附加值低、辐射带动性不强等问题。四川电子信息产业在空间布局呈现高度集中性，成都"一家独大"，2020年，成都电子信息产业规模达10065.7亿元，占四川省电子信息产业产值的79.35%。同期，2019年绵阳的电子信息产业规模在1380亿元。表明四川其他城市电子信息产业发展较为滞后，短期内难以承担区域内产业分工、承接成渝双核产业转移，形成供应链"本地化"。

促进产业协同互补增效。以智能制造为主攻方向，大力实施产业建圈强链，推动成渝地区产业协同，通过建立机制、优化平台、协同创新，促进要素资源流动融通和产业协同互补发展，打造具有国际竞争力的世界级万亿级电子信息先进制造业集群。

强化产业融合发展。进一步强化现有产业优势，加强上下游企业之间、产业之间的融合合作，在重要战略性产业的关键环节加大自主性、控制力和反制力。利用现有产业链优势，加强高端品牌招商，拉长传统产业产品线，提高产品价值空间，提升资源利用效率。

共同打造富有活力的集成电路生态圈。对接国家重大战略部署和产业布局，谋划突破关键核心技术"卡脖子"短板，不断提高产业链自主可控水平，争取更多项目纳入国家相关专项和重大生产力布局。鼓励企业持续做大产业规模，提升产业链协同水平。依托国家"芯火"双创基地、电子科技大学国家示范性微电子学院等，建设川渝集成电路公共服务平台，精准两地集成电路产业创新研发要素供给。根据集成电路企业和重点应用领域需要，支持联盟、协会承办研讨会，组织产学研协同攻关等工作，打造集成电路研发设计、生产制造、封装测试、设备材料全产业链，建设国内领先的集成电路设计高地和国家重要的集成电路产业基地。

共同提升新型显示产业协作配套能力。发挥川渝两地全国最大的AMOLED面板生产基地优势，加强新型显示产业链合作，打通产业、人才需求供给渠道，加快建设一批新型显示配套产业园区。围绕核心元器件、关键零部件、关键基础材料等产业链薄弱环节协同引进和培育中高端企业，大力提升川渝新型显示产业本地配套率和配套水平。加快实现涵盖面板、核心材料及零部件、基础装备、终端生产等环节的全产业链发展，打造国内领先、国际知名的世界级新型显示产业集群。

共同加快智能终端产业集聚集群发展。促进两地集成电路代工制造企业加强与对方设计、封装企业间的合作。凭借川渝两地在智能终端制造、配套、物流通道等方面优势，紧扣高质量发展主线，按照"创新驱动、龙头带动、全链布局、集群发展"思路，突出整机与配套并重、生产与研发并举，实施"1+4"工程，全力构建"整机 + 关键元器件 + 研发创新"联动发展的多极多层产业发展格局，巩固全球最大的 PC 制造基地地位，打造世界级智能终端产业基地。做优做强 PC 和手机智能终端整机行业，实施企业智能与绿色制造，巩固发展显示屏、锂电池、电路板、智能传感器等关键配套产品，优化本地配套体系，增强供应链韧性。

### （三）共同培育战略性新兴产业集群

成渝围绕做大做强战略性新兴产业集群，聚焦战略性新兴产业打造发展"新引擎"。两地均鼓励新型生物医药产业发挥增长潜力，并积极布局新材料及环保产业。

四川省将重点放在生物医药、轨道交通装备、节能环保三大新兴产业集群上，并响应号召，积极创建网络安全、集成电路、新型显示等国家战略性产业集群。成都市侧重于生物医药、新能源、新材料、绿色环保等战略性新兴产业集群，前瞻性推进北斗星链、合成生物、空天技术等未来产业发展。重庆市围绕新一代信息技术、新能源及智能网联汽车、高端装备、新材料、生物技术、节能环保等领域，推进先进制造业与先进技术协同发展的产业生态创新。例如，荣昌区聚焦 PCB 电子电路板等产业方向，依托总投资 150 亿元的西部电子电路产业园，围绕专业设备、电子元器件、印制电路板等上下游产业链招商，打造"引领川渝、辐射西南、面向全国"的电子电路产业集群。

共同培育成渝战略性新兴产业集群。积极推动成渝地区双城经济圈产业协同发展，共同打造先进材料、生物医药等具有国际竞争力的产业集群。共同争取建设国家战略性新兴产业基地，打造一批合作示范园区。联合建设智能终端等重点产品产业链供需对接平台，鼓励引导两地企业积极融入对方供应链体系，加强产业政策引导。鼓励成渝两地企业深化合作，互设研发机构，互建生产基地。联合争取国家布局建设高水平科技创新基地，共建生命科学、医学科学、地球科学等领域重点实验室。

积极发展半导体材料，推进极大规模集成电路用 8 英寸／12 英寸抛光硅片及其延伸产品项目达产，争取半导体用电子材料产业化项目启动建设。发展配套材料及半导体设备，推动半导体封装载板和系统级封装印制电路板生产线技术升级扩展、集成电路零部件生产基地项目投产。提升硅基材料、封装载板等原材料及封装材料规模。积极发展动力净化、清洗、检测机台等工艺辅助设备。加快显示材料前段生产线、大猩猩玻璃熔炉等重点项目建设，补齐电子玻璃原片、玻璃盖板短板。

面向人民生命健康及重大疾病防控需求，充分发挥国家生物医药产业集群优势，顺应药品集中采购常态化趋势，破除医疗机构科研成果转化的机制障碍，加快推动生物药上市，支持"原料药＋制剂"一体化发展，推动中药规范化发展，发展高附加值医疗器械。打造智能化医疗器械创新制造基地，建设西部领先的生物医药产业基地。鼓励医疗器械骨干企业持续提升优势整机产品性能，攻克一批核心零部件，积极发展嵌入式软件，增强产品竞争力。支持有条件的企业整合资源、集中力量突破一批需求大、价值高的紧缺产品。

实施成渝科技创新合作计划，聚焦人工智能、生物医药、绿色环保等重点领域，共同出资联合开展共性关键核心技术攻关。探索共同设立成渝地区战略性新兴产业股权投资基金，专项支持合作示范园区产业发展和重大项目落地。完善推动成渝地区战略性新兴产业协同发展组织领导和实施工作机制，确保议定事项有力有序推进。

# 第三节 合力打造成渝数字产业新高地

党的二十大报告提出,"加快建设网络强国、数字中国"。据工业和信息化部数据,2012—2021 年,我国数字经济规模从 11 万亿元增长到超 45 万亿元,数字经济占国内生产总值的比重由 21.6% 提升至 39.8%,成为经济发展的强大引擎。数字经济是当前成渝产业发展的名片,成渝地区要围绕合力打造数字产业新高地,提升数智化水平,打造数字科创生态,推进国家"东数西算"工程实施,共同探索数字产业集聚发展模式,共促数字经济创新发展试验。

## 一、成渝数字经济发展特征

### (一)成渝数字经济发展势头良好

数字经济产业持续壮大。近年来,川渝数字产业发展取得令人瞩目的成绩。2021 年,成都数字经济核心产业增加值 2580.6 亿元,占全市经济总量的13%,占四川省数字经济核心产业增加值的 64.3%。按可比价计算总比增长18.7%,高于全市经济增速 10.1 个百分点,显示出强大的增长活力。在蓉大数据企业超过 700 家,产业从业人员约 11.2 万人,大数据发展指数位列全国重点城市第三,中西部第一。重庆市利用科研优势攻克一批核心技术,建成投用国内首个 5G 自动驾驶服务平台,下线首台国产化计算机"天玥",加快建设国家新一代人工智能创新发展试验区,启动实施应用示范项目 64 项、投资 260 亿元。

一批数字经济平台落地。重庆、四川同时被确定为国家数字经济创新发展试验区、共建新一代人工智能创新发展试验区。成都作为八大全国一体化算力网络枢纽节点、十大数据中心集群之一,可承载机架规模近 7.4 万架,在建大型数据中心 8 个,设计承载机架规模达 17 万架。成都智算中心上线,超算中心被纳入国家超算中心序列,最高运算速度能力进入全球前十。重庆市沿江产业示范区加快建设大数据产业园，引进百度无人驾驶、航天科工数字孪生城市等项目，两江新区拥有全国唯一的"四节点一通道两中心"，累计标识注册及解析量增速均位列全国第一，全国首个落户的"星火·链网"超级节点已完成核心组件部署并上线试运行。2022年，全国首个获批的跨省域国家网络安全产业园区正式获批落户成渝。

"数字"赋能推动制造业高质量发展。成渝数字经济建设工程、工业互联网示范区建设工程、双城协同联动发展工程等，都与制造业发展密切相关。两地积极推动企业上云、上平台、上标识，成功建设一批数字化车间和智能工厂，龙头企业产业链推动者作用效果显著。成都市经信局数据显示，2021年，成都共有273家企业通过"两化融合"贯标评定，全市"两化融合"水平达65.3，居副省级城市第五位。随着"5G+智能制造"全面展开，重庆工业化和信息化"两化融合"综合发展指数位列全国第7位。2021年，两江新区智能网联汽车渗透率达到35%，超过全国平均水平17个百分点。一批龙头企业示范带动效应明显。约占重庆笔记本电脑制造市场份额25%的笔记本电脑龙头企业英业达，通过打造智能化生产模式，推行多样化柔性制造，提升精益运营水平，实现成本节约500万元，生产效率提升15%，不良产品率下降18%，起到行业示范带动作用。

### （二）成渝数字经济高质量发展存在的短板问题

成渝地区数据资源丰富，成渝肩负着打造以数字经济为代表的科创中心使命，但也面临数据价值化程度较低，数据要素交易平台缺乏，要素市场化配置机制急需优化完善等问题。

科技人才缺乏。大数据所涵盖的细分技术领域是极其广泛的，需要结合不同行业、不同应用场景，采用不同类型的技术。据成都市大数据协会调研，目前产业发展缺口较大的是对细分行业有深刻理解、同时也有一定技术基础的复合型人才。例如成都市久远银海员工中大数据领域技术人员占比超过30%，在人才需求方面，大数据基础技术研发人才，数据治理与数据挖掘分析的人才都存在相应的缺口。又如依米康公司，需要熟知泛电力物联网等多元行业的人才，技术人员除了要掌握数据中心知识外，还需要具备储能、变电等知识储备。[1]

数字化转型短期成本与收益难以平衡。制造企业整体利润低，能够用于数字化转型的资金有限。若大量投入，则企业在短期内会面临成本骤增、现金流承压、投资难以收回的风险。调查数据显示，57%的企业认为实现投资回报是企业采用工业互联网最大的挑战。成渝虽然在工业互联网平台建设方面取得了初步成效，但尚未形成可规模化落地的商业模式，大部分信息化、自动化基础较为薄弱的企业面临"不敢用、用不起"的困境。中小微企业数字化转型的试错成本较高，资金较为短缺，转型意愿不高。

数字化转型协同性不足。企业内部、企业之间、工业互联网平台间未形成协同效应，造成整体资源利用效率低下。制造业企业不同系统存在"重复造轮子"的现象，企业间数据采集的标准化、协同性较低，无法将不同行业的经验固化在平台之上形成行业标准。不同工业互联网 APP 之间大多相互孤立，全链条服务能力不足，只适应于业务简单或流程较短的企业。整体性、网络性、协同性低，制约了数字价值的发挥，导致相关方面对投入收益缺乏明确的预期，多领域演进、群体性突破的协同赋能作用难以充分释放。

数据安全保障较弱。制造业数据信息涵盖机器设备、产品、运营、用户等多个层面，如在采集、存储和应用过程中假如泄露或被篡改，会导致生产过程出现错乱，给企业和用户造成严重的风险，因此其安全要求远远高于消费数据信息。对于制造业企业特别是中小企业而言，进行数字化转型合规成本较高，处于难以兼顾效率与安全的两难境地。此外，随着企业越来越多"上云用数"，数据中心和云服务设备的自然灾害风险防范机制仍需完善。

企业转型意愿普遍较低。虽然大多数企业已经认识到了数字化转型的重要性并将其作为企业发展的重要战略举措，但由于发展惯性、试错成本等问题，不同类型企业数字化转型意愿均受到不同程度影响。一些大型企业的主

---

[1] 叶燕、宋嘉问：《数字经济浪潮下成都大数据行业最缺什么人》，《成都商报》，2021年12月20日。

导产品竞争力本身较强，即便没有进行数字化改造，也可以在市场上获得较好的收益，导致其对数字化改造的投入意愿不高。部分大型企业建设数字化生产过程管控中心，仅将其作为锦上添花的展示展览"风景线"。即使面对大力度的扶持政策，部分中小微企业受限于数字化工具普及率低、关键工序数控化率偏低等问题，陷入无处切入的困惑中。

## 二、布局完善新一代信息基础设施

聚焦建强城市智能基础设施、建强城市数据资源体系、建强城市数字使能平台等重点任务，建设高速泛在、天地一体、云网融合、智能敏捷、绿色低碳、安全可控的智能化综合性数字信息基础设施，为智慧城市建设提供有力支撑。加快5G网络建设，推进千兆光纤接入网络广泛覆盖，加快推进基于IPv6的下一代互联网部署，推动国家级互联网骨干直联点宽带扩容。

加快全国一体化算力网络成渝国家枢纽节点建设，全力打造天府数据中心集群。完善工业互联网标识解析国家顶级节点功能，加快建设二级节点。统筹布局大型云计算和边缘计算数据中心。开展新一代移动通信网络试验验证，实施车联网试点示范建设工程。加快提升传统基础设施智能化水平。建设完善"城市数据大脑"，打造市、区（市）县统筹的大数据资源平台体系，推动城市数据资源实时、全样、巨量汇聚共享，实现数据横向协同、纵向赋能，增强城市整体运行管理、决策辅助、应急处置能力。

积极发展物联网，建设全面覆盖、泛在互联的城市智能感知网络。推动地上、地下基础设施智能化，统筹推进物联感知和视频感知源在市政设施、交通运输、建筑工地、地下管网、河湖管理、公园绿道、生态环境、地质灾害、安全应急、治安防控、气象监测等领域部署，提升泛在感知、终端联网、智能调度能力，构建天空地一体化感知体系；加快建设5G、高速光纤宽带，实现双千兆全市覆盖，推进跨行业信息通信基础设施共建共享、互联互通；推进国家"东数西算"工程实施，推动成都人工智能大数据中心发展。

## 三、联手培育壮大数字产业

习近平总书记强调，"要推动数字经济和实体经济融合发展，把握数字化、网络化、智能化方向，推动制造业、服务业、农业等产业数字化，利用互联网新技术对传统产业进行全方位、全链条的改造，提高全要素生产率，发挥数字技术对经济发展的放大、叠加、倍增作用"。成渝应充分发挥两地在产业制造、电子、汽车及金融服务等领域优势，利用数字经济发展基础较为良好的势态，探索数字产业集聚的发展模式，共同促进数字经济与实体经济的深度融合。

推动数字产业化、产业数字化。推动传统产业特别是制造业数字化转型，能够增强我国产业优势，培育经济增长新动能。实现产业链安全稳固和经济平稳健康发展，是新形势下推动经济高质量发展的重要举措。我国企业数字化转型服务产品供给与发达国家存在较大差距，数字化转型服务行业规模刚刚超过千亿，而美国约2000万家企业基本上都完成了信息化，同时美国厂商为全球约3000万家企业提供信息化服务。成渝可在这方面积极引领、率先示范，促进软件、互联网、大数据等信息技术与实体经济深度融合，加快重点领域数字化发展，引领产业转型升级（表3-3-1）。

表3-3-1　成都不同区域数字经济发展重点

| 圈层 | 行政区 | 发展重点 |
|------|--------|----------|
| 中心城区 | 青羊区、武侯区 | 加速传统产业数字化升级，做大做强数字文创、电子商务、金融科技等产业，打造一批数字生活场景，以数字场景应用助力城市有机更新 |
| | 双流区、龙泉驿区 | 加快建设智慧物流、智慧交通、智慧能源等数字基础设施，发展新型显示、智能网联汽车、数字医药健康等产业，大力推广数字新技术、智能制造新模式，提升数字经济开放度 |
| 城市新区 | 四川天府新区、成都高新区 | 积极布局数字经济未来赛道，率先探索数据要素流通新路径；成都东部新区以天府国际机场为牵引适度超前布局新一代通信网络、智能感知、智慧交通、智慧能源等数字基础设施，打造数字"孪生"的未来社区、智慧园区，突显城市建设数字化引领作用 |

| 圈层 | 行政区 | 发展重点 |
|---|---|---|
| 郊区新城 | 崇州市、邛崃市、金堂县 | 深入挖掘区域比较优势，以数字场景应用激发城乡产业、市场融合发展活力，建设数字乡村，发展数字农业，积极探索数字技术与新型城镇化融合发展的创新路径 |

共同发展壮大数字经济。聚焦集成电路、新型显示、智能终端等领域，打造"云联数算用"要素集群和"芯屏器核网"全产业链，培育超高清视频、人工智能、区块链、数字文创等创新应用。联手打造具有国际竞争力的电子信息产业集群。支持联合建设国家数字经济创新发展试验区和国家数字服务出口基地，建设"智造重镇"和"智慧名城"。

推动制造业数字化转型全行业协同参与。加快建立数据综合治理体系，加强数据治理，打破数据"孤岛"。打破企业边界，形成大规模的利益分成、价值共享的产业联盟。加强数字化转型的基础通用标准、业务标准建设。充分挖掘数据价值，加大智能制造应用场景，在不断的实践中形成关键技术标准体系。推动产业链协同数字化转型、引导中小企业抱团数字化转型。对于有明显的产业集群龙头企业的，支持龙头企业充分发挥"头雁效应"，带动产业链中小企业"上云用云"协同转型。

构建全国领先的"5G+工业互联网"生态。我国工业互联网产业规模超过4800亿元，并将持续推进工业互联网的政策支持。当前工业互联网行业部分存在盲目扩张、收益不明朗现象，存在叫得响、热得慢、看不清、摸不着的问题。成渝应冷静看待狂热现象，立足地区产业基础优势寻求突破。有关研究及实践表明，对于工业互联网产业的尝试和落地意愿最强的工业企业客户，集中在电力、汽车、家电、电子四大类群体中；此外，高端装备、钢铁冶金企业的参与度也非常高。这些产业的共同特征是生产过程能实现高度机械化和流水化。成渝地区要围绕产业发展需要，推动两地工业互联网公共服务平台相互开放，合力构建全国领先的"5G+工业互联网生态"，共建成渝工业互联网一体化发展示范区。

## 四、提升数字化应用和安全水平

强化两地数据双向流动，共同打造国家算力枢纽节点。据国家发展改革委、中央网信办、工业和信息化部、国家能源局等部门联合印发文件，在全国建设八大国家算力枢纽节点，成渝节点成为其中之一。"东数西算"是与"南水北调""西电东送""西气东输"比肩的一项重大国家战略，也是数字经济时代一项超大规模的新基建工程。据有关测算，"东数西算"工程启动后，每年将带动超 4000 亿元的投资。

川渝两地需要联合发力，共同打造国家算力枢纽节点。联合发力的关键要点之一是强化两地数据双向流动。持续优化成渝地区双城经济圈的网络，挖掘成渝干线传输潜力，规划建设一批新的出川传输干线，不断强化成渝枢纽节点间网络支撑能力。共同提升与东部长三角地区，与西部贵州、甘肃等地的网络传输能力，助力"东数西算"数据调度效率提升。

积极拓展数字化应用。探索建立统一标准、开放互通的公共应用平台，推动双城经济圈政务数据资源共享共用，推动地级以上城市全面建立数字化管理平台。推进城市基础设施、建筑楼宇等的数字化管理，稳步推进"数字+"与城市运营管理各领域深度融合。完善大数据辅助科学决策机制，加快提高治理数字化水平。适应数字技术全面融入社会交往和日常生活新趋势，促进公共服务、社会运行和治理方式创新，构筑全民畅享的数字生活。

加快完善制造业数字化转型支撑服务生态。开展制造业数字化转型应用示范，结合产业痛点、堵点和特点，分行业制定数字化转型路线图、案例集和工具集，加大标杆应用推广力度。分行业分领域出台政策，面向重点行业和企业转型需求，积极鼓励互联网平台发展，培育推广一批数字化解决方案供应商。推动"5G+AI+工业互联网"融合应用。找准企业本身的痛点，帮助企业从单纯技术转型实现商业模式的转型。面向中小微企业特点和需求，培育若干专业化供应商，引导开发轻量化、易维护、低成本、一站式数字化解决方案。依托产业集群、园区、示范基地等建立公共型数字化转型促进中心，开展数字化服务资源衔接集聚，优质方案展示推广，人才招聘培养、测试试验等公共服务。

全面提升数字安全水平。加强通信网络、重要信息系统和数据资源保护，增强关键信息基础设施安全防护能力。深化网络安全等级保护制度和关键信息基础设施安全保护制度。完善重庆和成都重要数据灾备中心功能，建设联合异地灾备数据基地。建设网络安全产业基地，支持开展法定数字货币研究及移动支付创新应用。

# 第四节　培育发展现代服务业

现代服务业是推动经济高质量发展的重要抓手。围绕共建全国重要的现代服务业高地，引导制造业延伸服务链条、发展服务环节，强化人才、金融、企业和空间服务保障，统筹提升要素供给能力和匹配效率，积极营造一流的产业发展环境，推动先进制造业和服务业融合发展，提升商贸物流发展水平，共建西部金融中心。

## 一、成渝现代服务业发展特征趋势

### （一）现代服务业发展取得积极成效

现代服务业体量不断壮大。2015 年到 2020 年，四川服务业增加值年均增长 8%，高于全国平均水平 1.3 个百分点。2020 年，服务业增加值占地区生产总值比重达到 52.4%，商业贸易、现代物流、金融服务、文体旅游四大支柱型服务业增加值突破 1 万亿元，占四川省服务业比重 45% 左右；科技信息、商务会展、人力资源、川派餐饮、医疗康养、家庭社区六大成长型服务业增加值突破 5000 亿元。成都服务业核心功能、消费资源集聚能力进一步增强，成都服务业增加值占全省比重上升至 45.7%，德阳等 8 个区域性服务业中心城市发展带动作用显著。2021 年，重庆第三产业增加值 14787 亿元，全市规模以上信息传输、软件和信息技术服务业快速增长，营业收入同比增长 26.1%。

服务业改革持续深化。四川省深入推进服务业综合改革试点，内贸流通体制改革、服务贸易创新发展等获得国务院督查激励。深化服务业领域"放管服"改革，自由贸易试验区实现服务业"证照分离"改革事项全覆盖，赋能放权取得新进展。重庆高新区、成都经济技术开发区、攀钢集团有限公司被列入全国首批先进制造业和现代服务业融合发展试点。重庆是全国服务业扩大开放综合试点中，中西部唯一的试点城市。重庆聚焦内陆现代服务业发展先行区建设，强化系统集成，扎实推进服务业重点领域开放。截至 2022 年 5 月，国务院批复的试点总体方案 86 项任务，重庆已实施 69 项，实施率超 80%；开展首创性差异化改革探索 40 余项，356 个现代服务业项目落地，出台试点配套政策文件 55 个。

### （二）成渝现代服务业发展存在的问题短板

服务业成为成渝地区经济社会发展的主要动力源，但仍存在发展规模与经济总量地位不相适应、产业结构与高质量发展要求不相适应、质量效率与社会需求不相适应等问题短板。

生产性服务业和现代服务业发展不足。2020 年，四川省生产性服务业占服务业比重为 37%，低于全国平均水平 10 个百分点左右。生活性服务供给不能满足高端、个性、品质消费需求。据赛迪《2020 先进制造业城市发展指数》报告，从创新能力、多领域融合能力、经济带动能力、品牌质量、绿色集约 5 个维度，对国内各城市的先进制造业发展情况进行综合评估，成都、重庆分别排在第 8 位和第 12 位。成渝两地先进制造业占制造业总产值比重分别为 41%、35.8%，生产性服务业产值占第三产值比重分别为 46.1% 和 42%，较之深圳市 70.5%、58%，有较大的差距。

服务业对制造业和农业的支撑作用不突出，服务型制造发展不充分，创新融合不够。四川创新能力综合效用值排名全国第 11 位。四川省、重庆市国家级服务型制造示范数量分别为 8 个和 7 个，国家级服务型制造示范数量全国排名第 13 位和第 16 位，而全国排名前三的山东省、浙江省和福建省的国家级服务型制造示范数量分别为 20 个、19 个和 19 个。总体看，技术创新、业态创新、模式创新、制度创新滞后于发展需求。

成渝现代服务业市场主体竞争力较弱。四川企业仅 10 户进入"中国服务业企业 500 强"，规模以上服务业企业占四川省服务业企业总数的 2%。此外，市场标准认证体系、知识产权保护、征信体系等建设相对滞后，也制约了现代服务业发展壮大。

## 二、推进先进制造业和服务业融合发展

积极推进服务业和制造业深度融合、推进制造业从生产型制造转型为服务型制造，是提高产业基础能力和产业链水平的有效途径。相关研究表明，生产性服务业发展程度每提高 1%，制造业效率可以提升 39.6%。在全球产业链、供应链格局加速演变的背景下，成渝地区加快推动先进制造业与现代服务业深度融合，对进一步提振工业经济实力、壮大先进制造业，促进实体经济健康发展有重要战略意义。

提升制造业服务化水平和全产业链价值。引导制造企业延伸服务链条、发展服务环节，推动生产服务型企业创新服务供给。进一步推动先进制造业向服务环节延伸，鼓励引导相关企业围绕电子信息、汽摩、装备制造等优势领域，进一步探索智能工厂建设、工业互联网创新应用、柔性化定制、共享生产平台建设。进一步推动现代服务业向制造环节延伸，鼓励本土电商、研发、设计、文旅等现代服务企业主动对接先进制造业，灵活运用委托制造、品牌授权等方式，发展服务衍生制造。

加快完善制造业产业链。围绕目前制造业发展存在的短板，做好制造业产业链缺失环节的招商引资力度，加快"补链"完善制造业产业链。围绕汽车、电子、装备制造、生物医药等制造业支柱产业，围绕主导产业"强链"，细分领域深化研究，编制产业图谱，充分发挥"链主"企业对产业链的整合力、供应链的掌控力和创新链的溢出力，通过寻求战略合作、引进先进技术和资本等，推进制造业产业集群"强筋壮骨"。

建设一批两业融合发展平台。在研发设计、科技服务、商务咨询、人力资源服务等领域，联合打造一批服务品牌。依托优势企业培育发展工业设计中心，支持食品药品检测基地、重庆工业设计产业城等建设。支持在成渝地区建设国家检验检测高技术服务业集聚区。支持川渝毗邻地区建立人力资源服务产业园。

推进"两业融合"试点建设。进一步强化政策供给，鼓励重庆、成都等有条件的区县、产业园区、企业开展先进制造业和现代服务业发展融合发展试点，在优化管理方式、经营方式和工作机制等方面下足功夫，特别是在土地使用、市场监管、人力保障等方面积极探索创新。更好发挥"两业融合"企业主体作用，进一步提升这些重点行业和领域代表性企业的全产业链号召力，引导它们先行探索、有序竞争和深度融合，不断形成差异化的"两业融合"发展路径。

发掘"两业融合"新增长点。培育"两业融合"新业态新模式，更加注重研发、生产、流通、消费等各环节之间关联，用好互联网、物联网为"两业融合"赋能，推动制造业、服务业与互联网的深度融合，促进制造业与现代物流的高效融合，加快业态模式创新升级。支持有条件的工业遗产和园区、基地、企业等深度挖掘和传承工业文化，打造工业文旅产业，进一步发挥其经济和社会价值。

扩大服务业开放新模式。提高制度性开放水平，以自贸试验区、国际航空港、中欧班列和西部陆海新通道等为载体，积极推进成渝地区人员、资金、商品、服务等要素在更高层次和更广范围自主流动。以肿瘤、口腔、儿童等优势医学学科为特色，面向内需市场，建立国际化医学科学研究和医疗服务中心，支持建设先进技术临床医学研究中心、临床试验机构和重点实验室等医学科研机构，建设国家医药成果转移转化试点示范基地，探索开展重大新药创制国家科技重大专项成果转移转化试点，鼓励建设产业化生产基地、医药技术成果转移转化服务平台和交易中心等。在提升国际教育水平、扩大教育消费方面，允许境外理工农医大学及职业院校开展独立办学。建立完善有利于各类创新要素跨境流动和区域融通的政策举措，支持设立综合性知识产权法院。规划建设离岸管理的保税研发区，支持引进外资研发机构，开展技术移民试点。

## 三、共建西部金融中心

习近平总书记强调，"金融是现代经济的血液。血脉通，增长才有力"。只有做强金融产业本身，才能更好地服务实体经济发展。西部金融中心是国家授予整个成渝地区的重大战略任务。成渝聚焦合力打造西部金融中心，要协同提高金融服务辐射能力，进一步创新科创金融、绿色金融、普惠金融的特色做法，共同争取国家层面出台专项支持政策，协同开展金融合作项目，营建金融业发展良好生态，扩大高水平双向开放，提高参与国际金融治理能力，用高质量金融服务推动中国式现代化高质量发展。

### （一）金融业在川渝高质量发展中战略地位日益显著

金融发展历史悠久。金融因商而生、因商而兴。金融中心是随着经济中心的形成而形成的，金融中心也是经济中心发展的必然结果。100多年前，重庆开埠后成为西部最大的工商业城市，并一直保持至今。成都"扬一益二"的商贸中心地位，也积淀了深厚的金融土壤。从西汉时期"赀至钜万"到北宋时期世界上最早的纸币"交子"，再到20世纪初川汉铁路股份制筹资，从诞生新中国第一张股票到1993年被国务院定位为西南地区金融中心，再到2010年国务院进一步明确将成都"建设成为全国重要的金融中心"，成都金融发展历史悠久、基础不断夯实。[①]

从金融产业增加值看，2020年，四川全省金融业增加值3375.75亿元，是2015年的1.8倍，金融业增加值占全省地区生产总值的比重达到6.9%。2020年，成都、重庆两市金融业增加值分别为2114.8亿元、2212亿元（图3-4-1），占地区生产总值比重分别为11.9%、8.9%，与东部发达城市超过

---

① 施小琳：《为成渝共建西部金融中心贡献成都力量》，《中国金融》2022年第8期。

12% 的水准相比，总体发展水平较高。特别是成都市金融增加值总量位居中西部城市首位、全国前列。2021 年，成都金融业增加值达 2272 亿元，排名全国第六，占地区生产总值比重达 11.4%，已经成为国民经济支柱产业。

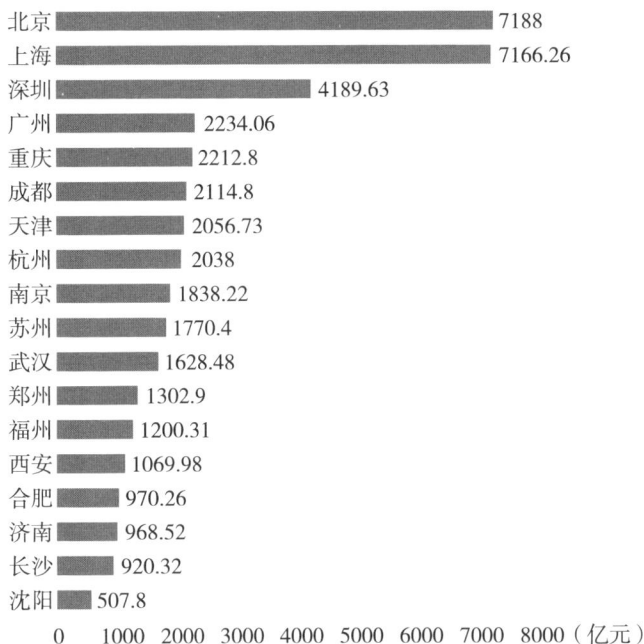

| 城市 | 数值 |
|---|---|
| 北京 | 7188 |
| 上海 | 7166.26 |
| 深圳 | 4189.63 |
| 广州 | 2234.06 |
| 重庆 | 2212.8 |
| 成都 | 2114.8 |
| 天津 | 2056.73 |
| 杭州 | 2038 |
| 南京 | 1838.22 |
| 苏州 | 1770.4 |
| 武汉 | 1628.48 |
| 郑州 | 1302.9 |
| 福州 | 1200.31 |
| 西安 | 1069.98 |
| 合肥 | 970.26 |
| 济南 | 968.52 |
| 长沙 | 920.32 |
| 沈阳 | 507.8 |

0   1000   2000   3000   4000   5000   6000   7000   8000（亿元）

图 3-4-1　2020 年各主要城市金融业增加值产值

数据来源：城市财经。

从资金总量看，2021 年末，成都、重庆金融机构本外币存款余额分别为 47968 亿元、45908 亿元，同比分别增长 9.9% 和 7.1%，两市金融机构本外币贷款余额分别为 46425 亿元、46927 亿元，同比增长 12.8%、12.0%，增长势头良好。

从金融机构分布情况看，截至 2020 年末，成都拥有 4 家证券公司、3 家期货公司、3 家证券投资咨询机构和 62 家证券分公司，重庆则拥有 1 家证券公司总部、45 家证券分公司、5 家保险法人机构和 57 家营业性保险分公司。四川全省境内外上市企业达 165 家，较 2015 年末增加 49 家。天府（四川）联合股权交易中心服务能级进一步提升，2020 年末挂牌企业达 8552 家，较

2015 年末增长 2.3 倍。

成渝两市多元化融资机构不断完善。成都是大型交易所和金融机构的西部中心所在地，同时落户有上交所西部中心、深交所西部基地、全国股转系统（新三板）西部服务基地三个全国性核心机构区域基地。重庆拥有西南证券、重庆信托等龙头金融机构，以及保险资产登记交易系统、石油天然气交易中心、金交所 3 个大型交易场所①，是我国金融牌照较为齐备的城市，银行、信托业实力较强。因布局早、政策好，重庆市拥有的互联网小贷公司总部数量全国最多，被誉为"互联网小贷之都"。从甲级办公楼分行业入驻情况看，根据仲量联行研究报告（图 3-4-2），2021 年，金融业是成渝双城甲级办公楼市场需求的首位来源。以进驻率计算，成都及重庆两个城市甲级办公楼总去化面积接近 580 万平方米，其中金融业占比 23.3%，突破 110 万平方米，居各行业首位。

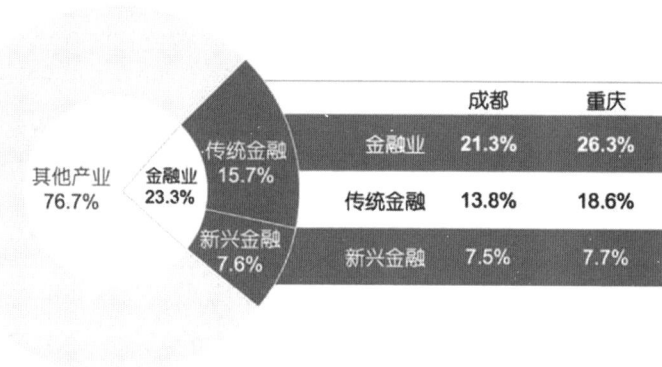

| | 成都 | 重庆 |
|---|---|---|
| 金融业 | 21.3% | 26.3% |
| 传统金融 | 13.8% | 18.6% |
| 新兴金融 | 7.5% | 7.7% |

其他产业 76.7%　金融业 23.3%　传统金融 15.7%　新兴金融 7.6%

图 3-4-2　2021 年成渝双城甲级办公楼金融行业需求占比

数据来源：仲量联行：《2021 年重庆商业及物流地产市场全年回顾报告》。

从金融首创性改革看，成都设立知识产权交易中心，对促进知识产权交易和科技成果转移转化成效良好。重庆开展赋予科研人员职务科技成果所有

---

① 成都向上：《成渝共建西部金融中心五问》，https://baijiahao.baidu.com/s?id=172183319301982912 3&wfr=spider&for=pc。

权或长期使用权试点，获批建设国家科技成果转移转化示范区；开展知识产权信用贷款改革试点，成为国务院第六次大督查推广的典型经验做法；推出"科技跨境贷""汇保通""植物新品种权质押贷款新模式""成渝地区非金融企业一次性外债登记管理改革试点"等一批见创新案例、见项目企业、见改革效果的首创性差异化改革，取得积极成效。

从特色金融发展看，绿色金融发展开展有益探索。截至 2021 年 7 月，四川联合环境交易所累计完成国家核证自愿减排量（CCER）交易 1802 万吨，成交金额逾 2 亿元，按可比口径居全国第 4 位。[①]重庆农商行发行了西部地区首单绿色金融债券和银行间市场首单清洁交通类碳中和债券。加快跨境投资，开展合格境内有限合伙人（QDLP）试点，重庆率先批准毅德、瀚华慧泰等 7 家 QDLP 基金，总批准额度达 14 亿美元。

**（二）成渝金融业发展存在的短板**

一是龙头机构缺乏。金融机构的空间聚集是金融中心形成的微观基础。目前成渝地区缺少有较大影响力的金融机构。分析成渝地区金融业发展现状发现，成渝地区全国知名金融机构偏少，特色化、优质化企业不多。从 2018 年到 2021 年年中，川渝两地金融行业上市企业数量和首发筹资金额分别为 4 家约 91 亿元和 2 家 137.5 亿元。成渝地区新上市企业数量以及筹资金额与其他城市群还存在较大差距，仅 2020 年一年北京市新上市企业就高达 77 家，上海市 67 家，两市 2021 年新上市企业首发融资额也均超 2000 亿元人民币。

二是经济证券化程度不高。截至 2021 年底，成都、重庆 A 股上市公司分别为 100 家和 61 家，相比北京 422 家、上海 381 家、深圳 372 家，差距较大。

三是成渝金融全球竞争力较弱。尽管成都市金融中心排名始终继续保持中西部第一，但在 2020 年全球金融中心指数排名中，成都市位居全球第 43 位，距离北上广深发展水平有较大差距。据国家高端智库中国（深圳）综合开发研究院与英国智库 Z/Yen 集团共同编制的 2022 年"第 31 期全球金融中

---

① 杨成万：《成渝含"金"量将大幅提升》，《金融投资报》，2021 年 12 月 28 日。

心指数报告（GFCI 31）"，共有 119 个金融中心进入榜单，其中成都金融综合竞争力排名全球第 37 位，较之 2019 年的第 26 期报告中排名 73 位有了大幅提升（表 3-4-1）；重庆未能入选。

表 3-4-1　GFCI 全球金融中心指数中国城市排名

| GFCI 城市 | 全球金融中心指数中国城市排名 | | | | | |
|---|---|---|---|---|---|---|
| | 21 期 | 22 期 | 23 期 | 24 期 | 25 期 | 26 期 |
| 上海 | 13 | 6 | 6 | 5 | 5 | 5 |
| 北京 | 16 | 10 | 11 | 8 | 9 | 7 |
| 深圳 | 22 | 20 | 18 | 12 | 14 | 9 |
| 广州 | 37 | 32 | 28 | 19 | 24 | 23 |
| 青岛 | 38 | 47 | 33 | 31 | 29 | 33 |
| 成都 | 新加入 | 86 | 82 | 79 | 87 | 73 |

数据来源：The Global Financial Centres Index 21-26。

四是区域金融市场化程度不高。成渝地区在金融中心发展上"双核独大"，双核之外缺少金融副中心，区域金融一体化水平有待提升。双城之外开放型经济发展水平较低，从利用外资情况看，2020 年泸州市实际利用外资 7.9 亿元，仅为成都的 2%。良好的金融环境是吸引国内外金融机构聚集的重要因素，金融业作为知识型服务产业链上的重要一环，其发展需要其他产业的支持，成渝在软环境建设方面仍有提升空间。

### （三）以金融支持成渝地区双城经济圈高质量发展

具有高附加值的金融产业发展是区域经济发展的支柱，以金融支持成渝地区双城经济圈高质量发展，蕴含着金融业对拉动地方实体经济的重要价值。共建西部金融中心，要突出开放性，西部金融中心立足西部、面向东亚和东南亚、南亚，服务"一带一路"国家和地区。要突出共建共享，凸显成渝双城共建西部金融中心具有"双核"特征、"1+1>2"的综合优势。

总的思路是坚持一体化融合，坚持共建共享，坚持风险防范底线思维，以金融支持成渝地区双城经济圈高质量发展为主线，以构建优势互补的现代金融业为根本，以金融改革创新为动力，以内陆金融开放创新为突破口，以营造良好金融发展环境和防范化解金融风险为保障，深化金融体制机制改革，共同完善提升区域金融市场功能，合力扩大金融对外开放，深化跨境跨区域金融合作，强化重庆和成都中心城市带动作用，促进各类金融要素资源合理流动和高效集聚，加快推进成渝共建西部金融中心。

解决金融基础设施一体化问题。建立适应改革创新的多功能开放账户体系、协同推进支付体系一体化建设、加强信用体系基础设施互联互通、安全有序推进金融统计数据共建共享共用，以及支持全国性交易所和金融机构在成渝地区设立交易系统和数据备份中心。不只是金融运行的硬件设施要实现互联互通，在政策上更要实现共享。[①] 国家赋予其中一地的金融改革创新举措和支持政策，在风险控制能力匹配前提下，在另一地同等适用。重庆探索出的经验可以为四川用，四川探索出的经验也可以为重庆所用，发挥政策的双倍乃至多倍效用。

打造中国（西部）金融科技发展高地。打造西部股权投资基金发展高地，支持开展私募基金管理模式创新试点，待条件成熟时，优先支持打造西部地区私募股权投资基金服务平台；鼓励以市场化方式设立私募股权投资基金等，为成渝和西部的"双创"做好服务。支持成都稳步推进数字人民币试点，支持在重庆建设国家金融科技认证中心，探索建设重庆区域性金融科技监管信息平台，规划建设中新金融科技合作示范区等利好金融科技发展的政策。支持全国性交易所和金融机构在成渝地区设立交易系统和数据备份中心，保障国家金融安全。

支持成渝开展区域性股权市场制度和业务创新。支持开展共建"一带一路"金融服务。开展本外币合一账户试点。支持跨境人民币业务创新，探索

---

① 田姣、高杲、彭瑀珩：《三组关系看"共建"》，《四川日报》，2022 年 1 月 18 日。

开展跨国企业集团本外币合一跨境资金池等试点业务，支持在自由贸易试验区设立人民币海外投贷基金。支持开展合格境内投资企业（QDIE）和合格境内有限合伙人（QDLP）试点。积极支持区域金融改革创新，开展绿色金融、金融科技等创新试点，在成都建设基于区块链技术的知识产权融资服务平台。

推进金融市场和监管区域一体化。推动在担保、不良资产处置、创业投资和私募股权投资等领域跨区域合作。支持设立市场化征信机构，研发适合西部地区的征信产品，支持中外信用评级机构在成渝地区设立实体机构，推动信用融资产品和服务创新。设立破产法庭，健全金融审判体系。在依法合规前提下探索建设跨区域政银企信息化平台。

深化区域金融体制改革。促进资本、技术和数据等要素融合发展，积极探索特色金融发展路径。探索通过天使投资、风险投资、知识产权证券化、科技保险等方式推动科技成果转化的有效途径。深化绿色金融、文化金融、乡村金融、跨境金融等特色金融创新，建设特色化专业化区域金融中心。研究设立数字资产交易所，加快探索数据采集、确权、开放、流通、交易、安全审查和产权保护等相关制度建设，探索兼顾安全和效率的数字化贸易监管模式，开展数字资产企业融资试点。

# 第五节　建设现代高效特色农业带

习近平总书记强调，"全面推进乡村振兴，加快农业农村现代化，是需要全党高度重视的一个关系大局的重大问题"。成渝地区农业资源禀赋优势显著，农业科技支撑基础良好，但农业发展距离现代化战略目标仍有差距。要立足成渝地区实际，按照"统一谋划、一体部署、相互协作、共同实施"的总体要求，围绕率先在西部地区基本实现农业农村现代化的奋斗目标，坚持把保障粮食安全放在首位，加快打通城乡要素平等交换、双向流通的制度性通道，聚力打造现代农业区域协作的高水平样板，将成渝打造成为全国现代农业高质量发展示范区、全国城乡产业协同发展先行区、全国农业农村改革开放先行区、西部农业科技创新示范区。

## 一、成渝现代高效农业建设发展基础

### （一）成渝农业发展协调性逐步增强

农业产业结构逐步优化。川渝粮食产量稳定在 4500 万吨以上，占全国的 6.9%。油料产量达 400 万吨以上，占全国的 12.4%。生猪出栏量常年保持 8000 万头以上，猪肉产量长期保持在 600 万吨以上。种植业经济朝着多种经营、特色经营和农林牧渔业全面发展转变，茶叶、柑橘、道地中药材、生态畜牧、特色经济林、渔业等优势特色产业蓬勃发展。

农业发展科技水平持续提升。2020 年，川渝两省市农业机械化总动力 6252 万千瓦，农作物耕种收综合机械化率达到 38.3%。四川育种创新水平处于国内第一方阵，是全国最大的杂交水稻制种基地。重庆转基因蚕桑和转基因棉花研究走在世界前列，柑橘无病毒繁育位居全国第一。农业科技贡献率逐年提高，农业信息化水平不断提升。现代信息技术在农业生产经营领域广泛应用，为川渝农业跨越式发展提供了重要的科技支撑。

一、二、三产业加速融合。成渝地区农产品加工业提质增效态势明显，2020 年，川渝农产品加工业产值与农业总产值比重达 1.5：1。农村新产业新业态迸发活力。2020 年全年，成渝地区实现休闲农业和乡村旅游业综合经营性收入 1187 亿元，接待游客 5.3 亿人次以上，休闲农业规模效益继续领跑全国。农产品品牌建设成效显著。"三品一标"农产品累计 10062 个，农产品总体抽检合格率保持在 97% 以上。郫县豆瓣、涪陵榨菜、四川泡菜、安岳柠檬、奉节脐橙等农产品区域品牌价值居全国前列。

### （二）距离实现农业现代化目标仍有差距

农业产业特而不优问题突出。重要农产品供给总体上处于紧平衡状态，相对过剩与结构性短缺问题交替出现。特色农产品精深加工和商品化处理不足。四川省、重庆市水果加工率仅占水果总产量的 10% 左右，相比发达国家和产业强省存在较大差距；四川雷波脐橙、理县苹果等一些特色主导产业目前还没有精深加工产品。重庆市柑橘年加工原料果占总产量约1%。重庆全市无一家脆李标准化分级包装加工企业，冷链设施较少；蔬菜产业链下游环节能力仍较薄弱，采后处理与加工技术研究与应用相对滞后，配套冷链设施相对缺乏，贮藏能力严重不足，制约了农产品附加值提升。农产品市场化程度总体不高，经济作物产业休闲观光整体发展水平有待提升。

生态资源环境约束不断加大。川渝两地乡村面积占比达86.5%，肩负着建设长江上游生态屏障和高品质生活宜居地的重任。成渝地区耕地质量薄弱，农业生产中成德眉资都市核心圈和重庆市主城都市区农药化肥的使用仍旧较为粗犷，据相关研究，位于三峡库区生态经济区的城口县、巫溪县等多个县区历年化肥平均施用量要高于主城都市区的平均水平。[①]

农业科技支撑能力不强。科技投入力量不足，例如四川全省人均农业科技财政支持为4.85万元，而同期浙江、江苏省人均水平分别达到15万元和11.52万元。四川省农业科技政府投资占农业总产值的比重长期保持在0.5%左右，较之全国0.53%的平均水平较低，与发达国家和地区差距更大。多元化科技投入体系尚未完全形成，存在支持政策碎片化、单一化问题。

种业发展存在明显短板。成渝种业发展呈现"点上有突破、综合缺引领"特点，面临种质资源聚合度较低、动植物品种权保护与开发团队建设不足、知识产权保护力度弱等问题。据统计，重庆市1956—2014年地方或野生品种、特殊用途品种消亡了1630个，消亡比例41%；水产种质资源底数尚未全面摸清，鲤、鲫等少数野生种出现消失状况，不利于长江流域种质资源保护。种业企业竞争力不强，重庆市"育繁推"一体化种子企业仅2家，国家级生猪核心育种场仅1家；全市73家种业企业年销售额不到"隆平高科"企业的20%；尚无一家主板上市企业。四川省农作物种子企业研发总投入不到1亿元，科研人员平均数量不超过3人，从2013年到2020年，进入全国种业

---

① 西南财经大学成渝地区双城经济圈建设课题组：《成渝地区双城经济圈迈入绿色发展新阶段的现状、问题与路径》，《经济研究参考》2021年第24期，第5—26页、第45页。

50 强企业榜单的企业由 5 家减少至 3 家。全省超过 2/3 的市县区州不具备种子质量检验能力，检验机构建设不足。

## 二、推动农业高质量发展

保障粮食安全供给。全面落实党政同责共抓粮食安全政治责任，稳步提升粮食综合生产能力，落实好产粮大县支持政策体系，新增粮食补贴向产粮大县和新型经营主体倾斜。落实最严格的耕地保护制度，对耕地实行特殊保护和用途管制。支持产粮大县整县推进农业现代化示范区建设，在川渝平坝和浅丘地区建设国家优质粮油保障基地。加快推进高标准农田和农田水利设施建设，统筹利用好农村撂荒耕地。打造国家重要的生猪生产基地，高标准推进生猪标准化规模化养殖，推动国家优质商品猪产业集群建设。坚持"以养定种、以种定养"，大力发展种养循环经济。建设渝遂绵优质蔬菜生产带、优质道地中药材产业带、长江上游柑橘产业带和安岳、潼南柠檬产区，推动特色农业产业绿色优质、高产高效发展。

壮大成渝特色农产品精深加工产业。推进特色农产品精深加工，打造全球泡（榨）菜出口基地、川菜产业和竹产业基地。以"粮头食尾""农头工尾"为抓手，拓展产业链，打造农产品加工万亿级支柱产业。引进国家级农产品加工科研机构落户成渝地区或设立分中心，推动建设农产品加工技术研发中心和重点实验室、保鲜物流技术研究中心、优势农产品品质评价研究中心、高新技术企业孵化器等创新平台。扶持一批农产品加工装备研发机构和生产创制企业，开展信息化、智能化、工程化农产品加工装备研发，提高关键装备国产化水平。

发展高质量成渝都市农业。高质量打造成渝都市现代高效特色农业示范区。发展都市农业，提升满足都市需求的高质量农产品供应能力，推进农商文旅体融合发展。建设重庆主城都市区都市现代高效特色农业示范区，发展绿色蔬菜、柠檬加工、调味品、绿茶、中药材、肉蛋禽、乡村旅游等优势产业，培育发展精品农业、景观农业、设施农业、休闲农业等都市农业，打造柠檬、茶叶、柑橘、蚕桑等主题生态文旅集群。

## 三、统筹优化成渝农业发展布局

优化成渝农业发展总体布局。围绕成渝地区双城经济圈建设的目标定位和布局，同时综合考虑两地农业资源禀赋、产业发展基础和潜力，构建"一轴三带四区"空间格局。"一轴"即建设成渝主轴现代高效特色农业一体化发展示范区；"三带"包括沿长江现代高效特色农业绿色发展示范带、沿嘉陵江现代高效特色农业转型发展示范带、渝遂绵现代高效特色农业高质量发展示范带；"四区"包括重庆主城都市区都市现代高效特色农业示范区、成德眉资都市现代高效特色农业示范区、渝东北川东北现代农业统筹发展示范区、川南渝西现代农业融合发展示范区（图3-5-1）。

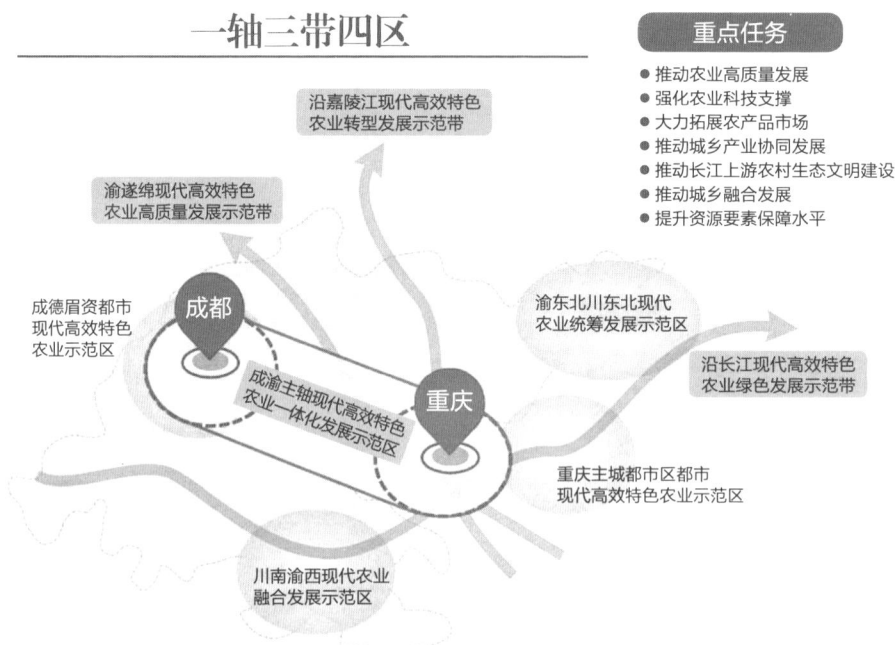

图3-5-1 成渝"一轴三带四区"现代高效特色农业带布局图

*数据来源：《成渝现代高效特色农业带建设规划》。*

以园区为载体，探索跨行政区域的农业合作新机制、新模式。整合、构建达州市开江县和重庆市梁平区（稻渔园区）、内江市隆昌市和重庆荣昌区（生猪和粮油园区）和资阳市安岳县与重庆大足（粮食和中药材园区）3个跨省农业合作园区，打破行政区划的界限和壁垒，探索涉农产业合作新模式。共同组建农业投资公司，按照市场化运作模式筹集建设资金，统筹用于区域内重大项目和平台建设。协调两地的资源要素合理配置，共同做大做强产业，充分发挥1+1>2的效应。

## 四、强化农业科技协同创新支撑

积极争取共建国家农业高新技术产业示范区。农业现代化示范区是推进农业现代化的重要抓手，有利于形成梯次推进农业现代化的格局。要发挥联动共建优势，积极争取国家在成渝地区布局建设国家农业高新技术产业示范区。在成都、渝北、宜宾等地培育园区创建国家农业高新技术产业示范区，推动培育园区加强合作交流。组织川渝科研院所、高等院校与园区开展科技对接，加快园区科教资源、主导产业集聚。推动内江、荣昌共建现代农业高新技术产业示范区，依托国家畜牧科技城，打造集智能养殖、疫病防控、基因技术、期货交易等为一体的具有全国影响力的畜牧技术研发中心，建设全国优质商品猪育种供种和战略保障基地、成渝特色优质农产品供给基地及丘区一、二、三产业融合发展示范基地。

共建农业科技协同创新平台。支持建设西部农业人工智能技术创新中心、国家现代农业产业科技创新中心。支持中国农业大学、中国农科院和川渝两地涉农高校、科研院所共建西南农业科技产业城，打造都市现代农业产业科技高端要素聚集区。联合国内高校及科研院所，加快构建双城联动农业科技创新合作机制，实现科技创新和农业转型深度融合。依托四川现代农业产业研究院（新津），创建中国农业大学西南农业创新中心。依托宜宾林竹产业研究院，创建成渝竹产业协同创新中心。

推动成渝种业联合保护。农业现代化，种子是基础。必须把种源安全提升到关系国家安全的战略高度，集中力量破难题、补短板、强优势、控风险，实现种业科技自立自强、种源自主可控。要协同成渝，立足成渝自然环境和种源优势，打造种业重大创新平台、种业产业园和优势特色种业高地。加快种质资源收集鉴定，完善种质资源保护体系，推动畜禽遗传资源保护利用。依托成渝省级种质资源中心库建设，协同建设区域性畜禽基因库，建设西南特色作物种质资源库。探索共建种业振兴人才专家库、专业技术库、企业需求库、试验数据库、案件分析库等共享数据库，大力推动数据库资源开放共享。

积极推动种业协同创新攻关。聚焦补齐产业发展短板，重点抓好种业基础性前沿研究，推进育种联合创新攻关，鼓励"揭榜挂帅"，加大种业科技成果转化。高质量建设畜牧科技城、国家级重庆（荣昌）生猪大数据中心、国家区域性生猪种业创新基地和长江上游种质创制科学装置等种业创新平台。加快扶优一批专精特新种业企业，建立健全商业化育种体系，开展种业科企联合攻关。加强知识产权保护，联合实施成渝种业市场净化行动，严厉打击无证经营、套牌侵权等违法行为，严格品种管理，探索建设成渝动植物品种权保护与开发中心。

## 五、大力拓展农产品市场

积极打造区域公用品牌。把实施农业品牌化战略作为提高农产品核心竞争力的重要举措。以市场为导向，以产业育品牌，以品牌拓市场，促进农业品牌化建设发展。积极开展有机产品认证，健全农产品质量安全追溯体系。做强地理标志农产品和中国气候好产品产业，推广特色品牌，打造区域公用品牌，实施地理标志农产品保护工程。重点宣传推广及开发利用"四川泡菜""安岳柠檬""峨眉山茶""蒙顶山茶""巫溪洋芋"等已列入中欧地理标志互认产品的品牌。推广巴味渝珍、天府龙芽、天府菜油等特色品牌，打造川菜渝味等区域公用品牌，鼓励品牌企业在成渝开设专营店、实体店。以区域生态形象为名片打造核心，通过无公害农产品生产基地县建设，按照企业化运营的思路，逐步提升产品标准，形成身份认证、标准、技术、质量、营销渠道、整体管理等方面统一，创建地理集群品牌（图3-5-2）。

图 3-5-2 区域公用品牌建设策略

建设国家骨干冷链物流基地。提高冷链物流技术装备对农业产业发展的支撑作用，大力实施农产品产地仓储保鲜冷链物流设施建设，强化农产品分拣、加工、包装、预冷等一体化集配设施建设。依托特色优势产业建设一批国家骨干冷链物流基地。建设自贡国家骨干冷链物流基地，强化江津、万州冷链物流节点区域辐射能力，配套建设农产品冷链基础设施、农产品冷链大数据平台。建设农产品现代冷链物流骨干网，推动冷链资源信息共享，依托现有物流信息平台，建设集信息发布、车辆跟踪、货物查询、交易等功能于一体的冷链物流信息平台。

构建农产品现代流通体系。大力发展农村电商，支持电子商务企业开拓农村市场，加快发展乡村现代物流业。推进川渝品牌农产品网销行动，加强电商合作，打造全国知名川渝农产品电商专区。发展"农产品产地市场＋直播带货"等模式，建设一批重点网货生产基地和产地直播基地。推进成渝地区农产品、农资连锁经营，积极引导和扶持建立一批跨区域性的大型农产品物流配送中心，推进共建渝西川东农产品集散中心。推进公益性农产品市场和农产品流通骨干网络建设，共建农产品及农资公共信息服务平台。建设农产品产地和县级仓储物流中心。

扩大农业开放合作。建设国际农产品加工产业园。依托中欧班列、"西部陆海新通道"等国际铁路联运大通道以及长江黄金水道，开行国际冷链物流集装箱班列，打造成渝地区农产品进出口分拨中心。充分发挥成都天府国际机场、重庆江北国际机场航空货运优势，发展高端农产品进出口产业。组织开展农业对外开放合作试验区、境外农业合作示范园区建设，布局建设一批农业国际贸易高质量发展基地。

# 第六节　共建具有全国影响力的科创中心

科技是国家强盛之基，创新是民族进步之魂。谁牵住了科技创新的牛鼻子，谁就能占领先机。创新能力是成渝地区发展的关键动力。建设具有全国影响力的科技创新中心，是中共中央赋予成渝地区双城经济圈建设的战略使命，在"一极一源""两中心两地"目标定位中具有引领性支撑性作用。成渝在西部地区拥有丰富的科技教育资源，对科技人才等要素具有较强吸引力。但成渝创新链、产业链协同水平不高，科技创新能力偏弱。为培育可持续的发展动力源泉，有力支撑现代产业体系建设，要坚定实施创新驱动发展战略，瞄准突破共性关键技术尤其是"卡脖子"技术，强化战略科技力量，深化新一轮全面创新改革试验，增强协同创新发展能力，合力打造科技创新高地，为构建现代产业体系提供科技支撑。

## 一、成渝科创协同发展特征趋势

### （一）成渝科技创新资源基础良好

科教创新资源优势突出。成渝地区共有普通高等学校200余所、本科院校79所，大部分集中在成渝两市。成都、重庆分别有64、65所普通高等教育学校，14、4 个双一流建设学科，27、7 个 A 类学科。两地共有 3 所 985 院校，7 所 211 院校。共有 10 所双一流院校，占全国双一流院校总数的 7.3%。成渝两市在校生数分别有 87.93 万人和 83.49 万人，合计全国占比 5.65%。

从成都、重庆、西安的研究与试验发展（R&D）投入经费来看[1]，成都以551.4 亿元领跑西部地区，成为西部科技投入经费第一城，其次是重庆 526.79亿元[2]，西安 506.06 亿元。2020 年成都科技投入经费增长规模高达 98.9 亿元，同比增速达 21.8%，重庆增长规模达 57.2 亿元，同比增速 12.2%，西安在增长规模上只有 24.3 亿元，同比增速仅有 5%。

成渝科技创新资源各具特色。成都在重大科技基础设施、产业创新研发、高新技术企业、院士专家资源以及金融资本等方面优势明显，重庆则拥有更雄厚的制造业基础和工业实力。四川（成都）科学城加快建设，天府实验室正式揭牌，国家川藏铁路技术创新中心（成都）启动建设，成都超算中心纳入国家序列。成都持续完善科技创新顶层设计，出台实施《全面加强科技创新能力建设的若干政策措施》等 8 项政策文件，编制《西部（成都）科学城战略规划》，《成都市推进科技创新中心建设条例》《成都建设国家新一代人工智能创新发展试验区实施方案》。"人才新政"吸引超过 41 万青年人才落户，连续获评"中国最佳引才城市奖"。实施新经济企业"双百工程"和梯度培育，建立"城市未来场景实验室""创新应用实验室"，获批国家新一代人工智能创新发展试验区。[3] 截至 2021 年，成都市国家级创新平台增至 216 个。[4] 引导 17 家高校院所与企业共建产学研联合实验室 25 个，依托企业组建工程技术研究中心 28 家，新认定市级科技资源共享服务平台 15 家。入库科技型

---

[1] 漩涡：《吹响高质量发展号角，谁是西部科技投入第一城》，https://baijiahao.baidu.com/s?id=1714141102869701861&wfr=spider&for=pc。

[2] 《2020 年重庆市科技投入统计公报》，http://tjj.cq.gov.cn/zwgk_233/fdzdgknr/tjxx/sjzl_55471/tjgb_55472/202110/t20211009_9788628.html。

[3] 《2021 年成都市政府工作报告》，https://sc.cri.cn/n/20220129/fab3b8c5-3a3c-b6f5-7818-fe5213fe542f.html。

[4] 《施小琳在中国共产党成都市第十四次代表大会上的报告》，《成都日报》，2022 年 5 月 9 日。

中小企业较上年增加 797 家，总数达到 6032 家。高新技术企业数量达 6125 家，增长 47.5%，位居全国第 11 位。

重庆市企业办研发机构高速发展。2020 年 88 家国内外知名高校院所企业在重庆设立分院分所，国家重点实验室达到 10 家，国家企业技术中心达到 37 家，新型研发机构达到 142 家，各类研究机构、高新技术企业、科技型企业分别达到 2723 个、4222 家、26371 家，有研发机构的规模以上工业企业占比预计达到 25%，企业办研发机构 2125 个，增长 65.2%，对全市机构增长的贡献率高达 98.1%。企业办研发机构 R&D 人员增长 31.4%，占全市机构 R&D 人员的比重提高 6.9 个百分点。企业拥有有效发明专利占全市总量的 68%。万人发明专利拥有量 11.3 件，科技进步贡献率 58.6%。高技术产业和战略性新兴产业对工业增长贡献率分别达到 37.9%、55.7%。平台建设方面，西部（重庆）科学城启动，中科院重庆科学中心项目签约，超瞬态实验装置加快建设，获批国家应用数学中心，新引进高端创新资源 23 家，紧缺优秀人才 2.5 万余名，6 个环大学创新生态圈入孵企业团队超过 3000 个。[①]

科技体制改革基础良好。四川省全面创新改革试验区所创造的经验数量居全国试验区前列，职务科技成果混合所有制改革被誉为科技领域的"小岗村"试验，2018 年在全国 8 个全面创新改革试验区域推广，2019 年入选全国科技体制改革典型案例，2020 年九部委联合印发通知在全国推广复制。四川大学、西南交通大学、成都理工大学、成都中医药大学 4 所高校成功入选国家职务科技成果改革试点，占全国试点单位 10%。

据统计，近 5 年来四川共有 45 家单位开展职务科技成果权属改革试点，完成分割确权 634 项，作价入股创办企业 100 余家，吸引投资近 70 亿元。重庆市推动 2/3 的国有企业开展各种形式的混合所有制改革，对市属国企的创新投入视同利润考核，持续开展创新项目后补助，充分利用多层次资本市场，助推国企二次创业，涌现出了以三峰环境为代表的一批行业龙头企业。

---

① 《重庆市人民政府工作报告（2021 年）》，http://www.cq.gov.cn/zwgk/zfxxgkml/zfgzbg/202101/t20210128_8857504.html。

## （二）创新协作水平不断提升

成渝地区协同创新取得积极成效。围绕产业发展需求，成渝两地积极推动经济圈内科技平台共建共享和创新人才联合培养，双城经济圈内技术、人才及科技创新协作配套有序展开。联合实施 2021 年川渝重点研发项目，集中发布 41 项产学研创新成果，重庆工商大学、四川大学、重庆社会科学院、四川省社会科学院、重庆港九股份有限公司等多家高校、科研院所和龙头企业联合组建产业协同创新中心，推动技术合作和人才联合培养。

积极推进共建西部科学城。2021 年 10 月，重庆两江新区、四川天府新区协同创新区产业旗舰联盟第一次大会在两江协同创新区举行，联盟依托于两地高校科研院所、企业、创新服务机构资源聚集优势而组建，力图推进两地科技协同创新，扩大深化交流，提升区域内优势产业及技术创新整体实力。截至 2021 年底，西部科学城成渝双方已联合开工中科院成都天府新区科技创新交叉研究平台、中国（绵阳）科技城激光产业基地等 40 个科技重大项目，加快推进电子科技大学、重庆微电子产业技术研究院、长江上游种质创制大科学中心等项目，上线川渝科技资源共享服务平台，总投资 1054.5 亿元。

## （三）科技创新支撑能力整体依然偏弱，打造科创高地存在差距

据《中国城市科技创新发展报告 2021》，成都市、重庆市科技创新总指数 0.599、0.507，在 288 个城市中分别排在第 11 和第 26 位，低于长三角、珠三角城市群内主要城市的科技创新发展指数。与建设成为具有全国影响力的科创中心的目标相比，成渝整体创新能力仍然较低，对产业经济发展的支撑能力急需提升。

科技人才队伍大而不强。领军人才偏少，重庆市两院院士 16 位，四川省 59 位，远低于北京 830 位、上海 179 位。重庆市国家"千人计划"专家 110 人，仅为北京的 7.4%、上海的 12.28%。从成都、重庆具体的科技投入主体来看，成都国资和高校的参与比重较大，2020 年，成都国资科技投入达 199.45 亿元，同期，重庆不足 50 亿。

研发支出总体不足。在 R&D 经费支出方面，如图 3-6-1，2020 年成渝 R&D 经费支出占地区生产总值的 1.93%，远低于长三角（2.95%）、珠三角

（3.37%）、京津冀（3.73%）<sup>①</sup>，且低于全国 R&D 经费投入强度（2.40%）。从投入强度（投入经费与地区生产总值之比）来看，西部地区西安高达 5.05%，为西部科技投入强度第一城，其次是成都 3.11%、重庆 2.11%。基础研究投入不足，主要投入于应用研究（表 3-6-1）。2020 年，重庆全市拥有 R&D 人员 16.62 万人，其中，试验发展人员、基础研究人员、应用研究人员折合全时当量分别为 8.08、0.75 和 1.74 万人年，占比分别为 76.4%、7.1% 和 16.5%。

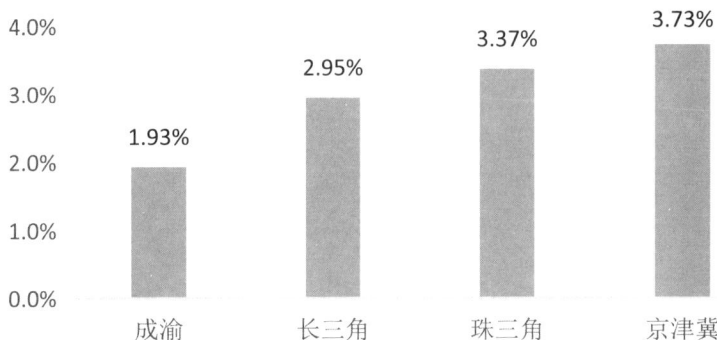

图 3-6-1　2020 年四大城市群 R&D 经费支出占地区生产总值比重

数据来源：根据公开资料整理。

表 3-6-1　成都、重庆市 2020 年研究投入经费分布

| 城市 | 基础研究（亿元） | 应用研究（亿元） |
|---|---|---|
| 成都市 | 42.32 | 88.8 |
| 重庆市 | 23.25 | 66.75 |

创新成果众多但转化为效益的非常少，科研主体市场经验不足，高校科研成果缺乏企业衔接渠道，对企业缺少必要的兜底保障措施。万人发明专利拥有量方面，2020 年成渝为 19 件，而京津冀、珠三角、长三角分别为 37、33.9 和 30.88 件，全国每万人发明专利拥有量为 15.8 件。成渝地区国内发明专利授权数仅为长三角地区的约 1/5，京津冀地区、粤港澳地区的 1/3。

---

① 钱琪瑶：《两核独大的成渝经济圈，当得起"第四极"吗》，https://www.sohu.com/a/454148070_120179484。

创新成果转化率低。2020 年，重庆、四川的技术合同登记项数占全国比重分别为 0.65%、3.72%，技术合同成交额占全国比重分别为 0.55%、4.42%，重庆、成都输出技术项数仅为北京的 4.16%、20.06%，输出技术成交额仅为北京的 1.86%、18.12%。[①]

新经济发展缺乏支撑。高价值技术供给缺乏导致高科技创业相对较少，成渝地区科技企业孵化器在孵企业数量仅为京津冀的 1/2、长三角的 1/6、珠三角的 1/3，高新技术企业数量仅为京津冀的 1/4、长三角的 1/6[②]，技术含量较高、知识密集型企业集群尚未形成。

2020 年，中国 251 家"独角兽"企业分布于 29 座城市，总估值首次超万亿美元，近 90% 的"独角兽"集聚于京津冀、长三角、珠三角、成渝地区（图 3-6-2），其中成都 5 家，企业总估值约 69 亿元，重庆仅有 3 家"独角兽"企业，企业估值约 49.4 亿元，除电子信息、汽车制造外，其他高新技术产业规模化集群式发展态势尚未形成。成渝"独角兽"企业发展状况远远低于北京的 82 家、估值 4807.7 亿元。

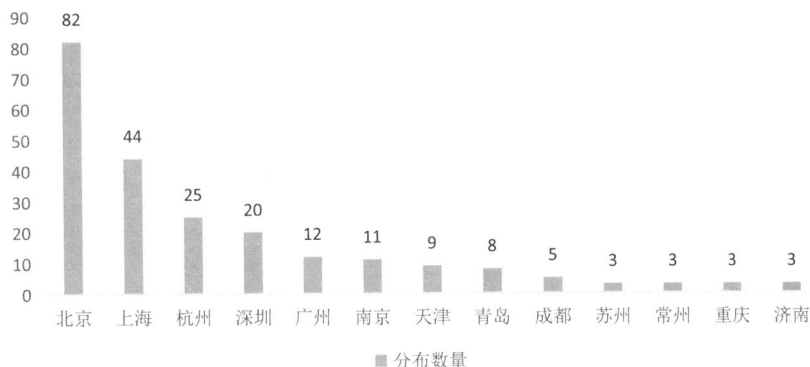

图 3-6-2 2020 年"独角兽"企业分布情况

数据来源：长城战略咨询。

---

[①]《关于公布 2020 年度全国技术合同交易数据的通知》，http://www.chinatorch.gov.cn/jssc/gztz/202102/826696c6d6d3431faad18cc14b8ffc90.shtml。

[②] 龙开元、孙翊、戴特奇：《科技创新支撑成渝双城经济圈建设路径研究》，《华中师范大学学报》（自然科学版）2021 年第 5 期，第 791—797 页。

　　科技创新要素协作的深度不够、广度仍有待拓展。成渝两地在基础研究、前沿科学及前瞻研究领域的源头创新协作、科技成果转化、科技资源和数据共享等创新机制及政策顶层设计等方面，均未形成畅通的链接通道。当前成渝技术、科技协作仅限于高校院所及部分企业的科技创新中心共建，以政府为主导，多元力量参与共建的大科学装置、国家级重点实验室及其他重大科技平台共建力度不够。院所之间的交流较为有限，缺少技术服务机构将科研成果落地转化。如图 3-6-3 所示，川渝两地 2020 年国家重点实验室数量远低于北京、上海、江苏、广东。人力资源协同不足，缺乏服务整个经济圈的人力资源共享平台，特别是成渝双核人才互动不足，对经济圈内其他城市的服务辐射不足。

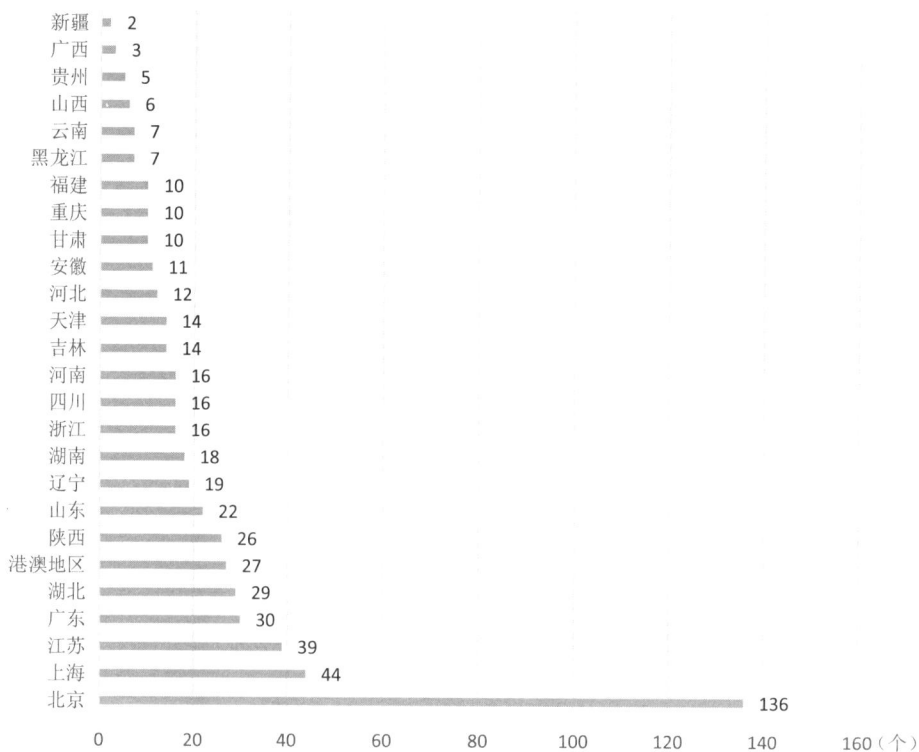

新疆　2
广西　3
贵州　5
山西　6
云南　7
黑龙江　7
福建　10
重庆　10
甘肃　10
安徽　11
河北　12
天津　14
吉林　14
河南　16
四川　16
浙江　16
湖南　18
辽宁　19
山东　22
陕西　26
港澳地区　27
湖北　29
广东　30
江苏　39
上海　44
北京　136

0　20　40　60　80　100　120　140　160（个）

图 3-6-3　2020 年中国国家重点实验室地区分布情况

数据来源：科技部。

## 二、增强区域协同创新发展能力

《"十四五"规划纲要》明确指出，要牢牢抓住创新驱动发展的不竭动力，尽快打通支撑科技强国的全流程创新链条。区域协同创新体系是基于多极地理创新源交互作用的区域创新网络，其核心理念是围绕创新链、技术链、产业链打造的由众多大、小城市共同构建的创新共同体。区域协同创新体系是由源头创新、产业创新、要素配置、体制机制及创新生态构建而成。[①]

成渝建设区域协同创新体系具有良好的基础优势。成渝建设具有全国影响力的科创中心，总体思路是依托良好的科教文化资源、科技平台优势和科技创新体制改革先进经验，强化创新链产业链协同、推动区域协同创新，增强区域协同创新发展能力，打造全国重要的科技创新和协同创新示范区。

强化创新链产业链协同。坚持企业主体、市场导向，健全产学研用深度融合的科技创新体系，建设产业创新高地。鼓励有条件的企业组建面向行业共性基础技术、前沿引领技术开发的研究院，支持创新型领军企业联合行业上下游组建创新联合体。支持高校、科研机构和企业共建联合实验室或新型研究机构，共同承担科技项目、共享科技成果。建设一批产业创新中心、技术创新中心、制造业创新中心、工程研究中心等创新平台和综合性检验检测平台。

推动区域协同创新。实施成渝科技创新合作计划，联合开展技术攻关，参与实施高分卫星、载人航天、大型飞机、长江上游生态环境修复等国家重大科技任务，积极申报航空发动机、网络空间安全等科技创新重大项目。鼓励共用科技创新平台和大型科研仪器设备，共建创业孵化、科技金融、成果转化平台，打造成渝地区一体化技术交易市场。完善区域知识产权快速协同保护机制，支持设立知识产权法庭。鼓励区域内高校、科研院所、企业共同参与国际大科学计划和大科学工程。支持成渝共建"一带一路"科技创新合

---

① 范文博、余丽、任清怡：《共建成渝地区协同创新体系的建议》，《决策咨询》2020 年第 5 期。

作区和国际技术转移中心，共同举办"一带一路"科技交流大会。

## 三、统筹优化创新科技布局

建设成渝综合性科学中心。聚焦核能、航空航天、智能制造和电子信息等领域的战略性产品开发，在四川天府新区、重庆高新区集中布局建设一批重大科技基础设施、一批科教基础设施和前沿引领创新平台，引导地方、科研机构和企业建设系列交叉研究平台和科技创新基地，打造学科内涵关联、空间分布集聚的原始创新集群，筑牢科技创新中心内核。发挥基础研究和原始创新的引领作用，吸引高水平大学、科研机构和创新型企业入驻，强化开放共享，促进科技成果转化，有效支撑成渝全域高水平创新活动。

共建西部科学城。西部（重庆）科学城承担着提升全市科学研究、成果转化、创业孵化等能力的使命，对重庆市、成渝经济圈乃至整个西部地区现代产业发展有着至关重要的作用。按照"一城多园"模式合作共建西部科学城，串联成渝地区主要科创载体。成渝共同争取国家支持开展科技创新改革试验试点，布局重大科技基础设施、前沿交叉研究平台和国家（重点）实验室、技术创新中心、临床医学中心、制造业创新中心等，争取举办西部科学家峰会，提升创新策源能力。

统筹科技创新平台。统筹天府国际生物城、未来科技城和成都高新区等资源，建设西部（成都）科学城。瞄准新兴产业设立开放式、国际化高端研发机构，建设重庆两江协同创新区。依托重庆大学城、重庆高新区等，夯实智能产业、生物医学发展基础，建设西部（重庆）科学城。高水平建设中国（绵阳）科技城，鼓励大院大所发展孵化器、产业园。推动中国科学院等在双城经济圈布局科研平台。

## 四、营造鼓励创新的政策环境

大力吸引创新人才。实施有吸引力的人才政策，引进和培养高水平创新人才队伍，鼓励科技人才在区域内自主流动、择业创业。加快引育一流科学家、学科领军人才和高水平创新团队，围绕大数据、智能制造等重点产业领域，培养符合产业发展需求的技术技能人才和创新创业人才，建立全过程、专业化、一站式人才服务体系。支持在人才评价、外籍人才引进等政策创新方面先行先试。鼓励成渝地区大学面向全球招生，引进优秀博士后和青年学者。支持引进国内外顶尖高校和科研机构在成渝地区合作建设研究院和研发中心，设立长期、灵活、有吸引力的科研岗位。

探索以人才为中心的新型科技体制。在服务国家重大科技战略、重大攻关工程，布局建设重大科学基础设施、高等院校和科研机构、前沿交叉研究平台和国家科技创新基地的同时，建议成渝两地瞄准"高精尖缺"方向，紧紧围绕吸引、培育、壮大创新人才队伍，营造最适合创新人才成长、最适合创新活动集聚的软硬环境，塑造面向世界科技前沿、面向经济主战场、面向国家重大需求的创新生态，大力培养造就具有全球视野、担当科研攻关尖兵的战略科技人才、青年科技人才和高水平科创团队。

深化科技创新体制改革。深入推进职务科技成果所有权或长期使用权改革试点，探索高校和科研院所职务科技成果国有资产管理新模式。适时在成渝地区全面推广职务科技成果混合所有制改革等经验，加快培育技术成果处置交易的二级市场，持续拓展国家军民两用技术交易中心等高端要素市场的交易内容和覆盖范围，在科技成果产权界定、价值评估、转化实施、技术经纪人职称评定和队伍建设等科技专业服务方面开展区域市场一体化建设。深化政府部门和科研单位项目资金管理制度改革，允许科研资金跨省市使用。探索建立两省市改革举措和支持政策异地同享机制。

健全创新激励政策体系。加大对引进高水平研发机构和先进科技成果的支持力度。综合运用财政、金融等政策手段激励企业加大研发投入力度，引导创业投资机构投资早中期、初创期科技型企业，依法运用技术、能耗、环保等方面的标准促进企业技术改造和新技术应用。支持通过股权与债权相结合等方式，为企业创新活动提供融资服务。支持符合条件的创新型企业上市融资。

# 第七节　有序承接产业转移

党的二十大报告明确指出，要把实施扩大内需战略同深化供给侧结构性改革有机结合起来，增强国内大循环内生动力和可靠性，着力提升产业链、供应链韧性和安全水平。

《"十四五"规划纲要》提出，"优化区域产业链布局，引导产业链关键环节留在国内，强化中西部和东北地区承接产业转移能力建设"。近年来，成渝着力创新体制机制、提升配套服务、完善政策措施，有力促进了承接国内外产业转移，在提升产业链供应链稳定性、优化产业分工布局、促进区域协调发展等方面发挥了重要作用。

## 一、成渝承接东部地区产业转移现状特征

重庆市在承接东部地区产业集群转移方面成效显著。通过承接产业转移补链成群招商等方式，逐步构建起全产业链电子信息和汽车产业集群。在新型显示方面，重庆市布局京东方、惠科液晶面板生产企业，吸引了一大批相关配套企业落户。在笔记本集群制造方面，重庆市在承接惠普、宏基、华硕笔记本电脑后吸引了富士康、仁宝、纬创等代工企业以及群光、新普等零部件配套企业的转移。在手机制造产业集群方面，在承接 OPPO、VIVO 手机后，吸引辉烨等代工企业及群光、中光电等配套企业的转移，构建"整机 + 配套"以及"生产 + 检测 + 供应链服务"手机生产体系。[①] 截至 2019 年底，重庆市笔记本电脑和手机产量分别占全球的 36% 和 11%。通过承接产业链配套转移，显著推动了重庆市加快构建区域产业内循环模式。

以重庆沿江承接产业转移示范区为抓手和载体，大力承接东部地区产业

---

① 刘振中等：《中西部地区承接产业梯度转移："福音"还是"创伤"》，《2021 年国家发展改革委优秀调研报告成果集》。

转移，取得积极成效。示范区多平台多方式承接东部产业转移，高标准强链补链延链，推动产业集群建设。充分发挥龙头企业在产业集群公共平台建设、知识创造与扩散、创新激励与带动、品牌扩展与声誉建立维护等方面的优势，发挥产业集聚效应，吸引一批行业相关企业及上下游配套企业跟进转移。例如，九龙坡区以智能家居和电子元件为主导产业，形成以格力为龙头的家用空调生产链条，集聚格力电器、臻宝实业、嘉凌新科技等规模以上工业企业 57 家。永川区引进利勃海尔、埃斯维机床（SW 公司）等行业龙头企业，数控机床及零部件产销量占全市 1/3。

中欧班列助力产业物流成本大幅下降。作为内陆城市，重庆在发展上曾饱受区位和交通的制约。过去由于物流周期过长，内陆地区只能被动等待沿海产业转移。为了吸引更多企业入渝，重庆在全国率先开建中欧班列，运输全程只需在重庆一次申报、一次查验、一次放行，国际贸易通关时间缩短 30%，企业综合成本下降 20%。重庆市"渝新欧"班列已覆盖 30 多个国家。在疫情期间其他海运不畅的情况下，中欧班列帮助企业减少了供应链中断的风险。

重庆模式成为西部地区承接产业转移发展的亮点特色。黄钟仪通过研究我国东西部之间的产业转移，提出了重庆承接东部产业转移的几种主要模式，包括：要素注入式——直接投资、"企业内部一体化"模式、企业虚拟一体化模式、"新雁行模式"、产业集群转移模式和"产业转移园区"模式。[①] 2021 年，重庆市出台《支持新时代产业转型升级示范区高质量发展的政策措施》，为重庆西部产业转型升级示范区量身定制了 20 条举措。

## 二、有效承接产业转移存在的问题

成渝地区在快速推进的信息产业承接中，主要还是集中于承接信息产业中的最低的价值端生产者，集中于劳动密集型产业的承接。重庆本地拥有的核心技术和标准严重缺乏，企业等待国外新型技术标准出现、依靠国家标准

---

① 黄钟仪：《产业转移：东部的趋势及西部的选择——以重庆为例》，《经济问题》2009 年第 7 期，第 117—120 页。

部门颁布推荐的思想较为普遍，没有核心竞争力，缺乏议价权。开放平台能级效应不足，四川全省综合保税区有6个，远少于山东（13个）、江苏（14个）。

地方承接产业转移总体缺乏统筹、存在同质化盲目竞争。在新能源汽车、芯片等新兴产业领域，国家和地方政策支持力度较大，造成很多地方产业项目"一哄而上"，又很快"一哄而散"，浪费大量补贴资金。

随着各地招商引资需求和强度加大，区域之间争抢日趋"白热化"，承接产业转移时各地政策比拼可能加重地方政府债务负担。为了向企业让利，部分地区突破招商政策底线，大规模举债搞园区建设。个别地区企业转入后产生的税收80%都返给东部地区，仅20%留给当地，造成长期缺少税收贡献，给地方带来了不能承受之重。

成渝地区产业工人短缺制约了承接产业转移的有效性。据国家统计局调查显示，我国44%的企业面临"招工难"问题，特别是高端人才和一线熟练工现象普遍。整体上看，成渝地区高科技人才匮乏，企业创新能力薄弱，对高技术产业或产业高端的吸引力不强。一些人才中介公司垄断资源，给用工市场造成混乱，企业生产经营受阻。据重庆某较大规模的手机生产公司相关部门负责人反映，最大的困难就是用工问题，每次招工都感觉很困难，可以想象其他中小企业肯定更困难。

承接东部产业转移的要素优势正在减弱。据有关调研了解，近10年来重庆规模以上工业企业每百元收入的平均成本由过去低于全国近1元转为高1.3元；重庆养老保险缴费费率20%，高于广东等东部省区14%的费率。[①] 成渝地区承接产业转移的综合成本优势正在不断减少。

双核之外其他地区承接产业转移能力弱。产业合作层级较低，承接产业转移能力较差，缺乏功能性合作平台，与成渝双核产业协作配套不够，与陕西革命老区、甘肃等毗邻区域未建立紧密合作关系。2020年，四川37个川陕革命老区县（市、区）平均进出口总额1.1亿美元，不到全省平均水平的20%。

---

① 刘振中等：《中西部地区承接产业梯度转移："福音"还是"创伤"》，《2021年国家发展改革委优秀调研报告成果集》。

### 三、加强对成渝地区承接东部产业转移的统筹协调

促进中西部地区有序承接东部地区产业转移，对于加快构建以国内大循环为主体、国内国际双循环相互促进的新发展格局，深入实施制造强国战略、保持制造业比重基本稳定、推动我国由制造大国向制造强国转变具有重要的战略意义，有利于确保我国产业链供应链稳定畅通、保障国家经济安全。"一带一路"建设、长江经济带发展、新时代西部大开发、成渝地区双城经济圈建设、"西部陆海新通道"建设等一系列国家战略的深入实施，为成渝地区更好地承接东部产业转移、有效延伸产业发展新空间注入了新的动能。

强化区域协同转移。围绕电子信息、汽车、装备制造、生物医药等重点产业，开展双向集群招商、产业链互补招商。发挥成渝要素成本、市场和通道优势，以更大力度、更高标准承接东部地区和境外产业链整体转移、关联产业协同转移，推进补链延链承接，补齐建强产业链，共建承接产业转移创新发展示范区。加快推动德眉资与成都建立精准承接产业转移长效机制，率先在成德临港经济、成眉高新技术、成资临空经济产业带和交界地带形成一批具有示范性的产业融合发展集群。

支持产业集群招商。主推"整机+配套""制造+研发""生产+结算+物流"的产业链承载模式，鼓励有条件的央企、地方国企率先迁移或设立区域子公司，实现"成链条""成集群"承接产业转移。依托西博会、智博会、西洽会等开放活动，联合开展投资促进活动。

继续布局产业转移集中承接地。继续安排中央预算内投资支持国家级新区、承接产业转移示范区重点园区的基础设施和公共服务平台建设，不断提升成渝承接产业能力。加快基础设施建设，强化承接转移能力。提升示范区内中央预算内资金安排额度和比例，加强对示范区内基础设施完善和公共服务平台建设的支持，倾斜布局大型基础设施，依托长江黄金水道加快港口和自贸区建设，畅通物流通道。承接补齐汽车摩托车、电子信息、消费品、工业互联网、网络安全等特色优势产业链，打造成渝氢走廊、电走廊、智行走

廊,争创制造业高质量发展国家级试验区。

成立产业协同联盟,破除地区差异壁垒。支持示范区建设统一开放的市场体系,形成生产要素同质同价等成本共担、利益共享的机制,取消地区性歧视和不公平竞争政策,打破区域间行政壁垒,联手打造现代产业集群区域性示范基地。支持国家级新区、省级新区、重点园区、毗邻地区基础设施和公共服务平台建设,不断提升产业承接能力。

完善承接产业转移体制机制。积极发挥产业转移项目库作用,建立跨区域承接产业转移协调机制,完善信息对接、权益分享、税收分成等政策体系。发挥金融支撑作用,研究以市场化方式设立区域产业协同发展投资基金。引导银行、基金、风投等金融机构,充分发挥重庆的西部金融中心作用,强化金融对产业投资的承载、牵引和支持力度。支持先导型、牵引性重大产业项目落地。设立承接引导基金。建立跨区域承接产业转移协调机制,完善信息对接、权益分享、税收分成、统计分算等政策体系。

# 第四章

# 优化双核引领的城镇发展格局

　　城镇发展格局是大中小城市在区域的空间布局和组合形态，是城市群、都市圈和各类城市分工协作的基础，对区域经济高质量发展具有重要支撑作用。成渝地区城镇发展格局应面向"两中心两地"战略定位，深入分析成渝地区空间结构特征，按照尊重客观规律、落实国家发展战略、统筹把握历史和未来的总体要求，提升双核发展能级，培育发展现代化都市圈，促进双圈互动两翼协同，形成优势互补、全域共兴的发展格局。

## 第一节　成渝地区空间结构特征与优化要求

　　贯彻落实中共中央决策部署，加快推进成渝地区双城经济圈建设，需要深入分析区域的空间结构和联系特征，顺应区域经济发展演进方向，以空间布局整体优化促进功能整体提升，形成优势互补、全域共兴的发展格局。

### 一、空间结构特征

　　成渝地区所在的大西南作为国家的战略后方，历史上曾在许多重要时刻发挥关键作用。改革开放特别是西部大开发以来，成渝地区抢抓发展机遇，大力改善基础设施条件，发展特色优势产业，积极承接全球和东部沿海地区的产业转移，综合实力显著增强，发展高地地位和战略引领作用日益凸显。党的十八大以来，通过积极参与"一带一路"建设、长江经济带发展等重大国家战略，持续增强中心城市带动能力，优化营商环境，成为内陆地区最具发展活力的区域之一。作为一个长期对外输出劳动力的欠发达地区，2014—2019 年，成渝地区常住人口净增长超过 500 万人，显示出巨大的发展后劲。总体看，较好的劳动力、土地、水和能源等资源保障，高铁、公路、机场、航运及管道等交通基础设施快速发展，奠定了经济社会发展的有力基础，也促进成渝地区空间结构加速成型。

### （一）成渝地区人口分布和经济发展极不平衡

2019 年，成渝地区面积 18.5 万平方千米、常住人口 9600 万人，但区域内部人口和经济的空间分布差异显著，重庆主城区和成都"双核"及其辐射形成的两个都市圈具有显著优势，是双城经济圈的"龙头"。2019 年，两个都市圈常住人口 4759 万人、经济总量 4.05 万亿元，分别占成渝地区的 49.6% 和 64.3%（表 4-1-1）。处在两个都市圈之间的成渝中部地区、沿长江处于重庆都市圈上下游的经济圈南北"两翼"地区、成都都市圈南北两侧的乐山、雅安和绵阳，以及渝东南的黔江等，这些区域板块的人口密度和发展水平都显著低于"双核双圈"，大部分都是人口外流区域。即使如绵阳这样经济总量长期位居四川省第二的省域副中心城市，2019 年末的常住人口也比户籍人口少43.59 万人。

表 4-1-1　成渝双城经济圈分区域主要指标统计（2019 年）

| 区域 | 常住人口（万人） | 地区生产总值（亿元） | 面积（万平方千米） | 人口密度（人／平方千米） | 人均地区生产总值（万元） |
|---|---|---|---|---|---|
| 重庆都市圈 | 2352 | 19430 | 3.50 | 672 | 8.26 |
| 成都都市圈 | 2407 | 21067 | 2.90 | 830 | 8.75 |
| 成渝中部 | 1492 | 5541 | 2.73 | 547 | 3.71 |
| 成渝北翼 | 1121 | 5046 | 2.92 | 384 | 4.50 |

| 区域 | 常住人口<br>（万人） | 地区生产总值<br>（亿元） | 面积<br>（万平方千米） | 人口密度<br>（人／平方千米） | 人均地区<br>生产总值<br>（万元） |
|---|---|---|---|---|---|
| 成渝南翼 | 1182 | 6112 | 2.99 | 395 | 5.17 |
| 绵阳 | 449 | 2728 | 1.14 | 394 | 6.07 |
| 雅安、乐山 | 461 | 2486 | 2.23 | 207 | 5.39 |
| 黔江 | 49 | 229 | 0.24 | 204 | 4.73 |

注：重庆都市圈包括重庆主城区、璧山、江津、长寿、南川、綦江、永川、荣昌、大足、铜梁、潼南、合川、涪陵和四川广安市。成都都市圈包括成都、德阳、眉山和资阳市雁江区。成渝中部地区包括南充、遂宁、内江和资阳市乐至县、安岳县。成渝北翼地区包括达州、开州、万州、云阳、梁平、忠县和垫江。成渝南翼地区包括泸州、宜宾、自贡。按照成渝城市群规划确定的范围，绵阳市北川县和平武县、雅安市天全县和宝兴县、达州市万源市不在其中。

数据来源：根据《重庆统计年鉴2020》《四川统计年鉴2020》整理。

## （二）成渝"双核"仍处于集聚发展阶段

重庆主城区和成都两个中心城市是成渝地区的"双核"，人口和经济总量大、产业基础雄厚、高端要素聚集、创新能力突出。2019年，人口合计占成渝地区的26.7%，但经济总量占比达到41.8%，发明专利授权占比更是高达72.3%。2014—2019年，"双核"的年均经济增速分别达到7.6%和7.9%，常住人口均保持每年20万人左右的增长，增量占成渝地区的37.5%。重庆、成都两大国际性枢纽承担了成渝地区的主要对外联系功能，2019年，成都双流、重庆江北两大国际机场旅客吞吐量分别位居全国第4和第9位。2021年6月，天府机场投入运营，成都成为继北京、上海之后全国第三个拥有双机场的城市。2019年底，成都、重庆的城镇化率分别为74.4%和66.8%，其中重庆市辖区的城镇化率为71.8%，均还处于城镇化增长阶段。与此同时，成渝两个中心城市的发展水平与京沪深穗等发达城市相比还有一定差距，经济总量不到北京、上海的一半，重庆主城区、成都人均地区生产总值均为10.3万元，仅为深圳的 53.3%、北京的 62.8%、上海的 65.5%。总体而言，"双核"具有很强的要素吸引力，城市发展仍处于集聚发展阶段。

### （三）成渝之间的中部地区"塌陷"突出

2019 年，成渝中部地区常住人口 1492 万人、经济总量 5541 亿元，分别占成渝地区的 15.5%、8.9%，人均地区生产总值 3.71 万元，不到"双圈"的一半，属于成渝之间的发展"洼地"。常住人口城镇化率仅 49.1%，还有较大提升空间。中部地区劳动力资源丰富，交通条件较好，高速公路密度达到 5.14 千米 / 百平方千米，处于较高水平。中部地区地处川、渝交界地带，距离成渝"双核"约 100—150 千米，受"双核"辐射带动作用有限，产业发展以食品饮料、冶金建材、纺织服装、汽车汽配等为主，但优势不明显，主导产业不突出。由于非农产业发展滞后，人口依然处于外流状态。到 2019 年，常住人口与户籍人口的差额已经扩大到 238.87 万人。据各市 2018—2019 年《人力资源和社会保障事业发展统计公报》数据，目前 4 市转移到省外的农村劳动力总量约 150 万人。2014—2019 年，常住人口继续减少 6.27 万人，生产总值占比也由 10.2% 下降至 8.9%，"塌陷"态势仍在继续。

### （四）"两翼"战略地位重要、发展潜力大

北翼地区地跨渝东北长江干流沿线和川东北大巴山区，承担着维护长江上游生态安全、支撑川渝陕鄂跨省交界地区可持续发展的重要使命，也是渝东北和川东北地区东出、北上的重要门户。北翼地区能源资源富集，拥有全国三大气田之一。北翼地区距离成渝"双核"约 200—400 千米，交通基础设施建设滞后，高速公路密度 3.1 千米 / 百平方千米，在成渝地区最低，受空间距离及地形阻隔等影响，"双核"辐射带动作用有限。2019 年，常住人口占成渝地区的 11.7%，但经济总量只占 8.0%，且近年来经济增速低于川渝地区总体水平。南翼地区地处川渝滇黔结合部，是西部陆海新通道和长江黄金水道的交汇处，也是成渝地区通往北部湾港口群最便捷的集结点。南翼地区距离成渝"双核" 120—220 千米，机场、港口条件较好，但铁路建设相对滞后，成为制约发展的短板。与北翼一样，南翼地区的经济比重显著低于人口

比重，但不同的是年均经济增速在成渝地区各板块中最高，2014—2019 年经济年均增速 8.7%，白酒、能源化工、纺织等产业具有较强优势，同时，依托沿江港口和铁路通道建设发展的电子信息、商贸物流等新兴产业，也展现出良好发展势头。

**（五）成渝地区县域数量多、有望形成新的区域发展极点**

成渝地区县级单元众多。除"双核"外，还有 122 个县级单元，其中市辖区 51 个，县（县级市）71 个。71 个县和县级市常住人口和经济总量分别占成渝地区的 43.3%、28.4%，这些与中心城市距离较近的县级单元，同样是未来双城经济圈战略定位，特别是"高品质生活宜居地"的重要载体。经过10 多年的快速发展，不少县城人口规模已达数十万人，具备了承载一定规模人口经济的基础条件。近年来，在贯彻落实新发展理念、推进高质量发展过程中，一些邻近的县市，如嘉陵江沿岸的阆中、苍溪和南部等县市自发推进一体化发展，重庆的垫江、梁平和四川的开江、大竹等县区也在谋划共建明月山绿色发展示范带等，有望形成新的区域性发展极点。

## 二、空间格局优化要求

经过 40 多年的改革开放实践，全国各地区的基础设施和产业基础普遍得到巨大发展，人口跨区域流动加速带来的分布变化日益显著，经济增长的动力基础也由资源和劳动力等要素驱动，逐步转向人才、技术和体制机制创新驱动。在人口和经济不断向大城市及城市群集聚的同时，城市和区域间的分化现象日益显著，竞争合作关系也更趋复杂。为此，成渝地区双城经济圈的空间格局优化，既要充分考虑区域空间结构演进的历史轨迹，也要落实国家发展战略的要求，顺应未来发展趋势。既要尊重经济发展的一般规律，也要发挥区域比较优势，积极塑造新格局。

**（一）尊重客观规律**

首先，要尊重经济发展规律。产业和人口向优势区域集中，形成以城市群为主要形态的增长动力源，进而带动经济总体效率提升，这是经济规律。

这种经济总体效率提升，反映的是要素配置效率的改进。优化空间结构，就是根据各地区各城市的区位特点和资源优势，在充分考虑市场竞争力和技术进步因素基础上，配置相应的功能，形成优势互补、高质量发展的区域经济布局，并通过调整各类要素的空间组合关系，促进这些功能的实现。

其次，是尊重城市和区域空间结构演进规律。城乡区域经济循环是国内大循环的重要方面。城市作为区域经济社会活动的中心，与区域之间的互动作用是区域空间结构演进的动力，这种互动作用主要表现为各类要素的集聚和扩散。城市空间拓展是经济发展的结果，就单个城市而言，每个城市的空间拓展方式受城市所处的地形地貌、交通条件、人口分布和产业联系等因素决定。著名城市地理学家周一星教授认为城市空间扩展方向主要取决于其对外经济联系的主要方向。区域经济发展过程，既是生产、分配、流通和消费各环节畅通循环的过程，也是在中心城市带动下，各类生产要素集聚扩散的过程。在这一过程中，基础设施的先导作用以及随要素聚散形成的产业布局和人口分布，塑造了区域经济的空间结构。成渝两地直线距离约 270 千米，在区域经济空间自组织规律作用下，处于两大中心城市辐射末梢的成渝中部地区逐步被边缘化。成渝地区双城经济圈空间布局，要发挥好成渝"双核"引领作用，带动解决中部"塌陷"问题。

第三，是尊重市场发展规律。城市和区域空间结构是在市场机制作用下，以存量和流量形式存在的各类要素空间组合关系。在现阶段，资本、劳动力和技术等保障制造业和传统服务业的生产要素集聚，具有明显的中心城市、都市圈和城市群等优势地区指向，近年来在城市和区域发展中作用日益突出的产业链、创新人才和金融等专业服务，除了原有的集聚指向外，也出现了特定的自然生态和产业生态指向。近年来，随着 5G 技术、人工智能、物联网、大数据等新技术应用步伐加快，以新产业、新业态、新商业模式为代表的"三新"经济悄然崛起，下一步随着数字化、智能化技术与制造业、服务业的深度融合，创新要素向应用场景代表的市场空间集聚态势明显。成渝地区双城经济圈建设，要把破除资源流动障碍放在首要位置，使市场在资源配置中发挥决定性作用，同时更好发挥政府的引导作用。

**（二）落实国家发展战略要求**

一是构建新发展格局、积极参与国内国际双循环。中共十九届五中全会提出，要加快构建以国内大循环为主体、国内国际双循环相互促进的新发展格局。构建新发展格局，关键在于实现经济循环流转和产业关联畅通，根本要求是提升供给体系的创新力和关联性，解决各类"卡脖子"和瓶颈问题，畅通国民经济循环。成渝地区地处内陆、常住人口接近 1 亿，本身有很大的消费市场需求。推动成渝地区双城经济圈建设，本身就是构建以国内大循环为主体、国内国际双循环相互促进的新发展格局的一项重大举措。成渝地区未来要发挥市场优势，打造内陆开放战略高地，通过空间格局的优化，拓展市场空间，着力打通经济循环堵点，贯通生产、分配、流通、消费各环节，形成优势互补、高质量发展的区域经济布局。

二是坚持一体化发展、打造区域协作高水平样板。2020 年 1 月，中央财经委员会第六次会议指出，推动成渝地区双城经济圈建设，要尊重客观规律，发挥比较优势，推进成渝地区统筹发展，促进产业、人口及各类生产要素合理流动和高效集聚。要牢固树立一体化发展理念，做到统一谋划、一体部署、相互协作、共同实施，唱好"双城记"。成渝地区双城经济圈空间布局要服务一体化发展的需要，通过优化空间布局，兼顾不同地区比较优势，为交通基础设施建设、现代产业体系建设、增强协同创新发展能力、加强生态环境保护、强化公共服务共建共享等提供更为科学合理的空间载体。

三是处理好中心和区域的关系，以点带面、均衡发展。2020 年 10 月，中共中央政治局会议审议《成渝地区双城经济圈建设规划纲要》指出，成渝地区要处理好中心和区域的关系，着力提升重庆主城和成都的发展能级和综合竞争力，推动城市发展由外延扩张向内涵提升转变，以点带面、均衡发展，同周边市县形成一体化发展的都市圈。成渝地区双城经济圈空间布局要着眼于协调中心和区域的关系，强化重庆和成都的中心城市的协同和带动作用，既要有利于优化提升"双核"发展能级，又要有利于"双核"更好带动周边地区发展，缩小中心和区域之间的差距，积极改善人均生活水平、公共服务、基础设施等差距，让发展成果更好、更公平地惠及成渝地区。

**（三）统筹把握历史和未来**

一是立足历史和现实。从发展历史来看，成渝地区一直强调"极核"和"轴带"的布局关系，重庆主城和成都的"双核"特征显著，成德绵、成绵乐、成内渝等轴带发展态势良好。城市规模和行政层级都是影响城市要素资源配置能力的重要因素，规模越大、行政层级越高的城市，对于政策红利、优势产业、流动人口等的吸引能力越强，越易形成集聚优势，导致中心—外围发展水平差距明显。成都、重庆中心城区及周边地区发展水平较高，外围腹地县域单元经济产业薄弱，次级节点能级不足，城镇体系不完善。同时，沿江、成南（遂）渝等发展带尚未发育成型，成渝中部地区、达万地区等区域经济发展水平不高，地区之间发展差异大。

二是着眼趋势和未来发展。从发展趋势来看，重庆、成都两地均已进入都市圈快速发展阶段，随着成灌铁路、成渝中线高铁、重庆市域（郊）铁路渝合线、璧铜线等加快建设，都市圈1小时通勤圈、城市群1小时交通圈加快形成，促使成渝两地中心城市的产业和功能外溢态势初步显现。环中心城区的外围地区成为了人口和经济的高增长地区，重庆中心城区向主城新区外溢显著，开始形成环重庆工业快速增长区域，而成都呈现中心集聚与区域外溢并存的现象。以重庆科学城、成都东部新区为代表的城市新区建设，进一步加快了外围地区承接中心城市的功能扩散转移。

# 第二节　双核发展能级提升

2020年10月16日，中共中央政治局审议《成渝地区双城经济圈建设规划纲要》要求，要处理好中心和区域的关系，着力提升重庆主城和成都的发展能级和综合竞争力，推动城市发展由外延扩张向内涵提升转变。

## 一、双核引领特征

重庆和成都作为成渝地区两大核心城市，近 10 年常住人口增长 948.7 万人、经济体量增加 2.7 万亿元、建成区面积扩张近 1 倍，在成渝地区经济社会发展中具有重要支撑作用。随着人口、经济及各类要素的加速聚集，两大核心城市呈现出"要素高度集聚、城市内部集聚与疏散并行"的特征，逐渐面临对外辐射带动不足、绿色发展水平不高、突发事件风险隐患较大等问题。

### （一）双核要素高度集聚

一是人口集聚。2020 年成都市常住人口 2093.78 万人，占全省 25.0%，比 2010 年提高 6.2 个百分点；城镇化率 78.77%，比 2010 年提升 15.26 个百分点，比全省平均水平高 22.04 个百分点。重庆市常住人口 3205.42 万人，其中主城都市区①常住人口 2112.23 万人，占全市 65.9%，比 2010 年提高 4.8 个百分点；城镇化率 69.46%，比 2010 年提升 16.43 个百分点。

二是经济集聚。2020 年，成都市地区生产总值占全省 36.5%，比 2010 年提高 4.2 个百分点，经济首位度由 5.78 提高至 5.89。成都市上市公司达到 125 家，占省 91.9%。重庆主城都市区地区生产总值占全市的 77.0%。

三是高端要素集聚。成都市投入研究与试验发展经费为 551.40 亿元，占全省 52.3%；有效发明专利数量 50172 件，占全省的 71.3%。重庆主城都市区投入研究与试验发展经费占全市 94.1%，有效发明专利数量占全市 94.8%。

四是公共服务资源集聚。2020 年，成都市三甲医院数量为 51 家，占全省 58.0%；普通高等院校数量 65 家，占全省 48.5%。重庆主城都市区三甲医院数量占全市 51.3%。

---

① 重庆主城都市区包括共 21 个区 +1 地级市，面积 27068.36 平方千米。"中心城区"包括渝中、大渡口、江北、沙坪坝、九龙坡、南岸、北碚、渝北、巴南，面积 4476.2 平方千米；"主城新区"包括涪陵、长寿、江津、合川、永川、南川、綦江、大足、璧山、铜梁、潼南、荣昌，面积 22592.15 平方千米。

### （二）双核内部集聚与疏解并行

一是核心城区持续集聚。人口规模密度进一步提高，2020年，成都市中心城区①常住人口1505.6万人，占全市71.9%，比2010年提高8.5个百分点；成都市主城五区②常住人口571.3万人，比2010年增长了97.1万人，占全市27.3%，比2010年提高4.7个百分点。成都市主城五区人口密度高达1.35万人/平方千米，与北京五环内人口密度相当，比2010年增加了20.5%，其中人口密度最高的武侯区、锦江区人口密度分别达1.58万人/平方千米、1.48万人/平方千米。2020年，重庆主城九区③常住人口1034.34万人，人口密度0.47万人/平方千米，比2010年增加38.7%，其中渝中区人口密度最高，达到2.53万人/平方千米，其余各区由于空间尺度较大，人口密度均在0.5万人/平方千米以下。同时，经济水平进一步增强，2020年成都主城五区地区生产总值为7551.1亿元，占全市比重达42.6%，高于2010年的41.2%。重庆主城九区地区生产总值达到9820亿元，占全市39.3%，高于2010年的38.4%。

二是近郊区疏解效果初显。近郊区县承载能力明显增强，2020年，成都市龙泉驿区、青白江区、新都区等近郊六区常住人口721.94万人，比2010年新增人口292.3万人，占成都市新增人口的50.2%。2020年，重庆主城九区常住人口比2010年增长288.6万人，占重庆市新增人口的90.0%。同时，城市框架持续拉大，2019年，成都市建成区面积为949.58平方千米，约为2010年建成区面积的2倍；人均住宅建筑面积为45.4平方米，比2010年增加了53.9%。2019年重庆市建成区面积为1515.4平方千米，约为2010年的1.74倍。2010年、2020年成都和重庆经济社会分圈层情况变化见图4-2-1、图4-2-2，圈层人口密度见图4-2-3。

---

① 成都中心城区包含11个市辖区（行政区）和2个经济功能区，面积3732.06平方千米。即锦江区、青羊区、金牛区、武侯区、成华区、新都区、郫都区、温江区、双流区、龙泉驿区、青白江区11个行政区和成都高新区、天府新区成都直管区2个功能区。

② 成都主城五区包括锦江区、青羊区、金牛区、武侯区、成华区，面积424.06平方千米。

③ 重庆主城九区包括江北、南岸、九龙坡、沙坪坝、巴南、渝北、北碚、大渡口，面积4476.21平方千米。

■2010年　■2020年

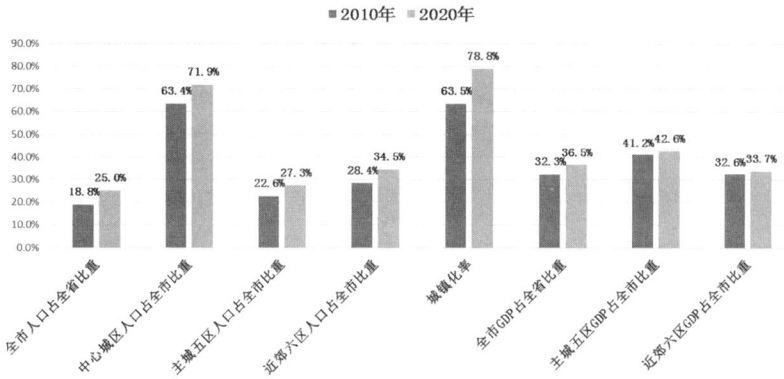

图 4-2-1　2010 年、2020 年成都经济社会分圈层情况变化

■2010年　■2020年

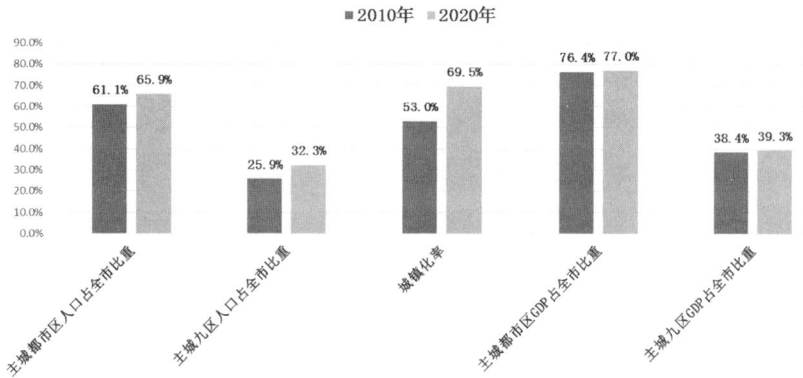

图 4-2-2　2010 年、2020 年重庆市经济社会分圈层情况变化

■2010年　■2020年

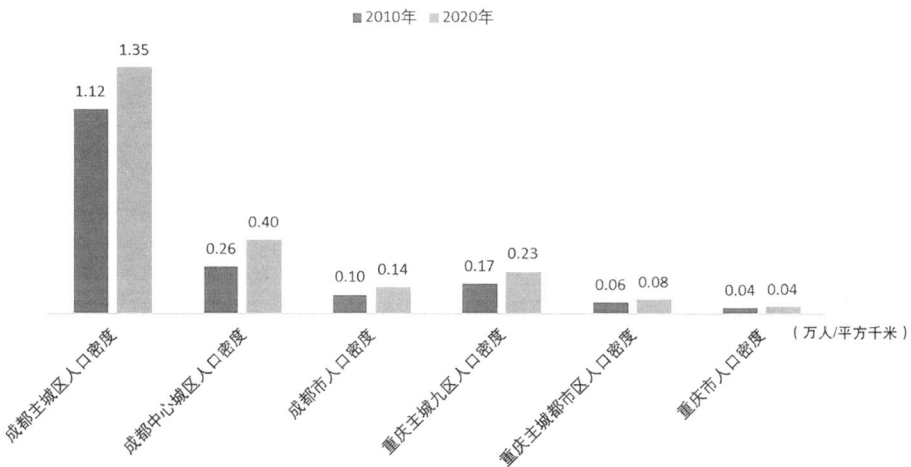

图 4-2-3　2010 年、2020 年成都、重庆分圈层人口密度

## （三）城市影响力持续提升

根据全球化与世界城市研究机构 2020 年的《GaWC 世界城市名册》，重庆、成都在全球分别为 Beta 和 Beta+，对比 2012 年 High Sufficiency 级别，提升了 5—6 个级别。在中国社会科学院发布的《2020 年国家中心城市指数报告》中，从政治、教育、文化、医疗、交通、金融、科技、交通、贸易、信息、对外交往等 10 个维度考虑，重庆、成都分别排名第八和第六位。

## 二、双核面临问题

### （一）对外辐射带动不足

一是对外联系强度偏弱。根据百度 2021 年 11 月 1 日的迁徙数据，重庆市、成都市的对外联系强度约为上海市的 40%、60%。二是对外辐射过于分散。成都市与紧邻的德阳、眉山联系最为紧密，但也仅为 12.01%、10.2%；远低于上海市与苏州市的 28.05%、深圳市与东莞市的 30.35%、广州市与佛山市的 30.60%。三是周边城市规模等级偏小。在四川省城镇体系中，成都市一城独大，为超大城市；在其剩余城市中，特大型城市 0 个，II 型大城市 5 个，中型城市 9 个，小型城市 20 个（图 4-2-4）。

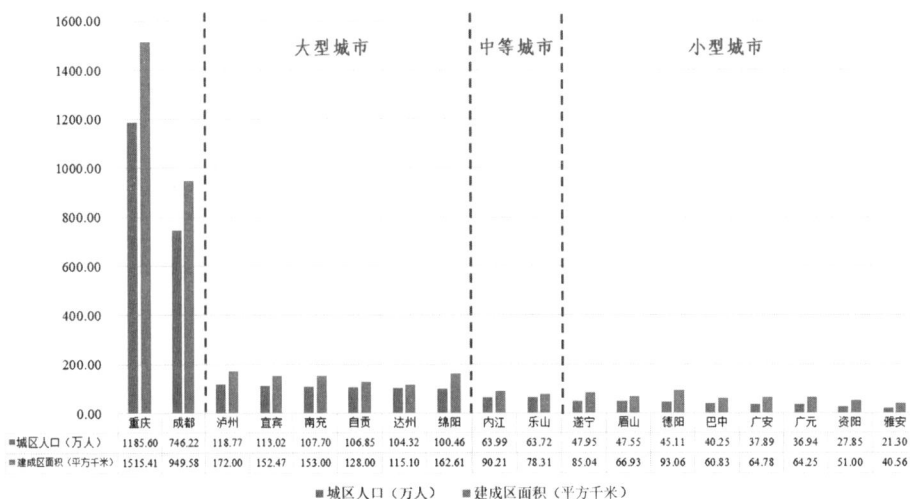

| | 重庆 | 成都 | 泸州 | 宜宾 | 南充 | 自贡 | 达州 | 绵阳 | 内江 | 乐山 | 遂宁 | 眉山 | 德阳 | 巴中 | 广安 | 广元 | 资阳 | 雅安 |
|---|---|---|---|---|---|---|---|---|---|---|---|---|---|---|---|---|---|---|
| 城区人口（万人） | 1185.60 | 746.22 | 118.77 | 113.02 | 107.70 | 106.85 | 104.32 | 100.46 | 63.99 | 63.72 | 47.95 | 47.55 | 45.11 | 40.25 | 37.89 | 36.94 | 27.85 | 21.30 |
| 建成区面积（平方千米） | 1515.41 | 949.58 | 172.00 | 152.47 | 153.00 | 128.00 | 115.10 | 162.61 | 90.21 | 78.31 | 85.04 | 66.93 | 93.06 | 60.83 | 64.78 | 64.25 | 51.00 | 40.56 |

图 4-2-4　成渝地区城市人口及建成区面积对比（2019 年）

## （二）绿色生产生活方式有待强化

2019 年，成都单位地区生产总值能耗持续下降，较 2018 年下降了 1.04 个百分点，但不及全省 2.84 个百分点的降速。与四川省其他城市相比，成都市环境质量有待提升。2020 年，成都市建成区绿地率为 36.9%，比 2010 年降低 0.2 个百分点；2020 年，成都市空气质量综合指数 4.41，在四川全省排名第 21 位。

## （三）民生服务保障有待提升

以户籍制度为例，虽然成都采取一系列户籍改革政策，但其常住人口城镇化率与户籍人口城镇化率差距不断扩大。2020 年，成都市常住人口城镇化率达到 78.77%，比 2010 年（63.51%）提高 15.26 个百分点，但常住人口与户籍人口城镇化率差值从 2010 年的 6.86% 扩大至 2020 年的 16.23%。

## （四）突发事件仍面临较大风险

社会安全治理方面存在较大压力，2019 年，成都市发现受理治安案件 18.9 万起，占全省的 45.1%，刑事案例立案 8.9 万起，占全省的 39.2%。

造成以上问题的原因，一是重庆、成都正处于集聚发展阶段。到 2020 年底，重庆、四川的城镇化率分别为 69.46% 和 56.73%（成都市城镇化率 78.77%），均处于城镇化快速增长阶段。同时，重庆、成都两个中心城市的发展水平与京沪深穗等发达城市相比还有一定差距，2020 年，成都市人均地区生产总值为 8.46 万元，重庆主城都市区人均地区生产总值为 9.11 万元，与北京相比还有约 10 年发展差距，当前各类要素正处于加速聚集阶段。二是现行公共资源配置方式加剧集聚。我国财税体制、城镇建设用地指标、公共服务资源、人员机构编制等通常按城市行政等级配置。行政等级越高的城市，获得的公共服务资源布局和资金土地等要素支持越多。而规模较大城市通常具有更高的规模经济效应，这也形成了资源要素投入和人口经济集聚的互促效应，导致超大特大城市不断膨胀。三是城市间协同发展的体制机制尚未建立。目前，对于城市发展的评价和考核限定在城市行政范围内，城市发展各自为政，行政壁垒较为突出，城市间难以实现协同发展。如产业发展方面，由于跨城市的经济社会发展各项指标的统计方式尚未建立，超大特大城市带动周边地区的效果难以评价、积极性不高。

## 三、提升双核发展能级和综合竞争力

《规划纲要》明确提出，要提升双城发展能级，面向新发展阶段、着眼现代化，优化重庆主城和成都功能布局，全面提升发展能级和综合竞争力，引领带动双城经济圈发展。到2025年，重庆、成都作为国家中心城市的发展能级显著提升，区域带动力和国际竞争力明显增强。

### （一）增强"双城动力源"

优化重庆主城和成都功能布局，增强国际门户枢纽城市辐射功能和全球资源配置能力，培育发展现代产业集群，全面提升"双核"发展能级和综合竞争力。发挥长江黄金水道、国际枢纽机场、国际铁路港及中欧班列等比较优势，完善立体大通道体系，高效联通国际国内主要市场。通过推进新型基础设施建设，优化综合性国家科学中心等国家级战略功能平台布局，提升重庆主城区、成都在电子信息、生物医药、人工智能和新能源汽车等领域的前沿引领技术创新、产业创新和工程研究能力，大力发展科技金融等创新服务，塑造创新生态体系，打造高等教育、医疗等国家级公共服务区域分中心，促进主城区强身健体。

### （二）提升双城发展能级

重庆、成都作为国家中心城市，《规划纲要》对两大中心城市在新时代的功能定位、能级提升路径都提出了明确要求。

重庆。以建成高质量发展高品质生活新范例为统领，在全面深化改革和扩大开放中先行先试，建设国际化、绿色化、智能化、人文化现代城市，打造国家重要先进制造业中心、西部金融中心、西部国际综合交通枢纽和国际门户枢纽，增强国家中心城市国际影响力和区域带动力。以长江、嘉陵江为主轴，沿三大平行槽谷组团式发展，高标准建设两江新区、西部（重庆）科学城等，重塑"两江四岸"国际化山水都市风貌。

成都。以建成践行新发展理念的公园城市示范区为统领，厚植高品质宜居优势，提升国际国内高端要素运筹能力，构建支撑高质量发展的现代产业体系、创新体系、城市治理体系，打造区域经济中心、科技中心、世界文化名城和国际门户枢纽，提升国家中心城市国际竞争力和区域辐射力。高水平建设天府新区、西部（成都）科学城等，形成"一山连两翼"城市发展新格局。

# 第三节　现代化都市圈培育

都市圈是城市群的核心和推进新型城镇化的重要载体。《规划纲要》明确提出，要把握要素流动和产业分工规律，围绕重庆主城和成都培育现代化都市圈，带动中心城市周边市地和区县加快发展。

## 一、都市圈与双城经济圈的关系

都市圈是城市群内部以超大特大城市或辐射带动功能强的大城市为中心、以 1 小时通勤圈为基本范围的城镇化空间形态。成渝地区双城经济圈包括重庆、成都两个都市圈（图4-3-1），即一个经济圈包含两个都市圈，并强化两个都市圈对南、北两翼带动作用，共同形成全国高质量发展的重要增长极和新的动力源。

到 2020 年底，重庆、成

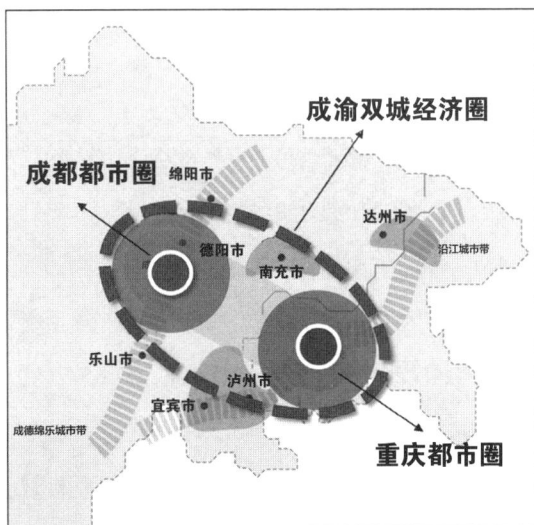

图 4-3-1　成渝地区双城经济圈
与都市圈关系示意图

都两大都市圈面积仅占成渝地区双城经济圈的33%，但常住人口、经济总量分别占成渝地区的53%、66%（表4-3-1）。

表4-3-1　两大都市圈与成渝地区双城经济圈关系（2020年）

| 都市圈及对应情况 | 常住人口（万人） | 经济总量（万亿元） | 面积（万平方千米） |
|---|---|---|---|
| 重庆都市圈 | 2440 | 2 | 3.5 |
| 成都都市圈 | 2761 | 2.5 | 2.64 |
| 成渝双城经济圈 | 9798 | 6.6 | 18.5 |
| 两大都市圈占比 | 53% | 68% | 33% |

注：1. 根据《成都都市圈发展规划》，成都都市圈以成都市为中心，与联系紧密的德阳市、眉山市、资阳市共同组成。主要包括：成都市，德阳市旌阳区、什邡市、广汉市、中江县，眉山市东坡区、彭山区、仁寿县、青神县，资阳市雁江区、乐至县。

2. 根据《重庆都市圈发展规划》，重庆都市圈由重庆中心城区和紧密联系的周边城市共同组成，包括重庆的渝中、大渡口、江北、沙坪坝、九龙坡、南岸、北碚、渝北、巴南、涪陵、长寿、江津、合川、永川、南川、綦江（万盛）、大足、璧山、铜梁、潼南、荣昌和四川广安全域。

## 二、都市圈发展特征

重庆、成都都市圈经济社会发展持续向好，是全国经济发展最活跃、创新能力最强、开放程度最高的区域之一，一体化程度持续提高，具备共建现代化都市圈的良好基础。

常住人口持续增长。2020年，成都都市圈常住人口2821.64万人，相比2010年2259.09万人，增加562.55万人，增长24.9%。其中，成都增加581.90万人、德阳减少15.96万人、眉山增加0.47万人、资阳雁江区减少3.86万人。2020年，重庆都市圈常住人口2437.73万人，相比2010年2054.45万人，增加383.28万人，增长18.7%。其中，重庆主城9区增加288.58万人、增长38.7%，重庆12个拓展区增加89.75万人、增长9.08%，广安增加4.94

万人、增长 1.54%。

综合实力显著增强。成都都市圈在电子信息、汽车制造、重大装备、航空航天、生物医药等先进制造业发展壮大，数字产业加速成长，文体旅游、现代物流、商业贸易、金融服务等现代服务业集聚发展，2020 年，成都都市圈经济总量占我国西部地区的比重超过 10%，成都市经济总量居全国省会城市第 2 位。重庆都市圈在电子信息、汽车、高端装备、数字经济等领域形成了一批具有较强竞争力和较大成长潜力的产业集群。

区域创新优势明显。成都都市圈科研机构、科技人员规模名列中西部前茅，拥有普通高等学校 72 所，国家重点（工程）实验室等国家级创新平台超过 120 个，集聚高新技术企业超过 6000 家。重庆都市圈创新资源加速集聚，西部（重庆）科学城、两江协同创新区、广阳岛智创生态城高起点高标准规划建设，一批重大科技创新平台密集落地。

内陆开放高地成效显著。重庆都市圈构建起东南西北空立体通道体系和空铁水公口岸体系，门户枢纽地位凸现，人文交流和经贸往来密切。成都都市圈国际门户枢纽地位凸显，成都双流国际机场和成都天府国际机场实现"两场一体"运营、航空旅客吞吐量居全国前列，拥有亚洲最大的铁路集装箱中心站，中欧班列（成都）开行量居全国前列，国际空港、铁路港的"双枢纽"格局加速形成。

生态宜居特色突出。成都都市圈资源禀赋优越、人文底蕴厚重，沿龙门山、龙泉山、岷江、沱江等生态屏障进一步筑牢，便利共享的公共服务体系逐步完善，"天府之国·安逸生活"吸引力不断提升。重庆都市圈山水相连、人缘相亲、文化一脉，渝广合作走深走实。

同城化发展起势见效。成都都市圈在规划统筹、设施对接、产业协作、公共服务共享、生态环境共治等方面形成良好局面，成德临港经济产业带、成眉高新技术产业带、成资临空经济产业带加快建设，青白江—广汉、简阳—雁江、蒲江—丹棱等 8 个交界地带融合发展示范区启动建设。

## 三、优化都市圈发展布局

以发挥优势、彰显特色、协同发展为导向，顺应产业升级、人口流动、空间演进趋势，构建极核引领、圈层推进、轴带辐射、多点支撑的都市圈空间格局。

加快编制实施重庆、成都都市圈发展规划，培育发展成渝两大现代化都市圈，辐射带动周边城市和区县高质量发展。发挥市场配置资源的决定性作用，顺应产业升级、人口流动和空间演进趋势，适度疏解成渝城市主城区非核心功能，创新合作方式共同建设区域性大型基础设施项目和新型产业发展平台，推动都市圈内各城市间专业化分工。建立中心城市牵头的都市圈协调推进机制，以轨道交通为重点健全都市圈交通基础设施，探索建设跨行政区的都市圈轨道交通体系，有序规划建设城际铁路和市域（郊）铁路，推进中心城市轨道交通向周边城镇合理延伸，实施"断头路"畅通工程和"瓶颈路"拓宽工程，畅通中心城市辐射带动周边县区发展的通道，加快构建都市圈"1小时通勤圈"。

### （一）构建"两轴"打造"三带"

构建"两轴"。完善都市圈东西城市轴线，建设成资大道和市域（郊）铁路，推动成都东进和重庆西扩相向发展，强化成都东部新区与重庆联动的重要支点作用，夯实成渝发展主轴。加快建设天府大道北延线，畅通天府大道眉山段，推动南北向市域（郊）铁路有序发展，强化四川天府新区、成都国际铁路港经济技术开发区的辐射带动作用，打造成德眉发展轴。

打造"三带"。统筹推进重大平台联动建设，共建都市圈高能级发展空间载体。共建成德临港经济产业带，协同提升物流枢纽和开放口岸功能，建设高端能源装备产业集群和"5G+工业互联网"融合应用先导区。共建成眉高新技术产业带，协同提升现代科技服务发展能级、强化创新资源集聚转化功能，打造高新技术产业集聚地和现代服务业发展示范区。共建成资临空经济产业带，加快形成临空经济产业专业化分工协作体系，协同提升、汇聚、运筹高端资源要素功能，合力打造国家级临空经济示范区。

### （二）促进大中小城市和小城镇协调发展

优化提升成都中心城区功能。充分利用成都主城发展能级较高的优势，积极带动周边中小城市和小城镇发展。统筹兼顾经济、生活、生态、安全等多元需要，转变城市发展方式，加强城市治理中的风险防控，促进高质量、可持续发展。推进中心城区瘦身健体，有序疏解一般性制造业、专业市场等功能和设施，引导优质公共服务资源向周边辐射延伸，合理控制开发强度和人口密度。加快建设践行新发展理念的公园城市示范区，高标准建设四川天府新区、成都东部新区、成都高新区、西部（成都）科学城，打造全国重要的经济中心、科技创新中心、世界文化名城和国际门户枢纽，提升国家中心城市国际竞争力和区域辐射力。建设产城融合、职住平衡、生态宜居、交通便利的郊区新城，推动多中心、组团式发展。

完善德阳、眉山、资阳宜居宜业功能。立足各自发展基础，主动承接成都功能疏解和产业转移，共享成都发展环境、发展资源和发展平台，逐步增强人口和经济集聚能力。支持三级医院和新建高校、高校新建校区在三市布局，增加医疗教育等优质公共服务资源配置，显著提升城市功能品质和宜居宜业水平。推动德阳强化与成都国际铁路港经济技术开发区协作，充分发挥现代物流、职业教育优势。推动眉山充分利用四川天府新区平台资源，显著提升创新成果转化、商贸物流和休闲度假功能。推动资阳与成都东部新区联动发展，积极建设成都天府国际机场临空经济区，打造临空经济高地、先进制造基地和生态文化江城。

增强县城（县级市）承载能力。立足自身特色资源，充分发挥与成都空间距离近、综合成本低的优势，培育形成若干卫星城，打造都市圈发展的节点支撑。统筹优势产业发展和农业转移人口就近就业，推动产业配套设施、市政公用设施、公共服务设施、环境基础设施提级扩能，提升县城综合承载力和服务配套功能。成都东部县市要把握成都东进契机，着力夯实制造业基础。成都西部县市要落实成都西控要求，强化生态环境保护，加快探索生态价值转化方式。外围县市要积极服务和融入中心城市发展。深化县城新型城镇化示范和"小县优城"试点，稳步有序推动符合条件的县改市。

因地制宜发展小城镇。支持小城镇对接大中小城市需求，加强与周边城市的规划统筹、功能配套，融入城市发展。实施中心镇基础设施、公共服务、产业集聚、环境风貌、文化传承、城镇治理"六大提升行动"。完善小城镇市政和公共服务功能，因地制宜发展先进制造、商贸物流、文化旅游、现代农业等产业。支持镇区常住人口 10 万以上的特大镇按同等城市标准配置教育医疗资源，支持有条件的镇建成县域副中心。

**（三）加快交界地带融合发展**

发挥成德眉资毗邻地区经济联系紧密、人文交往频繁的比较优势，推动交界地带在规划布局、交通连接、产业协作、政务服务等方面探索创新合作模式，打造同城化发展若干支撑点。支持彭州—什邡、青白江—广汉、金堂—中江、四川天府新区成都直管区和眉山片区、蒲江—丹棱、新津—彭山、简阳—雁江—乐至等区域开展交界地带融合发展试点，推动其他交界地带融合发展。

# 第四节　双圈互动两翼协同

依托资源禀赋、人员往来、产业联系等方面优势，强化区域中心城市互动和毗邻地区协同，优化成渝地区双城经济圈协同发展格局。

## 一、区域发展特征

### （一）人口及经济密度相对较低

成渝中部地区和南北两翼地区人口密度、经济密度相对较低。成渝中部地区平均人口密度仅 547 人 / 平方千米，其中资阳的安岳县、乐至县，遂宁的安居区等常住人口密度均不足 500 人 / 平方千米。成渝南北两翼人口密度更低，平均不足 400 人 / 平方千米，其中泸州市叙永县不足 200 人 / 平方千米。同时，经济密度也不高，中部地区人均地区生产总值在成渝地区最低，仅 3.71 万元，地均地区生产总值也不高，大部分地区在 1000—2000 万元 / 平方千米。北翼地区人均地区生产总值达到 4.5 万元、南翼地区人均地区生产总值约 5.17 万元，地均地区生产总值也不高，如北翼的云阳县、南翼的兴文县地均地区生产总值均不到 1000 万元 / 平方千米。

### （二）人口总体呈现外流态势

成渝中部地区、南北两翼地区人口总体处于外流态势。从六普到七普的对比数据来看，到 2020 年，成渝地区双城经济圈常住人口总量 9767.67 万人，相比六普（2010 年）9015.98 万人，增加 751.69 万人，增长 8.34%。其中，成都都市圈常住人口增加 562.55 万人，增长 24.9%，重庆都市圈常住人口增加 383.28 万人，增长 18.7%。南北两翼地区常住人口总体相对稳定，其中成渝北翼地区 2010—2020 年常住人口减少 14.77 万人，下降 1.4%；成渝南翼地区 2010—2020 年常住人口减少 3.71 万人，下降 0.3%。相对而言，成渝中部地区人口大幅减少。2020 年，成渝中部地区常住人口 1300.4 万人，相比 2010 年 1492.21 万人，减少 191.81 万人，下降 12.9%。其中，南充减少 67.1 万人，下降 10.69%，遂宁减少 43.84 万人，下降 13.48%，内江减少 56.21 万人，下降 15.18%，资阳市安岳、乐至县减少 24.66 万人，下降 14.6%。

### （三）与双核联系强度不够紧密

在成渝地区内部，联系主要以成渝"双核"为中心展开。从客流看，以成渝、成德绵眉乐、成都—达州和重庆—万州等联系最为密切。成渝之间联系强度高达 1460 万人次每年，高于距离相当的济南—青岛之间 1350 万人次每年的联系强度，达到上海和南京间联系强度的一半。值得注意的是，距离"双核"更近的成渝中部地区，与"双核"之间的联系强度并不高，大多保持在 500 万人次每年以下，进一步印证了中部地区的"塌陷"。

## 二、推动轴向拓展，促进双圈互动

依托成渝北线、中线和南线综合运输通道，夯实成渝主轴发展基础，推动重庆、成都都市圈相向发展，强化重庆都市圈和成都都市圈互动。通过强化轴带支撑，促进产业、人口及各类生产要素合理流动和高效集聚，推进成渝中部地区崛起、南北两翼振兴，实现优势互补，不断提升区域功能和发展能级。

### （一）加强轴带联系

一是加密成渝间的轴向联系。除成渝主轴外，依托成南达万铁路和沿江通道在北部和南部布局两条新的轴线，进一步密切"双核""双圈"之间的联系，强化中心城市对成渝中部地区的辐射带动。

二是促进沿江城市协调发展。依托长江黄金水道、渝昆、渝万高铁等，发挥重庆辐射带动作用，形成重庆至成渝北翼、南翼的沿江发展轴，带动永川、泸州、宜宾、涪陵、万州等沿线城市发展，探索建立沿江城市间生态保护、环境治理和旅游、港口等资源协同开发的市场化机制。

三是促进成南达万发展轴成型。依托成南达万高铁、达成铁路、达万铁路等综合交通网络，形成成都至万州的成南达万发展轴，建立成都平原到长江"黄金水道"的便捷联系通道，辐射带动遂宁、南充、达州、万州等城市发展。

四是完善成德绵乐自宜城市带。依托西成高铁、宝成铁路、成贵高铁、成自宜城际铁路和成绵、成乐、成自泸高速公路等构成的综合运输通道，发挥成都辐射带动作用，辐射带动绵阳、德阳、乐山、眉山、自贡、宜宾等城市发展，形成若干区域中心城市，强化成渝地区双城经济圈次级支撑。

### （二）补齐中部地区"短板"

以南充、遂宁、潼南、资阳、内江为重点，着力破解发展动力不足、"双核"辐射带动作用不彰的困局。加强机场、轨道等交通基础设施布局，搭建川渝毗邻地区产业合作发展平台，推动遂宁潼南、资阳大足等一体化发展，主动承接成渝地区和东部沿海发达地区产业转移，强化为成渝"双核"配套服务的能力，完善城乡融合试验区相关政策，建设成渝中部产业聚集区。

### （三）丰富"极点支撑"

一是支持绵阳建设省域副中心城市。依托中国（绵阳）科技城，适当疏解成都的教育、医疗和科技服务，发展电子信息等特色优势产业，增强区域服务功能。

二是支持县域经济发展。以县城城镇化补短板强弱项为抓手，促进县城（县级市城区）完善基础设施，增强要素承载能力，集聚更多人口，壮大市场规模。

三是支持具备一定合作基础的邻近市（县、区）抱团发展。支持内（江）自（贡）同城化、阆苍南一体化先行先试，形成多极点共同支撑双城经济圈的新格局。

## 三、提升战略地位，推进两翼协同

一是振兴北翼。发挥万州作为双城经济圈东出门户枢纽的区位优势，建设重庆市域副中心城市，促进万州与达州、开州等周边县区协同发展，合作开发利用优势资源，建设东出北上综合交通枢纽、巴蜀文化传承创新和旅游发展高地。加强成渝北翼与双核联动，积极承接产业和人口转移，打造带动三峡库区、渝东北川东北及川渝陕鄂交界地区发展的区域增长极。完善联系腹地的基础设施，强化铁路、港口协同联动，构建现代货运物流体系，加快区域等级公路建设和升级改造，加强高速公路、普通国省干线、农村公路和航道等有效衔接。共建长江上游绿色生态屏障，探索建立统一的生态环境保护制度规则，统一保护标准和环境准入政策。

二是做强南翼。抓住西部陆海新通道建设机遇，以宜宾、泸州为重点，以对外开放和产业平台为纽带，协同长江岸线保护开发，加快推进长江上游区域中心城市、全国性综合交通枢纽建设，共建双城经济圈南向开放门户，谋划衔接服务"一带"与"一路"、带动川滇黔渝交界地区发展的区域增长极。加强基础设施互联互通，加快建设成自宜高铁、渝昆高铁等铁路，加密高速公路网络，提升水运航道通行能力和区域支线机场运载能力。合作共建产业园区，协同承接产业转移，统筹规划建设省级新区，打造产业和人口优势承载地。加大空间资源供给，优化功能布局，完善城市配套功能，加快补齐基础设施和公共服务设施短板。

# 第五节 毗邻地区合作

川渝毗邻地区山川河流相连、文化血脉相通、资源禀赋相近，推动毗邻地区合作对深化川渝合作、探索经济区与行政区适度分离、推动区域协调发展具有重要意义。推动成渝地区双城经济圈建设以来，川渝毗邻地区合作取得积极进展，但也面临行政壁垒仍然明显、支持政策仍显不足、发展诉求存在差异、政策标准尚不统一四大难题。建议完善顶层制度、加强规划引领、以项目为牵引推进务实合作、创新利益共享和合作机制。

## 一、合作进展

2020 年 7 月，川渝两省市印发《川渝毗邻地区合作共建区域发展功能平台推进方案》，提出全面落实中共中央关于推动成渝地区双城经济圈建设的战略部署，认真落实四川省委"一干多支、五区协同"区域发展和重庆市委"一区两群"协调发展布局要求，推动川渝毗邻地区合作共建一批各具优势和特色的区域发展功能平台，探索经济区与行政区适度分离，促进要素自由流动，提高资源配置效率，率先在规划统筹、政策协调、协同创新、共建共享等方面取得实质性突破，为成渝地区双城经济圈高质量发展提供重要支撑。

### （一）功能平台布局

围绕川东北渝东北地区一体化发展布局建设功能平台。探索建立一体化发展体制机制，协同打造北向东向出渝出川综合交通枢纽，合作开发利用优势资源，持续巩固脱贫攻坚成果。加快创建万达开川渝统筹发展示范区，推动梁平、垫江、达川、大竹、开江、邻水等环明月山地区打造明月山绿色发展示范带，支持城口、宣汉、万源建设革命老区振兴发展示范区。

围绕成渝中部地区协同发展布局建设功能平台。推进成渝中部地区产业布局一体谋划，主动承接成渝地区和东部沿海发达地区产业转移，强化为成渝"双核"配套服务的能力。推动广安、渝北共建高滩茨竹新区，支持合川、广安、长寿打造环重庆主城都市区经济协同发展示范区，推进遂宁、潼南建设一体化发展先行区，推动资阳、大足共建文旅融合发展示范区。

围绕川南渝西地区融合发展布局建设功能平台。加强基础设施互联互通、产业协作共兴，合作共建产业园区，协同承接产业转移，探索区域融合、产城融合、城乡融合发展新机制。推动内江、荣昌共建现代农业高新技术产业示范区，加快泸州、永川、江津以跨行政区组团发展模式建设融合发展示范区。

**（二）主要任务**

建立互联互通的基础设施支撑体系。加快平台区域等级公路建设和升级改造，加强高速公路、普通国省干线、农村公路和航道工程规划建设有效衔接，打通"断头路""宽窄路"和"瓶颈路"，构建通勤体系，形成外联内畅的综合交通网络。强化铁路、水运港口协同联动，推进铁路进港口、大型公共企业和物流园区，构建现代货运物流体系。加快建设5G、工业互联网、特高压线路等新型基础设施，推动油气基础设施互联互通。搭建区域发展公用平台，提高研发设计、数字化转型、检验检测、仓储物流、网络营销、现代金融等生产服务配套能力。

探索建立协作共兴的区域产业体系。推动平台区域承接东部地区和境外产业链整体转移、关联产业协同转移，集中力量培育壮大主导产业。围绕关联性强、契合度高的汽车摩托车、电子信息、装备制造、特色资源加工、新材料、新能源、食品饮料、生物医药、天然气（页岩气）等产业项目开展深度合作，促进产业链上下游企业协作配套，形成特色鲜明的区域产业链、供应链体系。加强农文旅等优势资源整合，擦亮农业金字招牌。探索以"一区多园"等方式共建产业园区，促进各级开发区和产业集聚区政策叠加、体制机制共用、服务体系共建。深化与两江新区、天府新区、重庆高新区、成都高新区等国家级发展平台协同联动，探索总部、研发、终端产品在成都重庆，生产基地、转化、中间配套在毗邻地区的协同发展模式。

探索建立统一的生态环境保护制度规则。严格执行长江经济带发展负面清单，实行平台区域一张负面清单管两地。有序制（修）订统一的大气、水污染物排放标准。逐步协商统一平台区域环境准入政策，协调开展"三线一单"实施，完善环评审批会商机制。联合开展生态综合补偿试点研究，探索市场化、多元化生态补偿方式。探索建立"联合河长制""联合林长制"，开展跨区域生态环境保护联合执法。健全突发环境事件协作处置机制，加强应急预案对接、应急资源共享、应急处置协作。

探索制定共建共享的公共服务政策。加强区域公共资源统筹和公共服务设施建设，提升优质公共服务供给能力。推动公共服务信息互联、标准互认、资源共享，加快实现异地入学、就医、就业一体化。建立养老、医疗、工伤等社会保险协同互认机制和社会保险基金风险防控合作机制，支持率先实现跨区域门诊业务医保直接结算，推进养老、医疗、失业保险关系无障碍转移接续。开行毗邻地区公交客运班线，探索实行公交"一卡通"。完善户籍迁移便利化政策措施，推动户籍迁移网上办理。建立执法司法联动机制，提升区域一体化执法司法水平。推动公租房保障范围常住人口全覆盖，健全住房公积金跨区域转移接续和互认互贷机制。

探索建立跨区域合作的成本分担和利益共享机制。支持毗邻地区建立跨行政区财政协同投入机制，共同争取国家设立成渝协同发展投资基金。推进税收征管一体化，合理划分园区共建、新设企业等跨区域合作项目产生的财税利益。探索招商引资项目异地流转和企业迁移利益共享机制，强化产业准入、财税支持、要素保障、企业开办等政策协同。

探索建立联动高效的管理运营体制机制。支持通过委托管理、投资合作、共同组建管理公司等形式组建平台管理运营主体，鼓励推进公司化、市场化运营。探索建立统一管理、联合报批、共同实施的规划管理体制。支持符合条件的地方开展土地管理制度改革试点，加强用地保障。加快建立市场准入异地同标机制，推进同一事项无差别受理、同标准办理。推动诚信记录共享共用，协同建立守信联合激励与失信联合惩戒制度。探索实施项目审批、基础设施建设、市场监管等经济管理权限与行政区范围适度分离的体制，推动金融、能源、电信、医疗等服务范围与行政区范围适度分离。

## 二、面临难题

川渝毗邻地区合作两年来，各功能平台积极有序推进，合作框架基本建立、对接交流日益频繁、合作规划加快编制、基础设施加快建设。但当前有关工作刚刚起步，毗邻地区合作中普遍存在社会力量参与不足、实质性成果不多等问题。

### （一）行政壁垒仍然明显

一是行政分隔制约产业合作。毗邻地区由于行政边界分隔，在地方利益导向下，各地往往采取行政手段限制部分要素流通，出台地方保护政策或隐形政策限制部分产业准入，造成毗邻地区难以形成专业化的市场分工，影响产业规模化、集群化发展，致使双边利益受损。二是行政层级不对等制约合作推进。川渝毗邻地区一般以相邻的县与县（区）或市与县（区）进行合作，由于四川省和重庆市下辖县（区）行政层级不对等，一些合作项目报批程序不一致，一定程度上制约合作质效。

### （二）支持政策仍显不足

一是国家层面部分领域缺少跨省级行政区域合作的政策支持，导致毗邻地区联合申报国家级平台或试点面临政策制约。以内江、荣昌共建现代农业高新技术产业示范区为例，作为甘蔗、柑橘等主产区，川渝两省市拟共建国家农业高新技术产业示范区，但依据科技部《国家农业高新技术产业示范区建设工作指引》，无法跨区域联合申报。二是国家层面给予川渝两省市政策不一致，导致毗邻地区合作面临制约。比如，重庆市是永久基本农田转为建设用地审批试点城市，具备自主审批权、流转机制较为顺畅，而四川省仍需报自然资源部审批，程序更为复杂，周期相对更长。

### （三）发展诉求存在差异

一是产业发展竞争大于合作。川渝毗邻地区地理位置相邻，资源禀赋相似，产业发展同质化现象较为普遍。如明月山绿色发展示范带的垫江、邻水、达川在装配式建筑产业都有布局，垫江、长寿均大力发展天然气精细化工。同处现代农业高新技术产业示范区的荣昌区、内江市，都将装备制造、生物医药等作为主导产业。二是交通设施建设诉求不统一。以明月山地区的广垫忠黔铁路为例，四川省及邻水县等坚持选择时速350千米的高速铁路，而重庆市及垫江、长寿等地区希望建设时速200千米的客货两用铁路。

### （四）政策标准尚不统一

一是生态环境管控标准不一致。以明月山绿色发展示范带为例，按照《重庆市"四山"地区开发建设管制规定》，地处明月山东侧的重庆垫江和梁平等区县禁止在明月山开山、采石、建坟、开矿、住宅类房地产开发等以及其他破坏生态环境和自然景观的开发建设活动。但按照四川相关规定，明月山地区不属于四川的风景名胜区，不受《四川风景名胜区管理条例规定》的约束，地处明月山西侧的四川邻水、达川、大竹、开江等区县，管控标准相对较低，部分区域可进行开山、采石等活动。二是土地要素标准差异。以明月山地区毗邻的垫江和邻水为例，重庆垫江县土地流转价格为800—1500元/亩、补助标准为8000元/亩，显著高于四川邻水县600元/亩的流转价格和1500元/亩的补助标准。

川渝毗邻地区受地理区位、自然禀赋、管理体制等多重因素制约，实质合作推进较慢，经济发展水平在成渝地区相对滞后。这其中既有发展内生动力不足的客观原因，也有各自利益导向掣肘合作推进的主观原因。

一是内生动力不足。按照增长极、点轴、中心—外围等空间地理理论，中心城市对外围地区经济发展起着重要作用。川渝毗邻地区均位于各自行政区域边缘，普遍远离重庆主城区和成都"双核"，受到中心城市辐射带动作用有限，要素集聚能力较弱，发展内生动力不足，经济发展水平不高，总体处于"相对均衡无高峰"状态，互补性不强导致经济联系强度低、合作空间有限。

二是缺乏考核引导。受制于当前自上而下的绩效考核，毗邻地区各县区为追求短期发展，不得不将毗邻地区合作放在次要位置。目前川渝省级政府未将毗邻地区合作纳入政绩考核指标，合作过程中也往往出现相互博弈、竞争大于合作的情况。毗邻区县多侧重于自身工作"单打"，抱团发展意识不强，各区县联合向上争取支持和协同推进的"双打""多打"内生动力不强。

三是要素保障不足。川渝毗邻地区各功能平台远离"双核"，人才、技术、资金等要素聚集能力较弱，保障支撑不足。同时，毗邻县、市长期以来发展重点主要围绕各自县城和市区，毗邻乡镇集中了大量的永久基本农田，产业和基础设施项目落地困难，进一步增加了毗邻地区间的合作难度。

## 三、推进建议

### （一）完善顶层制度

一是健全统筹推进机制。在成渝地区双城经济圈川渝党政联席会议机制及协调会议机制下，增设毗邻地区合作专项工作组，高位统筹毗邻地区重大合作事项。二是创新行政管理机制。借鉴长三角生态绿色一体化发展示范区有关做法，四川省纳入毗邻地区合作平台的县及县级市，采取党政主要领导高配，或比照四川省省管县赋予规划、土地、环保等重点领域管理权限，便利两地区县之间合作。三是建立毗邻地区考核机制。由重庆市、四川省共同建立毗邻地区合作考核机制及相关指标，健全区域合作监督和评价机制。

### （二）加强规划引领

一是加强研究。尊重客观规律，以已经确定的十大功能平台为基础，系统研究毗邻地区的经济发展阶段和资源禀赋条件，聚焦交通设施、产业协作等重点领域，推进有条件的毗邻地区加强合作。二是加快编制印发相关规划。编制毗邻地区合作规划和实施方案以及交通、产业等专项规划，明确各功能平台的功能定位、突破方向、合作模式、空间布局等，协调统一交通设施技术标准和各地诉求。

### （三）以项目为牵引推进务实合作

一是联合建立重大项目库。依据毗邻地区相关规划，统筹各区县发展诉求，共同推动实施一批交通互联互通、产业协作共兴、公共服务共建共享、生态环境共保共治的跨区域、牵引性、示范性重大项目，建立毗邻地区重大项目库。二是建立重大项目滚动实施机制。按照统一规划、远近结合、共同实施的原则，统筹推进重大项目实施，近期以取得共识、前期工作有基础的项目为重点加快推进。

### （四）创新利益共享和合作机制

一是创新跨区域合作机制。创新跨区域规划管理、项目审批、财税分享、市场监管等合作方式，建立互利共赢的利益分享机制。按照存量收益由原行政辖区各自分享、增量收益区域分成的原则，制定利益分配方案。二是共同争取国家、省市政策支持。推动毗邻区域各区县共同创建高新区、经济技术开发区、农文旅融合发展示范区等。三是统一生态环保、土地流转补助等标准。建立毗邻地区统一的负面清单，建立统一的大气、水污染物排放和开发管控标准。

# 第五章

# 合力建设现代基础设施网络

新中国成立以来，成渝地区基础设施建设成效显著，综合交通网络日趋完善，能源一体化合作加快推进，水资源高效开发利用，但对外快速通道不畅、枢纽辐射能力不强、能源供给多元化不够、治水防洪能力有待提升等问题仍然突出。新发展格局下，成渝地区要秉持"川渝一盘棋"思维，统筹传统和新型基础设施发展，加快交通设施互联互通、优化能源供给保障、提升防灾减灾能力，协同共建现代化基础设施体系，为高质量发展提供有力支撑。

## 第一节　建设成渝世界级机场群

世界级机场群与世界级城市群相伴而生、联动发展，是服务于世界级城市群发展需求，具有较高国际影响力和控制力，以差异化发展和协同化运行为主要特征的大、中、小机场集合。机场群在全球航空网络中的地位，与城市群在世界城市体系中的地位高度正相关，是城市群参与全球经济分工、提升核心竞争力的重要战略资源。

成渝地区具有连接西南西北，沟通南亚、东南亚的独特优势，在国内国际双循环发展格局中具有不可替代的枢纽地位。成渝地区双城经济圈要建设成为具有全国影响力的重要经济中心、科技创新中心、改革开放新高地、高品质生活宜居地，需要通过世界级机场群的建设，提升对外开放和区域协作水平。成渝机场群作为我国"十四五"期间重点打造的四大世界级机场群之一，相比纽约、芝加哥、东京等世界级机场群，在国际航空枢纽能级、区域机场体系布局、航空运输服务能力等方面，仍有较大不足。

## 一、提高国际航空枢纽能级

纵观世界级机场群，多呈现以一个或多个大型国际航空枢纽为核心的"一主多辅""多主多辅"布局特征。核心枢纽机场的国际竞争力，直接决定了机场群的能级水平。目前，成渝机场群的核心机场成都双流国际机场（简称"双流机场"）、重庆江北国际机场（简称"江北机场"）的国际航空枢纽能级不高，成都天府国际机场（简称"天府机场"）建成不久，潜力还有待发挥。

成渝国际航空枢纽建设，要以提高枢纽机场基础设施保障能力为基础，持续强化国际航路网络覆盖，积极促进枢纽机场与其他交通方式深度融合，形成整体协同效应。

### （一）加强机场基础设施建设

枢纽机场设计容量饱和。2015 年，成都双流机场实现旅客吞吐量约 4224 万人次、货邮吞吐量约 55.7 万吨、飞机起降量约 29.4 万架次，设计容量基本饱和。至 2019 年，双流机场旅客吞吐量达到 5589.5 万人次，已处于超负荷运营。重庆江北机场自 1990 年建成投用以来，先后实施三期扩建工程，至 2017 年 8 月，T3A 航站楼及第三跑道正式启用，江北机场同时运行三座航站楼、三条跑道，保障能力达到年旅客吞吐量 4500 万人次，但至 2019 年底，江北机场年旅客吞吐量已达 4478.7 万人次，提前达到设计目标。目前，江北机场 T3B 航站楼及第四跑道工程已经启动，建成后将达到年旅客吞吐量 8000 万人次、年货运吞吐量 120 万吨、年飞机起降量 58 万架次。

加快推进新机场布局建设。受城市发展、机场建设用地及飞机噪声等因素制约，双流机场原规划的第三条跑道难以实施。为更好适应区域经济社会发展需要，成都新机场自 2011 年启动选址，经过可研、立项、开工等阶段，至 2021 年 6 月开航投运，历时整整 10 年。天府机场一期工程新建 3 条跑道，航站楼面积 71 万平方米，可满足年旅客吞吐量 6000 万人次、货邮吞吐量 130 万吨；远期航站楼总面积 140 万平方米，再建 3 条跑道，满足年旅客吞吐量 1.2 亿人次、货邮吞吐量 280 万吨，与双流机场实现"一市两场"协同运营，将大幅提升成都航空枢纽的基础设施保障能力。重庆江北机场受空域、地形地势、相邻高速公路及城市发展等因素限制，进一步改扩建难度很大，而重庆民航运输市场需求旺盛，建设新机场可有效提升基础设施保障能力和服务水平，应及早研究论证，做好规划预留，适时启动建设。

未来，成渝机场群拥有 4 个枢纽机场，成都、重庆"双核"城市将分别形成"一市两场"布局，通过差异化的功能定位、空域资源的统筹配置、航线航班的互补组织，实现枢纽机场群整体的协同运行，提升成渝国际航空枢纽的能级。笔者对成渝机场群枢纽机场与世界级机场群枢纽机场进行了对比，结果见表 5-1-1。

表 5-1-1　成渝机场群枢纽机场与世界级机场群枢纽机场比较

| 世界级机场群 | 枢纽机场 | 航站楼容量（万平方米） | 跑道数（条） | 停机位 |
|---|---|---|---|---|
| 纽约机场群 | 肯尼迪机场 | | 4 | 128 |
| | 纽瓦克机场 | | 3 | |
| | 拉瓜迪亚机场 | | | |
| 东京机场群 | 成田机场 | 97.7 | 2 | 171 |
| | 羽田机场 | 74.3 | 4 | 74 |
| 京津冀机场群 | 北京首都机场 | 141.0 | 3 | 314 |
| | 北京大兴机场 | 78.0 | 3 | 223 |
| | 天津滨海机场 | 36.4 | 2 | 59 |
| | 石家庄正定机场 | 20.9 | 1 | 69 |
| 长三角机场群 | 上海浦东机场 | 145.6 | 4 | 340 |
| | 上海虹桥机场 | 44.5 | 2 | 155 |

续表

| 世界级机场群 | 枢纽机场 | 航站楼容量<br>（万平方米） | 跑道数<br>（条） | 停机位 |
|---|---|---|---|---|
| 长三角机场群 | 南京禄口机场 | 42.5 | 2 | 143 |
| | 无锡硕放机场 | 10.6 | 1 | 26 |
| | 宁波栎社机场 | 11.2 | 1 | 46 |
| | 杭州萧山机场 | 37.0 | 2 | 127 |
| 粤港澳大湾区<br>机场群 | 广州白云机场 | 118.2 | 3 | 269 |
| | 深圳宝安机场 | 45.1 | 2 | 199 |
| | 珠海金湾机场 | 9.2 | 1 | 23 |
| 成渝机场群 | 成都双流国际机场 | 50.0 | 2 | 228 |
| | 成都天府国际机场 | 72.0 | 3 | 210 |
| | 重庆江北国际机场 | 73.0 | 3 | 209 |

数据来源：作者收集整理。

## （二）拓展枢纽机场航线网络

枢纽机场国际旅客比例偏低。按照《民用航空机场服务质量》MHT 5104-2006、SKYTRAX 机场服务调查、国际航空运输协会（IATA）运行质量标准审计等相关要求，国际航空枢纽通常国际业务水平较高、国际旅客占比超过30%，且能够组织接收数量庞大的航班波，中转旅客比例能够达到 30% 左右。2019 年，成都双流机场完成旅客吞吐量 5589.5 万人次，其中国际旅客量 704.5 万人次，占比 12.6%；重庆江北机场完成旅客吞吐量 4478.7 万人次，其中国际旅客量 342.4 万人次，占比 7.6%，相比 30% 仍有较大差距。同期，北京首都机场国际旅客占比 26.7%，上海浦东、虹桥两机场的国际旅客占比 35%，广州白云机场国际旅客占比 24.6%，基本达到了国际航空枢纽标准。从国际旅客在全国四大机场群分布来看，长三角机场群占比 31%，京津冀机场群占比 20%，珠三角机场群占比 17%，成渝机场群仅占比 6%，可见成渝机场群与国内其他三大机场群相比，也还有很大的提升空间。

织密航线网络扩大枢纽覆盖范围。截至 2019 年底，成都双流国际机场已开通航线 349 条，通航城市 209 个，其中国际（含地区）航线 121 条，国际（含地区）城市 78 个；重庆江北机场累积开通国内外航线 366 条，通航城市 216 个，国际（含地区）航线 95 条，国际（含地区）城市 61 个。双流机场、江北机场的国际航线、通航城市以亚洲为主，且主要集中于南亚、东南亚及日韩等地区，洲际航线的比例以及北美、欧洲、非洲等地区城市占比较小，覆盖不足。对标成渝打造内陆改革开放高地、融入国内国际双循环的门户枢纽，成渝地区枢纽机场需进一步优化拓展国际航线网络，加强衔接全球主要枢纽的航线布局，构建通达欧洲、北美、拉美、南太、印度洋及非洲等地区的航空运输通道，进一步提升与全球主要城市之间的通达性，打造洲际 10 小时、亚洲 5 小时航程圈。同时，适应市场需求加快构建干支衔接的国内航线网络，拓展西部腹地市场空白航点，提升与西部地区城市的通达性，不断强化航空枢纽的区域覆盖与辐射能力。

在拓展国际、国内航线网络的同时，成渝地区枢纽机场需综合运用培育壮大基地航空公司、突破航权约束、简化中转流程等措施，为打造航班波、缩短中转换乘时间、提升旅客中转率等提供保障支撑，进而提升枢纽机场的国际竞争力。

### （三）建设高效集疏运体系

地面道路交通系统压力与日俱增。随着成渝地区航空客运市场增长，成都双流、重庆江北等机场地面道路交通系统压力不断增大，尤其高峰期旅客集散需求超过道路通行能力，拥堵延误大幅提升，制约了机场整体运行效率和服务水平。根据美国联邦航空管理局的研究，当机场旅客年吞吐量超过 1000 万人次时，单一道路交通方式难以满足交通集散需求，需要提供多样化的交通运输服务。国际成功枢纽机场发展经验显示，轨道交通在其地面交通系统中发挥了骨干作用，并具有相当的优越性，承担客流比例达 25%—40%（表 5-1-2）。

表 5-1-2　国外成功枢纽机场引入轨道交通线路及承担客流情况

| 枢纽机场名称 | 引入轨道交通线路名称 | 承担客流比例 /% |
|---|---|---|
| 巴黎戴高乐国际机场 | TGV（巴黎郊区联络线）、RER-B 线 | 32 |
| 德国法兰克福国际机场 | ICE、S-bahn | 27 |
| 伦敦希斯罗国际机场 | 希斯罗特快、地铁皮卡迪利线 | 25 |
| 东京成田国际机场 | JR 成田线、京成本线、成田空港线 | 39 |

数据来源：中国民航工程咨询有限公司：《枢纽机场旅客轨道集疏运系统研究》，2019 年。

强化枢纽机场与多层次轨道交通的一体化衔接。整合"机场 + 多层次轨道交通"资源，提升枢纽机场地面出行效率和服务水平已逐渐成为共识。据研究统计，国外 42 个旅客年吞吐量超过 4000 万人次的枢纽机场，有轨道交通衔接的达 38 个，占比 90.5%；平均衔接轨道交通线路 1.7 条，类型包括干线铁路、城际铁路、市郊铁路及城市轨道交通等；引入城市轨道及市域（郊）线路的 36 个，占比 94.5%；引入高铁、城际铁路的 6 个，占比 15.8%。成渝地区枢纽机场应按照应联尽联原则，强化与干线铁路、城际铁路、市域（郊）铁路、城市轨道交通等衔接联通，形成以机场为核心的现代化综合交通枢纽。目前，成都双流机场、天府机场已经实现与高铁、城际、市域（郊）铁路及城市轨道等多层次轨道交通的高效衔接，重庆江北机场与轨道交通的一体化衔接布局有待加强。

枢纽机场在加强与其他交通方式融合发展的同时，应按照统一规划、统一设计、统一建设、协同管理原则，推动各种运输方式集中布局、空间共享、信息互通、便捷换乘，切实提升枢纽集疏运服务水平。

## 二、完善区域机场体系布局

城市群内的机场布局应在数量、密度、等级上明显超过城市群外地区，并与区域城镇、产业布局相协调，分工明确且相互合作，呈体系化特征。成渝机场群现有机场体系的层次不清晰、布局不合理、功能待完善，下一步应着力增加非枢纽机场数量，完善通用机场布局，扩大航空运输服务覆盖面，建立与区域资源禀赋协调，与经济人口分布、国土空间布局等相适应的机场体系。

## （一）加强非枢纽机场建设

干支结合的轴辐式航运组织尚未形成。成渝地处内陆，地理环境复杂，天然地适宜发展航空运输。由于支线机场布局不完善，双流机场、江北机场的航线组织目前更多采取点对点模式，导致旅客中转率偏低。美国则以更多枢纽机场为中心依托广覆盖的支线航空进行运输组织，呈现干支轴辐式航线网络特征，如芝加哥机场有 63.3% 的航班为支线航班。

完善区域支线机场布局。为提升机场群运输组织效率和服务水平，形成干支结合的机场体系，加强支线机场建设。完成万州五桥机场、黔江武陵山机场改扩建，布局推进乐山、阆中、遂宁、雅安等一批支线机场建设。适时开展广安、遂宁、雅安、万盛、城口、涪陵、秀山等支线机场前期研究工作，以及万州 4E 级干线机场、黔江机场跑道延伸、广安机场建设研究，扩大航空服务覆盖面。坚持市场导向，促进支线机场与成都、重庆枢纽机场的差异化、一体化发展，增加干支之间的航线和航班频次，推动形成轴辐式运输组织模式。

## （二）构建通用机场网络

加快发展通用航空。通用航空是民航两翼之一，成渝地区应加大行业引导力度，优化区域发展平台，加强资源配置和政策协同，着力拓展新兴服务。依托通用机场开展飞行员培训、空中巡查、防林护林等作业飞行，积极拓展应急救援、商务包机、空中摄影等民生功能，开展通用航空旅游试点，支持开发低空旅游线路，鼓励开发空中游览、航空体验、航空运动等航空旅游产品。

完善通用机场布局。根据产业发展、公共服务、市场需求分类布局一批通用机场，按照统一规划、分步实施的原则，分阶段推进通用机场建设。续建绵阳北川、成都金堂通用机场，建设巴中南江、宜宾长宁、绵阳三台、眉山洪雅、南充营山等通用机场，改扩建自贡凤鸣通用机场。鼓励和支持支线机场增设通用航空设施，研究利用大足机场开展通用航空业务，兼顾通用航空服务和保障。统筹推进固定运营基地、飞行服务站、通用航空油料储运等配套基础设施建设。

## 三、全面提升航空运输服务水平

成渝机场群受空域资源制约明显，枢纽机场中转服务保障能力不足，口岸通关、航权等政策环境亟待提升，机场体系协同运行不够，智慧化建设尚在初始阶段，整体服务水平距世界级机场群有较大差距。

### （一）优化空域资源配置

增加空域资源供给。结合成渝区域机场建设和航线网络发展需求，加强与空军部队的汇报衔接，积极争取改善空域条件，保障通往南亚、东南亚国际航路大通道建设，优化东南亚、南亚、中亚等国家经成渝至东北亚、欧洲等地区的航路网络衔接，优化沪蓉、广兰、京昆等国内大通道，推进贵州、广西和西藏、新疆等方向的大容量通道建设。

优化终端区空域结构。深化空域精细化管理改革，推进终端区内军民航联合管制，整合机场群进近管制服务，协同推进空域规划方案实施，加快对民航运行影响较大的军航机场及训练空域进行调整，优化成渝机场群空域运行使用，建立与国际航空枢纽相匹配的空域格局。

### （二）提高机场运营管理水平

完善枢纽机场服务设施。建立与国际航空枢纽建设相匹配的服务保障能力，推进重要节点和领域基础设施改造升级，提升枢纽机场进出港和中转服务保障能力。以中转效率优先为导向，着力改善口岸通关政策环境，优化机场服务设施和流程，提升值机、安检、登机和行李分拣等环节的服务效率，改善旅客出行体验。加大驻场地面单位资源的整合力度，提高飞机靠桥率和地面运行效率。提高机场无线网络覆盖，完善免税购物、休闲娱乐、酒店住宿等相关设施。

优化机场群协同运营管理模式。成都、重庆未来不宜采用新老机场彼此功能相近的"均衡模式"，而应采用功能定位差异化的"互补模式"。统筹考虑新老机场的空域资源配置、驻场航空公司运营、航线航班组织，实现整体互补运行。以市场机制为导向，引导航空公司按照"一市两场"的功能定位，在新老机场合理配置设施和运力资源，重点扶持骨干基地航空公司，科学引导和分配旅客流量。推动两省市机场集团交叉持股，强化城市群机场协同运营，提升协同运行效率，合力打造世界级机场群。

推动新型信息技术在机场建设和运营管理中的应用。加强机场安全防范、生产运行、旅客服务和商业运营等业务环节的信息化集成，提升机场智能化水平，实现成渝机场群与其他运输方式以及相关单位的信息互联互通，构建大数据平台，提升公众出行服务体验。

# 第二节　共建轨道上的双城经济圈

从世界城市群综合交通发展经验看，人口密度与城际交通模式之间具有极大的关联性。人口密度高达 2000 人 / 平方千米的日本东海道城市群，采用了以轨道交通为主体的城际客运交通模式。成渝地区以占全国 1.9% 的国土面积承载全国 6.8% 的人口，人口密度 519 人 / 平方千米，与京津冀城市群人口密度相当，远高于同样采用轨道交通模式的欧洲西北部城市群（317 人 / 平方千米）。

以成都、重庆为核心，统筹干线铁路、城际铁路、市域（郊）铁路、城市轨道等轨道交通资源，建设"轨道上的双城经济圈"，对于强化双圈互动、助力打造高质量发展重要增长极具有支撑作用。同时，成渝地区位于长江上游，生态保护责任重大，充分发挥轨道交通绿色高效比较优势，有利于集约利用通道、土地资源，降低交通运输能源消耗和污染排放，助力及早实现碳达峰、碳中和。

## 一、构建多层次轨道交通网络

我国轨道交通按照服务对象、速度标准等,可分为干线铁路(包括高速铁路、普速铁路)、城际铁路、市域(郊)铁路、城市轨道交通等 4 类。其中,干线铁路主要服务国家及大区域、跨城市群范围,城际铁路主要服务城市群范围,市域(郊)铁路主要服务都市圈,城市轨道交通主要服务中心城市城区(表 5-2-1)。

表 5-2-1　多层次轨道交通指标体系

| 轨道分类 | | 服务范围 | 主要客流 | 设计速度<br>(千米/小时) | 站间距<br>(千米) |
|---|---|---|---|---|---|
| 干线铁路 | 高速铁路 | 国家、大区域<br>跨城市群 | 商务、旅游、探亲 | 250~350 | 30~60 |
| | 普速铁路 | | 务工、探亲、回程 | ≤ 160 | 10~40 |
| 城际铁路 | | 城市群、<br>都市圈 | 商务、旅游、探亲 | 160~200 | 5~20 |
| 市域(郊)铁路 | | 都市圈、<br>中心城区 | 都市圈通勤、休闲 | 100~160 | 3~7 |
| 城市轨道 | | | 中心城通勤、生活 | 80~100 | 0.5~1 |

数据来源:《加快构建都市圈多层次轨道交通体系》,《宏观经济管理》2020 年第 11 期。

近年来,成渝地区轨道交通建设成效显著,以高速铁路、城际铁路、城市轨道为主体的轨道交通网络骨架逐步完善,有力促进了劳动力、资本、技术等经济要素高效流动集聚。截至 2019 年末,成渝地区共有干线铁路 7320 千米,其中高铁里程达到 1271 千米、普速铁路 5049 万千米,市域(郊)铁路 197 千米,城市轨道交通 725 千米,轨道交通总里程在全国 19 个城市群中排名第五(表 5-2-2)。

表 5-2-2　成渝双城经济圈与三大城市群比较

| 指标 | | 成渝城市群 | 京津冀城市群 | 长三角城市群 | 粤港澳湾区 | 全国 |
|---|---|---|---|---|---|---|
| 占地面积（万平方千米） | | 18.5 | 21.5 | 21.1 | 5.6 | 960 |
| 人口（万人） | | 9464 | 11200 | 15209 | 6957 | 139008 |
| 人口密度（人／平方千米） | | 512 | 521 | 721 | 1242 | 145 |
| 地区生产总值（亿元） | | 50398 | 82600 | 165153 | 103000 | 820754 |
| 人均地区生产总值（元／人） | | 53253 | 73750 | 108589 | 148052 | 59044 |
| 城镇化率 | | 56.35% | 68% | 70% | 85.3% | 58% |
| 铁路运营里程（千米） | 高速铁路 | 990 | 1657 | 3749 | 1019 | 25164 |
| | 城际铁路 | 871 | — | — | 368 | 4389 |
| | 干线铁路 | 4855 | — | — | 792 | 97501 |
| 合计 | | 6716 | 9563 | 9996 | 2179 | 127054 |
| 铁路网密度（千米／万平方千米） | | 363 | 445 | 474 | 389 | 132 |
| 高速铁路密度（千米／万平方千米） | | 54 | 77 | 178 | 182 | 26 |
| 高铁占总铁路里程比例 | | 14.74% | 17.3% | 37.51% | 46.76% | 19.81% |
| 人均铁路里程（千米／万人） | | 0.71 | 0.85 | 0.65 | 0.31 | 0.91 |

数据来源：中国城市和小城镇改革发展中心：《我国城市群地区轨道交通发展趋势研究》，2021 年。

与成渝地区双城经济圈的建设要求相比，成渝地区多层次轨道交通发展还存在很多不平衡不充分的问题，如部分对外通道技术标准偏低、能力不足，城市群内部通道缺乏、铁路覆盖仍存在空白，都市圈市域（郊）铁路发展滞后，多层次轨道交通一体化水平不高，铁路客货运枢纽与城市功能产业布局的协调性不强，运输服务质量亟待提高等。

## （一）打造内联外通的干线铁路网

铁路运输服务低于全国平均水平。目前，成渝地区干线铁路网形成了北向、东向、南向和西向多条对外铁路通道，但渝怀、成昆、达成等铁路部分区段能力已经接近饱和，其余大部分线路也能力紧张，加上渝昆高铁、渝西高铁、成都至西宁铁路等通道项目实施推进缓慢，制约了铁路对外运输能力的提升，对外通道速度标准不统一降低了服务品质，导致成渝地区铁路运输服务低于全国平均水平。截至 2019 年底，成渝地区铁路客运量、客运周转量市场份额占比为 18%、23.1%，低于全国的 20.8%、41.6%；铁路货运量、货运周转量市场份额占比为 3.2%、15%，低于全国的 9.5%、15.6%。

构建对外四向客货运大通道。为提升对外联通水平，成渝地区要加快高速、普速干线铁路建设，形成四向拓展的干线铁路网，快速连接全国主要城市群。东向加快建设沿江高铁，规划研究黔江至吉首高铁，快速联通长江中游、长三角城市群，融入长江经济带；南向加快建设成都至自贡、重庆至昆明高铁，适时规划建设重庆至贵阳高铁，联通粤港澳大湾区、北部湾、滇中、黔中城市群；西向建设川藏铁路，打通入藏战略通道，快速联通西藏、沟通南亚；北向加快建设西宁至成都铁路，规划建设重庆至西安高铁，快速联通京津冀、关中平原、兰西城市群。完善东、西、南、北四向货运通道布局，打造大容量、高效率的沿江货运通道，提升西部陆海新通道运能，推动形成以川藏铁路为主的货运通道，同时填补路网空白，适当补强能力紧张路段，完善铁路货运设施，适应地区货运需求。

强化成渝双核直连直通。成渝地区双城经济圈最突出的特点就是以重庆主城区、成都两个中心城市为"双核"，但目前双核之间的资阳、遂宁、内江等中小城市与中心城市发展差距过大，"中部塌陷"现象突出。建设成渝北线、中线、南线综合运输通道，规划建设成渝中线高铁，并利用既有干线铁路开行城际列车，强化重庆、成都"双核"之间快速直接联系，充分发挥两大中心的辐射带动作用，支持重庆向西、成都向东拓展，挺起成渝中部脊梁。

### （二）完善快速便利的城际铁路网

城际铁路建设进展缓慢。目前，以成都、重庆两大枢纽为中心的城际铁路骨架正在形成，基本实现重庆、成都两核心城市间 1 小时达到，核心城市与部分周边城市 1—2 小时通达。但成渝城市群城际铁路网规划总体实施效果并不理想，承担城际功能的成渝客专、成绵乐城际、渝万城际均为干线铁路大通道的一部分，城际客流与区域对外客流功能重合，在铁路部门优先保障长大干线列车运输的前提下，城市群节点城市早晚高峰车次和停靠站点资源分配不足，难以满足沿线居民出行需求。

构建"双核"辐射城际铁路网。以成渝主轴为骨架，重庆、成都"双核"辐射为主体，依托四向拓展干线铁路网络，构建"双核"与区域中心城市、主要节点城市之间的城际运输网，实现"双核"直连直通、城市群节点互联互通。优先利用成贵、渝万高铁等干线铁路开行城际列车，建成自贡至宜宾铁路，规划建设成都外环铁路简州至空港段、资阳西至眉山北段、寿安至彭州段及彭州至德阳北段（部分兼具联络线功能）、重庆至遂宁铁路，完善成渝地区城际铁路网。

### （三）构建便捷通勤的市域郊铁路网

都市圈发展处于起步阶段。综合移动信息大数据分析判断，重庆、成都都市圈目前均处于起步阶段，通勤出行主要集中于中心城区范围，对外辐射半径 25 千米左右。重庆主城人口主要集中于外环绕城高速以内，尤其以内环人口高度集中，渝中区人口密度高达 2.49 万人 / 平方千米，外围区县与主城区人口密度差异明显，与主城九区的通勤率明显偏低，除临近的江津区达到 1.83% 外，其余均在 1.5% 以下。成都都市圈 90% 的通勤距离在 16.1 千米以下，通勤范围主要集中于成都的二环与三环之间，外围的都江堰、彭州市、金堂县等与中心城区联系紧密，同城化发展趋势相对突出。

市域（郊）铁路发展滞后。重庆、成都市与铁路部门加强合作，利用成灌（彭）线，重庆至合川、荣昌既有铁路开行公交化市域（郊）列车，增强了成都、重庆与外围城镇组团的交通联系，但总体上都市圈市域（郊）铁路发展处于起步阶段，市域（郊）列车开行未达到公交化运营水平，线网规模、换乘条件、服务质量等与都市圈居民出行需求不匹配，与东京、伦敦、巴黎等国际都市圈上千千米的市域（郊）铁路网布局相比更是差距巨大（表5-2-3）。

表5-2-3　国际都市圈市域郊铁路网络

| 城市 | 地铁（千米） | 市郊铁路（千米） | 市郊铁路占比 |
|------|------------|----------------|------------|
| 东京 | 358 | 2795 | 88% |
| 纽约 | 368 | 1632 | 82% |
| 伦敦 | 415 | 3071 | 88.1% |
| 巴黎 | 214 | 1484 | 89.8% |

数据来源：中国城市和小城镇改革发展中心：《广西市域（郊）铁路线网规划研究》，2018年。

构建都市圈1小时轨道通勤圈。围绕支撑重庆、成都都市圈通勤需求，优先利用既有铁路开行市域（郊）列车，有序新建市域（郊）铁路，多线多点衔接中心城区城市轨道交通网，打造1小时都市圈通勤圈。重庆都市圈优先利用既有成渝、渝贵铁路等富余能力开行市域（郊）列车，加快建设重庆中心城区至合川、重庆跳磴至江津、璧山至铜梁市域（郊）铁路，规划建设重庆中心城区至永川、南川、綦江（万盛），璧山至大足等重庆都市圈市域（郊）铁路，推动重庆中心城区与渝西地区融合发展，率先实现重庆与璧山、江津、长寿、南川同城化。成都都市圈优先利用西成高铁、成贵高铁等富余能力，以及对成都枢纽环线进行适应性改造开行市域（郊）列车，加快建设成都至资阳市域（郊）铁路，规划建设成都至德阳、成都至眉山、龙泉至天府机场，改造宝成铁路并规划建设青白江至金堂等成都都市圈市域（郊）铁路，推动成德眉资同城化。

## （四）完善核心城市轨道交通网

完善核心城市轨道交通网络。统筹城市开发、建设条件及财力支撑，因城施策有序推进项目建设，提高城市公共交通服务水平。完善重庆、成都等超大、特大城市轨道交通网络，同步推进轨道交通新线建设和既有设施更新改造，统筹做好城市轨道网与干线铁路、城际铁路、市域（郊）铁路及城市重要交通枢纽的预留和衔接，强化城市轨道交通在城市公共交通中的骨干作用，提升设施资源整体利用效率。

## 二、协调完善轨道客货枢纽衔接

枢纽是提高出行效率的关键、提升服务质量的核心，"门到门"出行效率很大程度取决于枢纽的衔接换乘水平。打造多层次轨道交通枢纽体系，是推动多层次轨道交通一体化的重要抓手。成渝地区已建成运营成都东、成都南、重庆西、重庆北站等铁路综合客运枢纽，重庆沙坪坝成为站城融合的典型成功案例，成都犀浦站是国内首例实现市域（郊）铁路与地铁同台换乘的站点，但枢纽总体仍难以适应未来客货运输需求。下一步应重点结合多层次轨道新线建设，完善枢纽体系及功能布局，协调枢纽点线能力，强化综合衔接，提升整体运行效率。

### （一）完善枢纽分级体系

构建三类客运枢纽体系。结合成渝地区特点，依据枢纽所在城市的铁路客站功能、规模和衔接轨道交通网络数量，构建层次清晰、结构合理、分工互补的Ⅰ型、Ⅱ型、Ⅲ型三类客运枢纽体系。Ⅰ级枢纽，至少"三网"或8条以上骨干轨道交通线路高效衔接，重点打造重庆西站、重庆东站、重庆北站、成都站、成都东站等枢纽，服务省际、省域城际、都市圈及市域交通出行；Ⅱ级枢纽，紧密衔接干线铁路、城际铁路、市域（郊）铁路、城市轨道交通中的"三网"或4条骨干轨道交通线路，打造重庆站、天府站、成都南站、成都西站、十陵南站、天府机场站、双流机场站、江北机场站、科学城站、简州站等枢纽，服务省际、省域城际、都市圈及市域交通出行；Ⅲ级枢纽，主要衔接干线铁路、城际铁路、市域（郊）铁路、城市轨道交通中的"两网"，打造德阳站、资阳西站、眉山北站、绵阳站、自贡东站、宜宾站、内江北站、泸州站、沙坪坝站、复盛站、江津北站、铜梁站、大足石刻站等枢纽，推动各层次轨道交通多线多点便捷换乘。

打造三类货运枢纽体系。结合枢纽区位、承担的货物运输服务功能，完善铁路货运场站布局，加强与国家物流枢纽、国家骨干冷链基地衔接，建立三级铁路物流基地。其中，一级铁路物流基地位于重庆、成都等全国性铁路枢纽城市，发挥区域内集装箱集散的主枢纽作用，货物聚集、班列组织、路网中转功能强，具备完善的物流服务、增值服务和配套服务功能。打造完善重庆团结村、四川城厢等一级铁路物流基地；二级铁路物流基地位于重要铁路枢纽城市，发挥区域内集装箱集散的重要枢纽作用，具备较强货物聚集、班列组织或专业物流功能。推动实施重庆鱼嘴、万州新田港、涪陵龙头港、自贡南、绵阳皂角铺、成都空港、广元西、广安高兴、内江新区等二级铁路物流基地；三级铁路物流基地是在一、二级之外的物流基地，发挥区域内集装箱集散的枢纽作用，主要承担一般城市货物集散及城市配送、专业物流功能。推动实施重庆南彭、木耳和成都龙泉驿、金堂、寿安等三级铁路物流基地。

## （二）强化枢纽综合衔接

优化客运枢纽衔接换乘。推动各层次轨道交通的互联互通，强化轨道交通枢纽与机场、公交客站等其他交通方式的枢纽规划建设衔接协调。Ⅰ型客运枢纽要优化综合枢纽内部功能布局，鼓励同站台、立体换乘，促进功能布局紧凑、"零距离"换乘；Ⅱ型客运枢纽要优化枢纽内部交通流线，做好轨道接入条件预留，积极推进衔接通道换乘改造为立体换乘；Ⅲ型客运枢纽要推动各层次轨道交通多线多点便捷换乘，探索推进旅客接续换乘比重较高的不同轨道交通方式跨线运营。

补强货运枢纽集疏运体系。推动疏港铁路、铁路专用线进入港区、物流园区、重点工矿企业，增强铁路货运枢纽多式联运功能，补齐"最后一公里"短板。规划建设万州港新田港区、宜宾港、涪陵港龙头港区、重庆白涛化工园区、大足邮亭铁路物流园、重庆川维化工、秦巴物流园区、达州第二工业园区、绵阳安州区物流产业园、成都天府机场空港南站、成都经开区南区等铁路支线、专用线。

### 三、推进运营管理服务一体化

运营一体化是多层次轨道交通在网络衔接、枢纽整合基础上实现融合发展的关键环节。成渝地区多层次轨道交通只有实现一体化运营，提供联程联运"一张票"的服务，才能真正提升运输效率和服务水平。

#### （一）运营管理一体化

在多层次轨道交通建设运营过程中，铁路部门与地方政府及行业部门，应打破行业和地区分割，积极探索混合合作、合资入股、网运分离等灵活多样的市场化模式，实现资源共享、优势互补、互利共赢，通过构建专用通道、加快票制互通、实施安检互信等措施，推进多层次轨道交通运营管理一体化，实现乘客快速进出站。

#### （二）运营组织多样化

在网络互联互通的基础上，结合城市群、都市圈等不同尺度空间的客流特征，构建灵活多样的运输组织方案。干线铁路在满足"点到点"出行需求的同时，利用富余能力公交化开行城际、市域（郊）列车；城际铁路在满足城市群城际客流需求的同时，在都市圈范围兼顾市域（郊）铁路通勤功能；市域（郊）铁路应具备与城市轨道交通快线互联互通的条件，实现多线多点换乘。

#### （三）运输服务标准化

打通不同层次、不同类型的轨道交通界限，明确各运营管理主体责任，加强运输服务标准的统筹协调，在车站布局、车站设施、车上设备、开行方案、安全应急等方面实行运输服务全过程标准化，促进多层次轨道交通网络融合发展。

#### （四）站城融合一体化

充分发挥轨道交通对城镇、人口、产业空间布局的支撑引领作用，创新建设运营模式及土地综合开发机制，加强政策支持力度，研究制定综合开发收益分配机制，推广成都"全域轨道 TOD"和重庆沙坪坝高铁综合开发经验，统筹对成渝地区轨道交通站点和车辆基地综合开发，促进轨道交通和城镇、产业良性互动。

# 第三节　建设长江上游航运中心

航运中心通常是指国际航运中心，但其内涵和外延在我国得到延伸和拓展。根据《新华·波罗的海国际航运中心发展指数报告》，国际航运中心的评价指标包括港口条件、航运服务和综合环境三大方面。除了要有良好的港口条件、深水航道和高效的集疏运系统（20%），更要有完善的物流、金融、贸易、信息、管理等现代港航服务体系（50%），乃至航运口岸的制度、法律、税收政策等综合营商环境（30%），这些是构成现代服务型航运中心的关键要素，直接决定其资源配置能力。

成渝地区境内水系发达，河流纵横，嘉陵江、乌江、岷江、金沙江等齐汇长江，具有发展内河航运的天然优势。2011 年 1 月，国务院颁布《关于加快长江等内河水运发展的意见》，重庆建设长江上游航运中心正式获得国家层面认可。2014 年，国务院颁布《关于依托黄金水道推动长江经济带发展的指导意见》，确立了我国长江流域的 4 个航运中心，包括 1 个上海国际航运中心以及上中下游的重庆、武汉、南京 3 个内河航运中心。

从发展现状看，川渝两省市已具备了航运中心建设的基本要素，但是在港口航道基础设施的优化提升，区域港口群的一体化运营，多式联运发展以及现代航运服务体系的构建等方面，相较成熟国际航运中心，仍有大量的工作要做。

## 一、携手共建区域港口集群

区域内港口由于腹地重合、定位雷同而导致过度竞争、重复建设的现象，在我国沿海港口建设发展的过程中尤其突出。"十三五"以来，浙江、江苏、山东、辽宁、广东、广西和福建等多个省份已经完成省域层面的港口资源整合，目的就是为了协调分工，避免重复建设、恶性竞争，提升整体的竞争力，更好地服务于区域经济发展。

在重庆确立建设长江上游航运中心目标定位多年之后，四川省 2018 年提出通过整合泸州、宜宾、乐山等地港口资源，建设长江上游（四川）航运中心，作为四川水运发展的重要战略和打造现代综合交通运输体系重大举措。2021 年，中共中央、国务院印发的《成渝地区双城经济圈建设规划纲要》，要求川渝两省市充分发挥水运资源优势，共建长江上游航运中心。从两省市"分建"到"共建"，充分体现了树立一体化发展理念，唱好"双城记"、共建经济圈的新目标和新要求，长江上游航运中心建设也将成为推进成渝地区双城经济圈建设的重要抓手之一。

**（一）优化区域港口功能布局**

加强区域港口分工协作，构建结构合理、功能完善的港口集群，形成以重庆枢纽型港口为核心，以泸州港、宜宾港等为骨干，其他港口共同发展的区域港口格局。

建设三大区域枢纽型港口。依托枢纽型港口广泛的运输辐射腹地和强大的货物集聚能力，构建"覆盖成渝、沟通国际"的现代化、专业化、标志性港口群，实施重庆果园港大件码头及西侧堆场、万州新田二期、涪陵龙头二期等工程，推动四川广元港、南充港、广安港融入重庆港，全面建成重庆城区果园、万州新田和涪陵龙头三大世界一流国际内河港口。加快传统港口向"港口＋现代物流"转型升级发展，有力支撑川渝港口群在"一带一路"、长江经济带、西部陆海新通道联动发展中发挥引领带动作用。

构建分工协作的区域性港口群。加快泸州港、宜宾港等骨干港口专业化、规模化、现代化港区建设，实施部分码头改扩建，完善公共锚地、水上服务区等设施。推动重庆江津珞璜、九龙坡黄磏、渝北洛碛、忠县新生、奉节夔门等区域重点港口建设，辐射带动川东北、陕南等区域发展。依托沿江产业和城镇布局，布局江津兰家沱、巴南佛耳岩、长寿胡家坪、丰都水天坪、云阳复兴、合川渭沱、武隆白马、开州白家溪等 8 个专业化支点港口，支撑区域港口群构建。

### （二）推动港口资源深度融合

协同组建长江上游港口联盟。目前，重庆港的外部货源主要来自四川，其次是贵州和云南。宜宾、泸州港地缘上又靠近云南、贵州等省份，与重庆港在货源腹地上存在着较强的竞争关系。但是，宜宾、泸州两港在港口、航道等基础设施条件方面，与重庆港存在较大的差距。川渝两省市应立足自身比较优势，科学预判发展前景，加强顶层设计和战略谋划，在市场主导和政府引导原则指引下，以四川省港航投资集团、重庆港务物流集团为主体，加强成渝地区港口企业合资合作，统筹推进川南、川东北港口资源与重庆港口资源的整合，促进区域港口码头管理运营一体化，形成长江上游港口发展联盟。

加强与长江中下游航运中心合作。川渝长江上游航运中心，与沿江中下游各港口城市均有一定竞争关系，尤其是推进长江中游航运中心建设的武汉。但也有合作的一面，川渝港口群作为长江上游的重要中转港口，其航运中心的建设离不开武汉、南京、上海等中下游港口的发展带动，长江中下游各港口也需要以重庆港为依托稳定上游的货源。因此，川渝地区港口群应统筹利用自由贸易区建设、长江经济带海关通关一体化改革等战略机遇，加强与武汉、南京、上海等港口的合作，建立互利共赢的合作体系，实现双赢甚至多赢。

### （三）完善港口群集疏运体系

以枢纽港和骨干港口为重点，构建以港口为中心的"铁公水"多式联运体系，强化集疏运服务功能，提升货物中转能力和效率。推进铁路专用线进重要枢纽型港区、大型工矿企业和物流园区，提升长江上游港口码头装卸作业和货物集散能力，大力发展铁水、公铁联运和"一单制"联运服务，开辟成都经达州至万州港铁水联运新通道，推动江海联运、水水中转。完善以港口、沿江物流园区和产业开发区为节点的集疏运体系，推进港口与沿江开发区、物流园区的通道建设，拓展港口运输服务的辐射范围，着力解决"最后一公里"运输问题。

## 二、构建通江达海航道体系

加快构建以长江干线为主通道、重要支流为骨架、重要港口为节点的航道体系。长江干线航道重点解决上游"瓶颈"问题，进一步提升通航能力。围绕支流"不畅"问题，统筹推进支线航道建设，有序推进航道整治和梯级渠化，形成与长江干线有机衔接的支线网络。

### （一）发挥长江黄金水道功能

提升长江黄金水道能级。推动长江干线航道整治，研究优化长江上游分段通航和梯级渠化标准，加快长江干线朝天门至涪陵河段航道整治工程，以及宜宾至重庆段、水富至宜宾段生态航道建设等项目，提升川境段长江干线航道能级，推动实施三峡水运新通道工程，解决三峡船闸通过能力不足问题。

### （二）构建干支衔接航道网络

畅通支流航道网络。推进岷江全线达标、嘉陵江全线复航，渠江全线渠化，解决嘉陵江、乌江等支流航道对长江干线运输贡献率不足10%的问题，促进沱江、涪江等新进高等级航道有序延伸。重点推进嘉陵江川境段航运配套工程，乌江白马至彭水段航道整治，岷江龙溪口至宜宾段航道整治工程，渠江重庆段航道整治，涪江三星船闸下段航道整治建设。加快沱江自贡段航道等级提升工程，推进泸州段、内江段生态航道建设。

优化干支流水库联合调度。嘉陵江重点建设利泽航运枢纽、水东坝航电枢纽和通航设施调度中心，乌江加快推进白马航电枢纽建设、彭水船闸改扩建工程前期工作，岷江下段加快龙溪口、老木孔、东风岩枢纽建设以及中段汉阳、虎渡溪、汤坝、尖子山等航电枢纽建设，渠江推动风洞子航电枢纽工程，涪江加快双江枢纽建设，推动渭沱、安居、富金坝等船闸改造提级。

### 三、建设现代港航服务体系

国际航运中心的实践证明，航运信息、交易、咨询、金融保险、法律等服务功能，对航运中心的形成与发展具有至关重要的作用。进一步提升内河航运交易、信息、人才、金融、保险、船舶检测认证等功能，打造要素集聚、功能完善的港航服务体系，提升川渝港口群"软环境"，是建成长江上游航运中心的关键举措。

#### （一）完善航运贸易服务体系

发展现代港航服务业。以川渝港口群重庆枢纽港为重点，依托自贸试验区政策创新优势，推动船代等传统航运服务业转型升级，发展航运金融、航运保险、航运经纪、海事仲裁、航运交易、信息咨询等现代航运服务，拓展大宗商品交易、跨境贸易、期货交割等服务功能。

#### （二）提升航运信息服务能力

建立航运物流信息平台。航运各部门、各企业之间的信息交流和共享是提高航运服务效率的重要保障，建立航运物流信息平台是提升航运物流信息化水平的重要举措。加强信息化基础设施的建设，以及信息技术的投入和推广使用。建立航道、海事、气象等信息综合服务平台，形成跨行业、跨部门、跨地区的航运信息交流和共享平台。同时，加强电子商务平台和电子政务平台的建设，连通物流供需方、航运企业和政府相关部门，实现信息的融合和权威发布，从而建立并逐步完善航运物流信息平台。

#### （三）优化内河口岸政策环境

长江上游航运中心要成为"一带一路"与长江经济带的战略连接枢纽，需要能够提供一流服务的海关、边检、检验检疫和港务监督等口岸检查检验机构，以及与腹地口岸便捷互通、一体化运作的区域大通关系统。

重庆寸滩保税港区目前享有"境内关外"的优惠政策，具有港口作业、仓储物流、国际中转、国际配送、国际采购、转口贸易、出口加工、展示等功能，享有保税区、出口加工区相关的税收和外汇管理政策，是支撑航运中心功能的政策和空间依托。

为更好地发挥保税港区的作用，要完善上游口岸支点布局，支持在重要内河港口合理设立直接办理货物进出境手续的查验场所，积极推动保税港区政策功能向整个成渝地区拓展，建设与腹地口岸便捷互通、一体化运作的区域大通关系统，为成渝地区的进出口创造便捷的通关环境。

# 第四节　强化能源安全保障

能源关系着国计民生，是现代化的基础和动力。党的十八大以来，在习近平总书记提出的"四个革命、一个合作"能源安全新战略指引下，我国能源转型发展和产供储销体系建设深入推进，供给体系不断完善，煤电油气供应保障能力稳步提升，安全风险总体可控，满足经济社会发展正常需要，并经受住了新冠肺炎疫情等突发情形的冲击和考验。与此同时，保障能源安全稳定供应面临新的挑战。

成渝地区能源矿产丰富，应按照总体国家安全观的要求，保持战略定力，增强忧患意识，坚持稳中求进工作总基调，坚持底线思维，着眼应对成渝地区能源供应体系面临的各种风险挑战，着力增强供应保障能力，提高能源系统灵活性，强化能源安全风险管控，保障国家能源安全，为经济社会秩序加快恢复和健康发展提供坚实有力支撑。

## 一、优化区域电力供给

川渝两地电网连接华中、西北等地电网，是电网"交通要塞"，随着成渝地区双城经济圈建设的推进，川渝地区尤其是负荷中心用电需求快速增长。同时，在碳达峰、碳中和目标下，我国对能源清洁低碳安全高效利用提出更高要求。现阶段，成渝地区急需准确把握碳达峰、碳中和新要求，加快推进能源革命，以创新发展为动力，以强化保障能力为抓手，加快构建新型电力系统，持续推进清洁能源替代，优化能源消费结构，全力提升能源利用效率。

## （一）统筹风光水资源开发利用

"双碳"愿景倒逼能源结构转型升级。2020年9月22日，国家主席习近平在第七十五届联合国大会一般性辩论上宣布："中国将提高国家自主贡献力度，采取更加有力的政策和措施，二氧化碳排放力争于2030年前达到峰值，努力争取2060年前实现碳中和"，这一愿景将倒逼能源结构转型升级，推动能源清洁低碳安全高效利用。供给侧方面，光伏发电、风电等为主的"零碳"电力供给能力大幅提升，天然气、核能等优质低碳化石能源供给仍将保持增长，成品油和煤炭高碳能源供应增速放缓、总量将逐渐趋于峰值。消费侧方面，"零碳"电力、天然气等清洁能源替代将深入推进，重点领域节能迈上新台阶，能源消费低碳化特征逐步突显。目前，受自然条件制约，成渝地区光伏、风电等新能源发电装机应用较为有限，尚未形成因地制宜、协同发展格局。下一步应充分发挥区域清洁能源供应优势，深入推进能源结构调整，进一步提升清洁能源消费比重。

建设多能互补清洁供能体系。成渝地区要聚焦双碳目标，立足资源禀赋，培育能源新业态、新生态，推动低碳清洁能源对煤炭、石油等高碳且对环境影响较大能源的替代，提高风电、光伏、氢能等非化石能源和可再生能源供应，建设集气、水、风、光为一体的现代能源网络，形成多能互补分布式清洁供能体系。优先建设具备季以上调节能力的水库电站，重点推进"三江"水电基地建设，积极争取国家加快水电外送通道建设，提高水电就地消纳比例，提高能源开发利用效益。着力推进凉山州风电基地和"三州一市"光伏基地建设，推动金沙江、雅砻江、大渡河流域水风光互补开发。

## （二）完善电网主网架结构

伴随城镇人口增长，叠加家庭电气化水平提升等因素，成渝地区居民生活用电量将保持较快增长态势，预计仅成都、重庆两市2025年的用电缺口将达1350万千瓦。成都平原受环境容量影响，难以发展燃煤等化石能源发电厂，而重庆本地能源资源有限，在川渝电网一体化发展后需引入更多电源，川西水电送至川渝负荷中心的规模将日益增大，传统的 500 千伏电网主网架在兼顾安全运行、供电保障、水电输送、节约通道占用等方面已难以为继，迫切需要通过 1000 千伏特高压提高通道输送清洁能源的效率。

加快川渝电网主网架提档升级。着力构建电网中长期目标网架，切实为成渝地区双城经济圈发展提供坚强的能源电力保障。成渝地区需加快启动实施攀西电网至省内负荷中心通道工程，推进四川水电外送第四回特高压直流工程建成投产，加快白鹤滩水电站外送特高压直流工程建设，规划建设金沙江上游川藏段水电送出工程。完善省内电力输配网，提高输电通道利用率和配网供电能力、质量。持续推进农村电网改造升级。推进用户"获得电力"优质服务。积极推动成都东部新区变电站建设，加强储能和智能电网建设。加快建设"疆电入渝"输电通道，完善川渝电网主网架结构，推动西北电入渝第二输电通道前期工作。推进重庆电网"双环两射"主网架建设，论证渝东北与主城都市区电网第二输电通道，促进地方电网与统调电网互联互通。适度超前规划建设配电网，实施农网巩固提升工程，提升全市供电可靠性和智能化水平。

## 二、统筹油气资源开发

作为我国天然气重点产区之一，川渝地区天然气资源丰富，承担着全国约 1/3 的天然气产量。随着成渝地区双城经济圈的建设，经济腹地扩大、要素集聚辐射能力增强，势必带动油品、天然气需求继续增长。川渝通过共建中国"气大庆"，优化完善地区成品油储运设施，为经济社会高质量发展提供可靠能源保障。

### （一）打造中国"气大庆"

天然气发展迎来历史性机遇。川渝地区天然气储量大、产量高，用户众多、消费活跃，管网密集、调度灵活，集天然气生产地、消费地、管网枢纽地于一体，具有进一步发展天然气的基础和条件。2019 年，川渝地区天然气产量约占全国天然气产量的 28%，同比增长 18%，其中页岩气产量增速达

49%。预计到 2035 年，四川盆地新增天然气（页岩气）探明储量 7.32 万亿立方米，累计探明储量达到 11.53 万亿立方米，资源探明率达到 24.91%，天然气年产量达到 1030 亿立方米，其中页岩气年产量 500 亿立方米。同时也面临天然气储气调峰能力不足问题，据统计，成都全市应急储气库容量不足 700 万立方米，与国家"城市不低于 3 天用气量、城镇燃气企业不低于年用气量 5%"的应急储气能力要求有较大差距。

川渝共建中国"气大庆"。为推动成渝地区双城经济圈建设，川渝两地要大力推进天然气（页岩气）勘探开发，完善资源开发利益共享机制，加快增储上产，重点实施川中安岳、川东北高含硫、川西致密气等气田滚动开发，加快川南长宁、威远、泸州等区块页岩气产能建设，天然气年产量力争达到 630 亿立方米，建成全国最大天然气（页岩气）生产基地；优化城乡天然气输配网络，加快重点区域天然气长输管道建设，延伸和完善天然气支线管道，天然气管道达到 2.25 万千米以上，年输配能力达 700 亿立方米。

### （二）优化完善成品油储运设施

成品油需求持续增长。"十三五"期间，成都市油品（成品油）消费量 1099.2 万吨，年均增长 3.1%。成品油基础设施建设完成投资 25 亿元，共完成 682 座加油站双层油罐改造或防渗池设置。2020 年末，全市成品油库 12 座，储油能力达 113.3 万立方米；原油成品油管线 278.46 千米、航油管线 211.70 千米；在营加油站 790 座。预计到 2025 年全市油品（成品油）消费量约 1200 万吨，年均增长 1.8%。成品油完成中大建设项目投资 13 亿元以上。全市成品油储备能力达 130 万立方米，加油站数量达到 860 座。

优化成品油供应网络。加快完善成都东部新区加油站网络，结合现代物流业发展、先进制造业配套等需求，推进机场北一线、简州新城 A 站等加油站建设。完善郊区新城加油站分销布局体系，优化调整一批中心城区加油站，经安全评估后在部分加油站增设加气（含 LNG）、充电、加氢功能。建设简阳市庙子沟油库及石油批发交易中心，提升成品油储备能力。强化重点区域用能安全，推动成彭管道天府支线正常运营，增强天府国际机场航油保障能力。推动成品油管道扩容改造，联通西北、华南油源输送管道，论证沿江成品油管道，构建多油源互济互保供应体系。

提高储气规模和应急调峰能力。重点推进牟家坪、老翁场、中坝、沈公山、黄家场等地下储气库建设，建成国家西南天然气储备基地。规划建设成品油入川管道和国家航油储备基地，加强成品油供应保障。完善电力调峰机制，科学布局天然气调峰电站。做好规划内核电厂址保护。推进煤矿现代化改造，建设煤炭储备基地，健全煤炭保障体系。统筹抽水蓄能电站、天然气发电、煤电灵活性改造、电力需求侧响应和储能等供需措施，不断增强电力系统运行调节和调峰能力。

优化成品油仓储设施布局。在重庆形成以长寿、江北为中心，万州、黔江、秀山、永川、合川为支撑的油库仓储体系。加强储气设施建设，形成以地下储气库为主、CNG 和 LNG 储备站为辅、可中断用户为补充的多层次调峰体系。加强储煤基地布局建设，重点提高煤电企业存煤能力。建设川气东送二线，渝西天然气管网，渝东北天然气管道，铜锣峡、黄草峡储气库和巴南一品油库，建成中航油西南战略储运基地（长寿），搬迁伏牛溪油化品仓储基地，规划研究沙坪场等储气库。

# 第五节　加强水利基础设施建设

水系是城市的命脉，是区域发展的重要资源。川渝两地有 81 条流域面积在 50 平方千米以上的跨界河流，但是水资源时空分布不均、水利设施建设滞后以及互联互通不足等问题，制约了地区水资源的综合开发利用。成渝地区打造更高质量发展重要增长极，需要进一步提升水资源优化配置和水旱灾害防御能力，推进跨区域重大蓄水、提水、调水工程建设，推进实施防洪控制性水库联合调度等，打造"互联互通、安全可靠、集约高效、循环通畅、调控有序"的水利基础设施。

# 一、构建现代化水利基础设施

川渝两地水资源开发利用难度大，工程性缺水问题较为突出。为更好地满足人民群众对持久水安全、优质水资源、健康水生态、宜居水环境的需要，成渝地区要抓住长江经济带、双城经济圈建设机遇，贯彻新发展理念，落实"节水优先、空间均衡、系统治理、两手发力"治水思路，科学谋划现代水网体系建设，为高质量发展提供水利支撑。

## （一）构建多源互补互联互通的水网体系

水资源时空分布不均。成渝地区水资源时空分布差异较大，导致经济社会发展与水资源承载能力不协调。四川省人口、耕地和经济总量约占全省80%的盆地腹部区，水资源量仅占全省20%，人均水资源量不足1000立方米，其中遂宁、资阳、自贡、内江4市人均水资源量不足500立方米，不到全国人均水平的1/4、全省人均水平的1/5；重庆主城都市区以占全市水资源量的25%支撑全市65%的人口和76%的地区生产总值，如重庆渝东南武陵山区城镇群人均水资源量4500立方米，而主城新区人均水资源量不足1066立方米。

水网跨区域互联互通有待提升。成渝地区跨区域骨干供水工程少，网络化程度低，调配能力弱，部分水库灌溉、生态供水长期被城镇供水挤占，水源供需矛盾突出。重庆当前人均蓄引提水能力270立方米，不到全国平均水平的60%，预计2035年全市缺水30亿立方米；四川省水利工程蓄引提水能力只占水资源总量的13%，不到全国平均水平的1/2，工程性缺水成为制约成渝地区经济社会发展的重要瓶颈。同时，成渝地区部分城市缺少应急备用水源，城乡供水保障水平差异较大，农村饮水工程标准不高，如四川省有效灌溉面积仅占耕地面积的45%。

加快重大调水联通工程建设。有序推进引大济岷、涪江右岸、向家坝灌区二期、长征渠、渝南及重庆中部水资源配置，沱江团结等引水供水重大工程的研究论证。研究推进跨区域重大蓄水、提水、调水工程建设，增强跨区域水资源调配能力，推动形成多源互补、引排得当的水网体系，推进建设开州跳磴、綦江藻渡、云阳向阳大型水库，加快建设向家坝灌区一期、亭子口灌区一期工程，加快推进毗河供水二期、罐子坝水库、万州大滩口水库扩建、秀山平邑水库、垫江永安水库等水库工程前期工作。积极配合国家研究论证南水北调中线后续工程方案。

推进城乡供水管网一体化。在条件较好的区域，特别是纳入国家城乡融合发展试验区的温江、郫都、彭州、都江堰、崇州、邛崃、大邑、蒲江、荣昌、潼南、大足、合川、铜梁、永川、璧山、江津、巴南等区、县、市，积极引入市场机制，优化调整区域供水工程布局，通过城市供水管网延伸至周边村镇和新建规模化工程，逐步推进城乡供水一体化，努力实现同网、同质、同服务，促进城乡供水融合发展。推进成渝地区城乡供水一体化工程、规模化供水工程、改造建设小型供水工程，加快建设干支管网。对集中供水工程重点推行企业化、专业化、规范化管理，推动现有城乡供水主体减数量、增质量、强实力，提升城乡供水保障水平。

实施灌区现代化建设改造。深入贯彻乡村振兴战略，按照农业农村现代化建设要求，以永久基本农田保护区、粮食生产功能区、重要农产品生产保护区和特色农产品优势区、种子基地等为重点，与改善农村饮水条件、乡村产业振兴、美丽乡村建设和高标准农田建设相结合，加强灌溉供水管网建设，改善灌区水源条件，推进中型灌区标准化、规范化管理，打造一批具有西南山地特色的多功能灌区；加快实施都江堰大型灌区、玉溪河等大型灌区、东风水库中型灌区、上游水库中型灌区续建配套与现代化改造；完善已成水库工程渠系配套，增强农业生产能力，保障粮食安全。

**（二）加强饮用水源地建设**

加强饮用水水源地和备用水源建设。推进李家岩水库、红鱼洞水库及灌区、沉水水库等大中型工程建设，加快龙塘水库及灌区、两河口水库等项目建设，进一步增加水库库容。加快推进三坝水库、李家梁水库等大中型工程前期工作，尽早开工建设。积极推进团结水库、永宁水库、涪江右岸引水、攀枝花水资源配置、土公庙水库等大中型项目前期论证工作，具备条件的适时开工。推进人口分散区域重点小型标准化供水设施建设，保障区域供水安全，积极推进万州青龙、万州双河口、黔江罗家堡、涪陵双江等中小型水库建设。加快推进永丰水库等具备城市应急备用功能的水源工程，构建多源供给、互为备用的城市供水水源格局，提高供水水源风险防范化解能力。

加强饮用水水源保护。做好重要饮用水水源地的安全保障达标建设，完善农村饮水工程水质检测监测体系，健全完善农村供水动态监测和响应机制，加大对具有城乡生活供水功能水利工程的保护力度。进一步加强地下水保护和涵养，提高地下水战略储备能力。严格地下水水量和水位双控制，强化地下水资源开发利用管理，防止地下水超采。加强地下水监测，完善地下水监控体系。加强水功能区监督管理，强化江河源头、水源涵养区和重要水源地保护，做好主要江河、湖泊、水库、水功能区、市县界水体、重要水源地、地下水等水质监测工作，维护江河生态健康。进一步完善饮用水水源安全评估指标体系，完善名录准入、退出机制。

## 二、全面提升防洪减灾能力

成渝地区近年来快速的城市开发导致灾害应对能力降低，洪涝成为城市通病，对人民群众的生命财产安全造成了极大威胁。2020 年 8 月，重庆市遭遇特大洪水，造成 15 个区县 26.3 万人受灾，倒损房屋 4095 间，农作物受灾面积达 8636 公顷。因此，如何持续、有效地减少洪涝灾害，降低在洪涝灾害中的经济财产损失成为成渝地区关注的重点。

### （一）加强江河防洪治理

水灾害防御体系不完善。成渝地区目前江河堤防建设和山洪沟治理滞后、城乡防洪标准不高，防洪能力普遍偏低，如重庆境内不具备建设长江、嘉陵江干流控制性防洪调蓄工程的条件，四川省渠江流域防洪控制性水库尚在建设中，沱江流域无防洪控制性水库；重庆中心城区沿江大部分区域防洪能力仅为 5—50 年一遇，鱼洞老城区、渝中区和南岸区等部分地段不足 20 年一遇，个别区县城区局部区域防洪能力仅为 2 年一遇。

推进防洪减灾设施建设。坚持以防为主，扎实做好水库（水闸）、江河堤防等工程隐患排查、安全鉴定、除险加固，严格水库（水闸）降等与报废。对成渝地区现有病险水库（水闸）进行除险加固，实现水库安全鉴定和除险加固常态化，同步完成水库水雨情测报、大坝安全监测设施建设，健全水库安全运行监测系统。及时实施堤防水毁及险工险段治理，加快推进土溪口、黄石盘、青峪口等防洪控制性水库建设。提高监测预报预警水平，加强水文监测、预报预警等设施建设，建立水文监测信息共享机制，联动开展水文监测预报预警。

加强主要江河和中小河流防洪治理。加快长江干支流防洪治理，开展长江干流及流域面积 3000 平方千米以上的重要支流防洪达标建设，实施长江干流及岷江、沱江、涪江、嘉陵江、渠江、雅砻江、乌江、涪江、綦江等主要江河重点河段堤防工程。加强中小河流综合治理，优先对防洪不达标城镇及人口聚集重点区，以及洪灾损失大、洪涝灾害频发、水生态形势严峻的中小河流重点河段实施系统综合治理。实施山洪沟治理，推动山洪灾害监测预警设施建设，在山洪灾害频发地区，以增强沿岸防洪对象的山洪灾害综合防御能力为目的，根据轻重缓急实施重点山洪沟综合治理，畅通山洪出路。

### （二）有效治理城市内涝

城市排水防涝设施建设滞后。成渝地区降水时间段集中，每年 70% 以上的降水集中在 5—10 月，且雨型急促、降雨历时短，易形成强降雨，为城市排水防涝带来较大压力。随着成渝地区城市建设加快，城市路面硬化比例不断提高，雨水径流量不断增大，导致降雨汇流速度更快，雨水需要在短时间内大量汇集排入雨水管网内，加之城市快速发展导致管网密度不够，造成了排水管网负荷加重。同时，成渝地区部分排水管网老化，以及雨污合流等因素引发的管网阻塞问题，导致极端天气下排水系统极易瘫痪。防汛预报预警系统建设不足，水文监测未实现有防洪任务的河流全覆盖，中小水库监测预警设备不完备，应急管理体系不完善等问题，也进一步加剧了城市内涝问题。

推进城市排涝设施建设。坚持因地制宜、因城施策，统筹推进城市防洪排涝设施建设和海绵城市建设，形成源头减排、管网排放、蓄排并举、超标应急的城市排水防涝工程体系。加强自然山水保护和河湖水系建设联通，保护行洪通道、蓄滞洪区和大型雨水调蓄空间。全面提高城市排水管网覆盖范围与建设标准，健全定时清淤疏通长效管护机制，建设自然积存、自然渗透、自然净化的海绵城市。因地制宜建设城市蓄水排水设施，推广海绵型道路、绿色屋顶、旱溪、干湿塘等滞水渗水设施，优先解决小区积水内涝、雨污水管网混错接等问题，增强城市"渗、滞、蓄、净、用、排"功能。统筹城市干支流、上下游、左右岸防洪堤、截洪沟等防洪排涝设施建设，降低山洪入城风险。

完善城市内涝应急管理体系。建立健全城区水系、排水管网与周边江河湖海、水库等"联排联调"运行管理模式，加强成渝地区跨市河流水雨工情信息共享，提升调度管理水平。完善城市排水与内涝防范相关应急预案，明确预警等级内涵，落实各相关部门工作任务、响应程序和处置措施，按职责及时准确发布预警预报等动态信息，完善物资储备、安全管理制度及调用流程。加强流域洪涝和自然灾害风险监测预警，在排水设施关键节点、易涝积水点布设必要的智能化感知终端设备，实现雨天积水点水位实时监测以及预警信息发布功能，方便防汛应急等管理部门及社会公众及时了解路况信息，为及时安排抢险队伍就近备勤提供及时准确的决策依据。

# 第六节　推进新型数字基础设施建设

## 一、推动新型信息基础设施建设

### （一）新一代网络基础设施

加快建设5G、光纤超宽带和第六代无线通信网络，推进跨行业共建共享、互联互通。推动建设"星河"智能卫星星座，打造卫星地基运控网及应用服务平台。积极稳妥推进量子保密通信网络建设。构建窄带物联网和5G协同发展的移动物联网综合生态系统，加强智能仓储、多功能路灯杆、综合管廊等新型物联网集成载体建设。实施产业功能区物联网全覆盖工程，推动智慧园区建设。

### （二）智能算力基础设施

汇聚整合交通物流、能源环境、科学研究、医疗健康、应急管理等领域数据资源，推动数据中心向规模化、绿色化、智能化、国产化方向发展。建设成渝大数据资源中心和调度平台。加快建设成都超级计算中心、鲲鹏生态基地等多层次算力平台，打造国家级超算中心。

开展人工智能创新应用示范。在制造、空管、金融、教育、医疗、文旅等重点领域推进"AI+场景应用"示范工程。建设统一区块链基础设施，在物流仓储、金融服务、产品溯源、城市管理、政务服务等领域开展创新应用。打造基于区块链技术的知识产权融资服务平台、智能合约产品设计平台和数字交易平台。建设区块链产业创新中心。

建设全国一体化大数据中心体系成渝节点，统筹布局大型云计算和边缘计算数据中心，强化两江水土、长寿云计算中心和巴南腾龙5G产业园核心承载能力，加快建设同城双活、同城灾备、异地灾备等数据中心。着眼重大科学研究、产业技术创新与人才培养需求，建设各类科学计算、工程计算领域超算中心，打造国家级超级计算资源集聚高地。

## 二、促进传统基础设施数字化升级

推动交通、水利、能源、公共安全等基础设施智能化升级，实现传统和新型基础设施融合发展、多场景应用。

### （一）加快交通基础设施智能化升级

开展车联网和车路协同测试。构建山地道路交通信息采集网络，提供超低时延、超高可靠、超大带宽的车路协同网络。开展车联网和特殊场景车路协同应用，建立 4 级驾驶自动化开放测试基地。推动智慧高速特殊场景规模化应用，建成面向车路协同的"行业监管 + 生态共享"智慧高速云控平台，在车路协同、智慧高速建设等方面形成相关成果。

提升轨道交通智慧化水平。加强 5G、云计算、大数据、物联网、区块链等技术应用，提升轨道交通数字化、智能化水平，推进轨道交通与其他交通方式的信息数据共享、服务互联互通、协调联动协作。推进铁路枢纽自动化场站，打造铁路货运综合服务平台，实现在线班列、电子运单、电子支付、跟踪查询等"一站式"服务，提高全程运输效率和物流服务水平。

建设智慧港口航道。加快推进 5G、北斗等应用，在港口重点区域实现深度覆盖。加大既有集装箱、大宗干散货码头装卸设施的远程自动操控改造、港内无人集卡应用。应用新型信息技术整合港口、航运、贸易等数据，建设港口"智慧大脑"。全面推进数字航道建设，以高等级航道为主体，加强高等级航道重要航段、重要节点的全方位动态感知网络建设，推动航道、航标、整治建筑物等全要素、全周期数字化。

### （二）推进智能电网建设和能源互联网发展

构建以新一代信息技术为支撑的智能电网，建设能源大数据中心、智能调度中心和交易平台，实现源网荷储互动、多能协同互补、用能需求智能调控。加快布局公共服务区域公（专）用充电基础设施。

### （三）加强智慧水利体系建设

充分运用新一代信息技术，建设水利基础设施、智能中枢、智能业务应用、网络安全防护、网信保障五大信息系统，形成具有"预报、预警、预演、预案"功能的智慧水利体系，实现数字化场景、智慧化模拟、精准化决策，赋能水旱灾害防御、水资源集约节约利用、水资源优化配置、大江大河大湖生态保护治理，为水利高质量发展提供有力支撑。

# 第六章
# 构建区域一体化发展机制

2020 年 1 月，习近平总书记在中央财经委员会第六次会议中强调，要"推进成渝地区统筹发展，促进产业、人口及各类生产要素合理流动和高效集聚"。自 2015 年 5 月重庆和四川签署第一份区域协作文件——《关于加强两省市合作共筑成渝城市群工作备忘录》以来，成渝两地的协同机制逐步完善，合作成果丰硕。然而，目前以行政区为板块的发展模式仍然没有得到根本改变，由此导致的地区封锁、市场分割状态仍然存在，对区域整体的资源配置和效率提升产生影响。具体表现在，基础设施等"硬件"的联通稳步推进，但各类"软性"的制度壁垒难以破除；公共服务等民生领域的一体化进展顺利，但产业等核心利益板块的协作难以破冰；民间的市场化跨区往来日益密切，但重大项目协调、招商引资协同、合作项目成本共担等政府间协作难以推广。急需通过一体化发展机制的创新，进一步打破各类经济要素自由穿越的行政障碍，用改革的办法、市场化的手段、创新的政策、健全的协调机制，重塑良性互动的竞合体系。

推动区域一体化发展的各项机制有难易之别，但内在关联缺一不可。其中，促进要素自由流动和高效配置是区域一体化发展的核心目标，公共服务均等化是区域一体化的先行路径，公共事务协同治理是共塑区域竞争力的重要支撑，而探索经济区与行政区分离既是落实区域一体化的关键举措，也是一体化的终极形态。只有多重一体化发展机制步步深入、共同发力，才能有效助推成渝地区区域协调发展迈向更高质量和更高水平。

## 第一节　促进区域要素自由流动、高效配置

近年来，成渝地区劳动力、资金、产品等市场化要素的跨区域流动已成常态，产业链和供应链合作日益紧密。成渝地区人口流动活跃，2020年，重庆主城租客籍贯地，四川省占比18%，包括广安市、达川地区、南充市、内江市等成渝交界地带城市。渝企入川保持稳定，据初步统计，重庆在四川投资的民营企业5万余家，四川在重庆投资的民营企业10万余家。重庆的电子信息和汽车零部件产业对上下游生产配套的需求很高，川渝接壤地带的广安、达州、南充、泸州等地的渝企配套产业蓬勃发展。广安邻水经开区的"渝广共建机电产业园"入驻企业213户，70%企业来自重庆，80%企业为重庆配套。此外，四川省五四机械、聚力机械、丰亨汽车、金鸿曲轴、凤凰集团等汽车零部件生产企业，与重庆长安汽车集团、庆铃汽车集团、力帆汽车集团等汽车企业建立了稳定的一二级配套协作关系。农产品方面，四川安岳县是全国闻名的"柠檬之乡"，但由于缺乏深加工企业，柠檬不时出现滞销。重庆潼南区的汇达柠檬科技集团于2016年投产安岳，解决了安岳3万多吨柠檬的销路，两地合作打造出优质柠檬全产业链。

然而，成渝地区市场一体化的隐形壁垒依然存在，表现为普遍的地方保护和市场封锁。在对国内外的区域发展进行研究后发现，竞争大于合作是普遍存在的情况，即使是在城市群发育成熟的西欧地区和长三角地区，行政壁垒也很难破除。以荷兰的兰斯塔德地区的区域协作为例，该地区涉及4个省和175个自治市。虽然建立兰斯塔德协作平台的呼吁屡次发起，加强省际、市际合作的措施提案也屡被提出，但协调各方政府的行动和战略难度仍然极大，政府间的壁垒即使有缓解迹象，其过程也十分缓慢。我国长三角地区虽然企业合作十分紧密，但从国家铁路行政区域间货物交流情况来看，产业结

构的趋同导致苏浙沪地方保护和市场封锁的情况明显。[①] 成渝地区同样如此。由于区域产业门类相近，为扶持本地产业发展，许多地区对外来同类型产品设置了市场准入的隐形门槛。以新能源汽车为例，四川省 21 个地级市中有 17 个在发展新能源汽车。据调研，部分城市限制甚至阻止其他地区生产的新能源汽车在本地销售，以行政指令的方式为本地产业谋取生存空间。从区域整体发展的视角看，这加剧了产业低水平竞争，削弱了企业推动技术和品质革新的动力，不利于区域总体产业竞争力的提升。

在市场化要素的跨区域流动日益频繁情况下，打破要素流动行政壁垒变得尤为必要。自改革开放以来，旨在打破地区分割与封锁的文件不断出台，比如，1990 年发布的《国务院关于打破地区间市场封锁进一步搞活商品流通的通知》、2004 年商务部等七部门联合发布的《关于清理在市场经济活动中实行地区封锁规定的通知》都是这一目标导向的体现。自 2017 年区域协调发展战略正式提出后，打破地区封锁的任务与区域一体化的发展任务有机结合，通过跨行政区要素市场化配置实现经济一体化势在必行。从制度设计上，应给经济要素留出跨行政区划自主流动、充分流动的弹性空间，打破阻碍人才、资金、技术、企业、信息等各类经济要素往来流动的行政障碍，让经济要素在最合适的时间到区域内最合适、产出效率最高的地方，实现边际产出最优，提升总体的经济效率。并且积极培育区域统一的商品市场、劳动力市场、资金市场、技术市场等，搭建高端要素交易平台，在跨行政区域视野下更好地推动和实施要素的优化组合及合理流动。

## 一、以资本市场的一体化，支撑实体经济一体化

区域资本市场的一体化是区域一体化发展的重要体现。通过促使资本从低边际产品向高边际产品的自由流动，加速区域内资源的优化配置，资本在区域间的合理流动和有效组合有助于提升资本使用的整体效率，进而支持区

---

[①] 浙江省几乎所有区位商大于 1 的制造业行业均与江苏省重合，江苏省几乎所有区位商大于 1 的高端制造业行业均与上海重合。

域经济的良性发展。不同于欧盟、东盟、北美自由贸易区等跨国层面的一体化进程中面临的货币汇率等硬性约束，区域间资本市场一体化的本质上在于打破地区间行政壁垒、降低地区间的金融交易成本，具体而言，就是让不同经济主体在区域内不受行政边界限制地进行投融资活动，以及金融机构相对自由的跨地区经营。

不同地区间的金融资源统一协调难度很高，金融机构运营的地域屏障问题仍然存在。目前，我国的金融机构基本采取"总部—分部—支部"的框架体系，金融市场由"一行两会"统一监管，并形成了与金融机构体系相对应的"总部—分部"模式，地区层面不存在运用金融手段进行调控的独立性。此外，银行贷款作为目前社会融资的主要来源，商业银行的贷款对象受"行政边界"约束，企业很难跨区获得贷款。这导致各地在资金使用成本上存在差异，贷款的执行利率可以反映这一点（图6-1-1）。我国的存贷款基准利率水平虽由央行统一确定，但在商业银行的执行层面，针对优质客户可下调贷款的执行利率，因此下调执行利率的贷款占总贷款的比例可衡量一个地区市场主体融资成本。从近10年的整体趋势看，重庆市贷款执行利率下调占比都

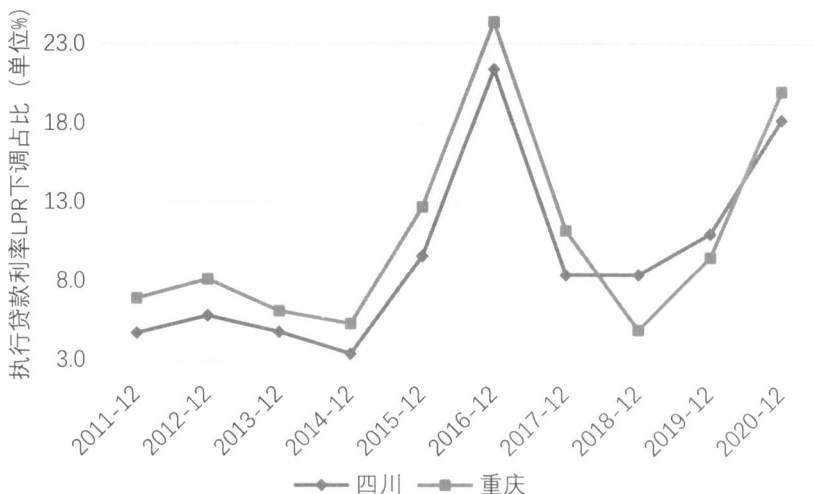

图6-1-1 川渝区域贷款成本年度比较（2011—2020年）

数据来源：四川和重庆历年区域金融运行报告。

高于四川省，反映出重庆拥有更低的融资成本，但与上海等沿海发达地区相比仍然竞争力不足。2020 年，上海贷款执行利率下调占比高达 40%，而四川和重庆分别为 18.2% 和 20%。成渝地区协同推进资本跨区域自由流动的潜力巨大。

首先，应以跨区借贷为突破口，通过构建城（农）商行联盟打破银行跨区经营的壁垒。当前成渝地区共有城商行 14 家、农商行 40 多家[①]，区域内城（农）商行的一体化整合具有一定的可行性。为此，政府要发挥协调引导作用，鼓励区域内城（农）商行组成联盟，构建跨区域的联合授信机制。与此同时，应积极调动区域内的银行机构协同增加有效金融服务供给，特别是对初创期民营企业、小微企业的金融服务力度，支持商业价值信用贷款扩面增效，联合推出符合区域内小微企业特点的征信产品和服务。

其次，应激活区域性股权、债券市场，建立成渝地区重点支持的科技型企业实行白名单制管理，支撑金融机构提供精准服务。应以资本要素带动技术要素融合发展为目标，提升风险投资（VC）、天使投资、私募股权投资（PE）等各类基金对科技型企业全生命周期的服务能力。充分发挥财政资金"四两拨千斤"的杠杆作用，用好用足担保费补贴、代偿补偿、贷款贴息等财政工具，撬动更多资本要素向民营企业、中小微企业、"双创"主体配置。逐步探索知识产权证券化、科技保险等方式推动科技成果资本化，并辅之以一系列的金融保障方案和兜底方案，保证证券化和抵押操作的担保和风险可控。债券方面，应依法合规扩大发行企业债券、绿色债券、自贸区债券、创新创业债券，并同步加强债券市场评级机构统一准入管理，规范信用评级行业发展。

在成渝地区共建西部金融中心的大背景下，应积极筹建西部证券交易中心等高端资产要素市场，加速经济要素的流动聚合。立足成渝现代高效特色农业带和川菜、火锅等具有全球影响力的特色农产品，打造西部"一带一路"

---

① 图解金融：《118 家城商行全解，看这一篇就够了》，http://k.sina.com.cn/article_6085205919_16ab4df9f01900xi28.html。

农产品国际结算中心和川渝大宗商品交易电子商务市场，建立跨境商品、多式联运及投融资三大交易系统。在数字经济上升为国家战略的背景下，应研究设立数字资产交易所，加快探索数据采集、确权、开放、流通、交易、安全审查和产权保护等相关制度建设。依托公共资源交易平台，进一步完善成渝产权共同交易市场，推进水权、排污权、用能权、碳排放权、数据资产等各类产权公开交易，推动各类要素跨区流动和区域融通。

此外，有效的金融协同监管和责任机制是区域资本市场一体化良性发展的前提，应加大区域联合金融监管和风险防控体系的建设。一方面，协同构建金融监管协调机制，加强在信息共享、风险处置、信访维稳和消费者权益保护等领域的协调配合；另一方面，协同完善金融风险监测体系，强化金融风险联防联控。建立金融稳定信息共享合作机制，搭建金融风险信息共享平台，完善金融风险突发事件应急管理处置机制和协同处置机制。此外，应争取在中央政府和国家金融监管部门的支持下，积极尝试构建区域金融监管机构，通过协调合作来推动区域金融合作，建立责任机制，以解决区域金融监管中存在的问题。

## 二、以科创资源的一体化，打造成渝创新共同体

打造具有全国影响力的科技创新中心是国家赋予成渝的重要任务。通常认为，创新包括三个阶段："0—1"的原始创新阶段、"1—100"从科学到技术的转化创新阶段和"100—100万"成果转化的产业化和资本化阶段，目前成渝地区这三个环节都有短板。因此，应着眼于高端创新要素自由流动，构建成渝"创新共同体"，搭建区域创新科技服务平台，集中区域资源和力量，以联合科技攻关突破核心共性技术。以平台共建、资源共享、成果共享等形式，共同推动技术成果转化，畅通新技术的产业化市场化渠道。

针对"卡脖子"的共性关键技术，可探索重大科技联合攻关的新机制，建设成渝科技资源共享体系。借鉴国外已推行成熟的"联合工业项目（Joint Industry Project）"等协同创新模式，鼓励成渝科研院所、高等学校联合大型企

业集团，打通成渝地区城市之间、机构之间、企业之间的障碍，将区域内分散的创新汇集起来。当前，成渝各个领域的前沿技术平台已逐步搭建，包括多态耦合轨道交通动模实验平台、柔性基地微纳结构成像系统研究装置等前沿引领技术创新平台，大飞机机头、创新靶向药物等国家工程研究中心，转化医学、大型低速风洞等国家重大科技基础设施等。应通过区域科技创新资源的互联互通，共克前沿技术难题，共享科研成果，形成具有全球影响力的科创共同体。

通过搭建区域级的创新资源共享平台，可引导企业在自发的技术和供应链合作之上，通过共享科技创新资源推动更广泛的产业链互动。目前，成渝地区科技资源的共享已经起步。绵阳市的国家两用技术交易中心成立了成都分中心，积极与成都及周边高校、孵化器对接，已收集整理可交易科技成果151项，高校可交易科技成果393项。四川大型科研仪器共享平台在成都设立了分支机构，对接成飞集团、四川航天技术研究院等相关单位开展仪器共享协同创新服务合作，先后为成都优力克、三洪高科、永贸、蓉城制冷等6家单位提供服务。可在此基础上，借鉴沿海地区的"创新券"模式，以科学仪器共享为突破口，推动区域科技服务的异地补贴。针对科技创新资源向大型权威机构倾斜，而中小机构支持不足的情况，以服务平台的形式，发布区域内重点实验室、科学仪器、科技专利、专家人才等高端要素的相关信息，以创新资源的共享推动区域层面的产业链优势互补和资源调度。

此外，从国内外经验看，集聚各类创新要素的创新走廊对于促进区域经济发展日益重要。既能进一步加速创新主体的集聚和创新的溢出，又能更促进走廊上节点的专业化分工。可借鉴硅谷108号公路、波士顿128号公路和长三角G60科创走廊的经验，规划建设成渝双城经济圈科技创新走廊，将成渝地区主要的国家级新区、国家高新区、国家科学城和国家级经开区串点成线，资源共用、互补发展，因地制宜布局高新产业，实现科研—产业—城市的深度融合。沿成渝双城经济圈科创走廊，进一步聚焦规划对接、战略协同、专题合作和市场统一，推动产业空间布局一体化、制度创新一体化和改革措施系统集成一体化，建设一批创新型城市和创新型县（市）。

## 三、以人力要素的一体化，激活成渝创新原动力

对于优质技术人才等创新"元要素"，要畅通劳动力和人才的社会性流动渠道，允许其在区域间自由迁徙，通过人才的集聚和互动催生成渝创新原动力，形成区域级创新引擎。

为此，应以构建人才柔性流动机制为目标，共建成渝统一开放的人力资源市场。一方面，探索建立户口不转、关系不转、身份不变、双向选择、能出能进的人才流转通道。包括建立区域统一的居住证制度和积分落户制度，促进成渝地区劳动力自由流动。完善社保异地互认、社会保险异地转移接续等相关政策。以市民同城同待遇为目标，放开人才劳动力资源的流动迁徙；另一方面，协同深化人才发展体制机制改革。共同建立以创新能力、质量、实效、贡献为导向的科技人才评价体系，以职业能力为核心制定职业标准，进一步打破户籍、地域、身份、档案、人事关系等制约，畅通非公有制经济组织、社会组织、自由职业专业技术人员职称申报渠道。

此外，应加大对高层次人才的共同引进与协同培育力度，激发成渝地区人才创新活力。一方面，大力引育国际一流的战略科技人才、科技领军人才、创新团队和青年科技人才，加强创新型、应用型、技术技能型人才培养；另一方面，适时推动成渝人才共享计划。从"重庆英才服务卡"与四川"天府英才卡"对等互认入手，从政策上鼓励支持跨地区的人才引进。包括建立跨区域人才利益补偿机制，对参与区域人才合作交流的单位在人员配备、职称评定、经费保障等方面给予支持。此外，深化劳动者终身职业技能培训制度，建立省际沟通协调机制，共享职业培训信息，引导劳动者有针对性地参加各类职业培训。可参考"创新券"等跨区共享模式，探索人力培训的跨区购买。

## 第二节 推进公共服务均等化发展

相比于产业、能源、资源等核心领域的合作，公共服务等民生领域的合作更易于开展。当前，我国社会主要矛盾已经转化为人民日益增长的美好生活需要和不平衡不充分的发展之间的矛盾。提高人民群众生活品质，增强人民群众的获得感、幸福感、安全感，是成渝地区双城经济圈建设的出发点和落脚点。

近年来，成渝地区在公共服务一体化方面的成果丰富。两省市联合开展了交通通信、就业社保、医疗卫生等六大便捷生活一体化行动，实施16项便民举措。医疗卫生方面，截至2021年9月底，已有近3500家定点医疗机构实现住院费用跨省直接结算，超过2.5万家医药机构实现普通门诊费用跨省直接结算，两省市医保参保人员住院达11.2万人次，门诊就医购药跨省直接结算达61.6万人次。住房公积金异地转移接续要件简化为1张表，办理时间由1个月缩短至3个工作日以内。此外，省、市全民健康信息平台已建成投用，市州之间的在线信息共享和区域远程诊疗平台正在建设。绵阳46家医院、近170个乡镇卫生院与华西医院、省人民医院、华西附二院、省妇幼保健院等升级医院建立起远程会诊系统，开展远程会诊、远程示教等服务。此外，成渝地区在户籍迁移便利化和居住证互认互通、社会保险协同认证、养老保险关系无障碍转移、跨省异地就医直接结算等方面有了实质性进展。目前，所有市区（县）实现户口迁移迁入地"一站式"办理。

然而，要实现成渝地区的公共服务均等化仍然任重而道远。成渝面临公共服务的短板明显而长板不长的问题，医疗等优质公共服务资源差距明显，市县间诉求差异较大。一方面，中心城市之外的其他地区基本公共服务历史欠账较多，特别是巴中等革命老区，教育医疗卫生事业底子薄、基础差；另一方面，中心城市的高端医疗、优质教育、高品质文化体育活动等优质公共服务资源与沿海发达地区相比仍有差距。在全国各大城市三甲医院数量排名中，成都和重庆分别位列第 12 和第 15，数量不足北京、上海、广州的一半，且少于太原、西安等其他西部中心城市。[①]急需政府端和市场端同时发力，进一步加强公共服务资源的区域统筹，以强带弱、强强联合、资源整合，提高区域公共服务的整体水平，通过做强公共服务等"软实力"，提升成渝地区对劳动力资源特别是高端人才的吸引力。

## 一、政府统筹，搭建基本公共服务区域协作框架体系

鼓励具备条件的城市群、毗邻地区加强基本公共服务标准统筹，推进区域内基本公共服务便利共享的制度安排，是缩小区域公共服务差距、提升基本公共服务均等化水平的重要举措。

建立统一的公共服务的标准体系是推动区域公共服务均等化的重要前提。通过实施基本公共服务的标准化管理，以标准化促进均等化、普惠化和便利化。统筹考虑成渝地区经济社会发展水平和财政承受能力，加强与国家基本公共服务标准和制度衔接，重点围绕基本公共教育、基本社会保险、基本医疗卫生等重大领域，科学制定实施成渝地区基本公共服务标准体系。同步建立公共服务标准的动态调整机制，为新增保障项目留有空间，随人民群众需求变化和公共服务保障能力稳妥提高保障标准。例如，建立成渝地区老年人照护需求评估标准，推动老年人入住评估互通互认等。此外，应有计划地推动医疗服务项目、药品目录等统一，探索推进成渝医疗资源的标准统一，建立健全异地医疗费用联审互查机制。

可通过合作办院、设立分院、组建医联体等形式，充分发挥区域优质医疗资源辐射带动作用。建立区域医疗联盟和远程医疗协作体系，实现会诊、联网挂号等远程医疗服务全覆盖。目前，重庆医科大学附属第一医院与附属儿童医院已分别建立西南眼科联盟和西部儿科联盟，将四川省人民医院、

---

① 《中国各大城市三甲医院排名！北上广的实力领先》，https://www.sohu.com/a/468599400_120972477。

遂宁市中心医院、成都市航天医院等纳入医联体成员单位。四川大学华西医院、四川省人民医院等与重庆28家医疗机构开展省际医疗机构合作试点，广安与潼南实现同级医疗机构部分临床检验检查结果互认。应进一步以共建国家医学中心为目标，建设若干国家临床重点专科群，鼓励发展一批专科医联体，并完善二级以上医疗机构医学检验结果互认和双向转诊合作机制。

教育服务均等化方面，应鼓励教育机构联盟化和集团化，以多种形式推动教育合作发展。一方面，建立基础教育等改革重大问题协商机制，共建校长及教师培训联动平台；另一方面，鼓励有条件的中小学集团化办学，特别是鼓励优质学校跨区建立分校或兼并托管薄弱学校。组建成渝地区双城经济圈高校联盟，联手开展世界一流大学和一流学科建设。

此外，不应忽视区域公共文化资源的协同开发与保护，其对维护核心资源的整体性价值至关重要。以佛教文化圣地峨眉山为例，由于峨眉山位于乐山市与眉山市的交接地带，当前的开发与保护两市之间缺少必要的协作。峨眉的后山，即金顶以西的平缓坡地带位于眉山市境内。峨眉的前山，即金顶以东的山体位于乐山市境内。不论是《峨眉山风景保护区规划》的编制，还是联合国教科文组织《世界遗产名录》的申请，都是由乐山市主导。因此，峨眉山名胜区的范围都只包含了乐山境内的山体，眉山市境内的后山部分没有纳入开发和保护的管控范围。前后山管理主体的相互割裂，导致两市在旅游开发方面缺少协同，造成旅游开发总体品质不一致。另外，由于前后山管控措施不统一，出现了前山严格管控、后山粗放开发的局面，对峨眉山总体价值的维护产生了非常不利的影响。因此，要加强巴蜀优秀传统文化的跨区域保护与利用，对于"蜀道""茶马古道"等涉及多个省市县的文化遗存，要建立合作联盟，对沿线重要文化共同进行保护。区域内博物馆、美术馆、文化馆、文物保护区、文化景区等也应建立合作机制，实现公共文化资源共享的同时，提升文化保护利用一体化。此外，要重视非物质文化遗产保护协调机制，支持川剧、蜀锦、羌绣、夏布等非物质文化遗产的保护传承发展。

在公共服务共享的过程中，应发挥数字化的促进作用。可借鉴江苏掌上云社区、上海智慧养老、浙江城市大脑等先进经验，积极引进国内外公共服务领域数字经济龙头企业和平台企业，大力发展远程医疗、在线教育、智慧养老、智慧文旅、智慧人社、智慧社区等公共服务数字经济。推进数字政府建设，强化教育、医疗卫生、社会保障、社会服务等重点领域数据信息交换共享，建设以居民健康档案为重点的全民健康信息平台和以数字化医院为依托的医疗协作系统，支撑双向转诊、转检、会诊、联网挂号等远程医疗服务。

## 二、市场发力，推动优质公共服务资源跨区调配共享

国家发展改革委等部门 2021 年 12 月联合印发的《"十四五"公共服务规划》中明确提出，要鼓励支持社会力量重点加强养老、托育、教育、医疗等领域普惠性规范性服务供给。应率先在养老、托育、社区服务等群众关注度较高、市场化程度高的公共服务领域，鼓励引导社会力量参与。充分利用市场的逻辑、资本的力量，发挥市场主体跨区域调配资源的能力，推动区域优质非基本公共服务的共享。

应逐步放开放宽准入限制，以公共服务供给主体的多元化推动优质资源的跨区域联动。鼓励社会力量通过公建民营、政府购买服务、政府和社会资本合作（PPP）等方式参与公共服务供给。允许市场化机构依法依规在成渝地区设立多个服务网点，实现跨区域的规模化、连锁化、品牌化运营。以养老为例，稳妥设立养老产业发展引导基金，支持民营养老机构品牌化、连锁化发展，形成一批产业链长、覆盖领域广、经济社会效益显著的康养产业集群和集聚区。此外，应加大对非基本公共服务普惠化发展的支持力度。统筹用好规划、土地、投资、税收、金融等多种支持政策，帮助降低服务成本、提升运营效率、扩大服务供给。如开展养老服务补贴异地结算试点，促进异地养老。

与此同时，应加强对公共服务市场主体监管的跨地区统筹。成渝各地政府应统筹构建责任清晰、多元参与、依法监管的服务质量治理和促进体系，加强对市场化公共服务质量的监督监测，提高服务质量。制定区域产业资本

和品牌机构进入托育、养老等市场的指南,支持民营机构规范性发展。此外,可充分发挥市场和行业协会、商会等社会组织作用,加快提升区域公共服务供给的效率和质量。健全公共服务机构评审评价体系,鼓励开展第三方服务认证和服务质量调查。

## 三、人才导向,以公共服务衔接支撑劳动力跨区流动

不同城市之间社保的转移接续难度大,是推进区域公共服务一体化的首要难题,也是阻碍劳动力自由流动的关键障碍。难点在于要对社保相关利益进行调整,需在城市利益、区域利益以及中央和地方的利益之间寻找平衡。因此,应创新跨区域服务机制,从难到易,逐步探索。

首先,可推广以社会保障卡为载体的居民服务"一卡通",逐步实现成渝优质服务资源"同城待遇"。探索构建成渝区域基本公共服务平台,促进居民异地享受基本公共服务和便捷结算,探索建立户口不转、关系不转、身份不变、双向选择、能出能进的人才柔性流动机制。从交通出行、旅游观光、文化体验等领域入手,逐步拓展完善涵盖就业创业、社会保险、卫生健康、医疗保障、财政补贴、金融服务等居民服务的"一卡通"体系。在此基础上,逐步完善成渝地区社会保险转移接续体系的建设,以点带面,加快推进基本公共服务一体化进程。

其次,从统一管理服务和政策标准方面,逐步探索社会保险关系无障碍转移接续。在启动阶段,应实施民生档案跨区查档服务项目,建立互认互通的档案专题数据标准体系,特别为流动人口在人事档案、社会关系转移接续等方面提供便利服务。率先在基本医疗保险异地就医联网结算等方面实现突破,加快推进全国统一医保信息平台跨省异地就医管理子系统建设,推动跨省异地就医直接结算联网和公立医院检验检查结果互认,推进工伤认定和保险待遇政策统一。逐步实现住房公积金转移接续和异地贷款信息共享、政策协同。

另外,应关注区域人才培养和劳动力培训方面的统筹,推动公共就业同

城对接。以职业能力为核心制定职业标准，进一步打破户籍、地域、身份、档案、人事关系等制约，建立省际沟通协调机制，共享职业培训信息。引导劳动者有针对性地参加各类职业培训，探索实现职业技能等级证书和学历证书互通衔接。统筹职业教育布局和专业设置，打造"智汇巴蜀""才兴川渝"人力资源品牌，联手举办"巴蜀工匠"职业技能大赛等。除互设劳务办事机构之外，可考虑针对成渝地区的特色职业，进行区域联合专项职业能力考核。例如，成德眉资四市人社部门联合开发了"夫妻肺片制作""服装搭配""近视防控""药膳制作"4个专项能力考核规范。此外，应加强公共就业信息的共享互通，通过"四川公共招聘网"等统一的信息发布平台，定期更新各地人力资源市场的供求信息，实现成渝地区岗位信息的实时共享。

# 第三节　推动公共事务协同治理

通常而言，梯度互补型区域合作是最易达成的协作模式。由于存在互补型的战略资源，如土地、劳动力、技术、商业渠道等，双方需要相互借力、互通有无才能达成某种目标，所以有较高的合作动力。在现实中，深圳与周边城市的协作发展是这类区域合作方式的典型。从20世纪90年代的"深港合作"到近年来的"深莞合作""深汕合作"，都属于以稀缺资源共享为前提、以高等级城市的功能溢出为基础的合作，通过互惠互利获得更大的整体收益。

然而，成渝地区首位城市之间、首位与次级城市之间的协作内生动力都不充足。首先，对于首位城市成都和重庆而言，两地优势禀赋相似、发展阶段相近、产业门类相仿，双方缺少明确的利益结合点，各自单独发展的动力和激励要远大于合作的收益。其次，和沿海城市群相比，成渝地区总体实力偏弱，"做大、做全"仍是成都和重庆的阶段性主线。在首位城市"通吃型"发展模式之下，次级城市很难与之建立互补型协作模式。

在此情形下，以公共事务协同治理为基础的"软环境共建"是成渝地区最直接、最明确的"利益结合点"。包括，共建标准体系，塑造共同的区域品牌；共担公共事项，完成各方均可受益的公共性、基础性工作；制定统一的底线，防止一方利益最大化而对区域发展总体利益造成损害。这些一致性目标将形成多方合作动力，在区域范围内产生较强的正外部性，为长期可持续协作发展打下基础。

## 一、以区域一体化投资基金为跨区协调注入动力

区域协调的执行需要有力的财政保障。从国内外经验看，设立跨区域的投资基金是推动一体化实施的重要支撑。例如，美国大都市区规划组织（Metropolitan Planning Organization，MPO）的区域协调职能就建立在联邦交通基础设施基金之上。通过立法赋予 MPO 申请和划拨联邦基金的权力，一方面保证了区域规划组织的权威性，另一方面，由于联邦基金申请和划拨的前提是编制综合性的跨区域交通规划，囊括经济发展、人居环境、社区建设等各项内容，有效带动了各地跨行政区、跨部门的发展协作。目前，成渝地区一体化基金也在初步探索阶段，但推进难度较大。例如，以川南经济区一体化发展基金为例，该基金由四川省财政厅牵头组建。按照《川南经济区建设前期工作资金管理办法》要求，由省财政配套专项资金 400 万元，川南四市各配套地方资金 400 万元，用于推动川南地区重大问题研究和重大项目建设，但各方财政配套资金到位困难。

在中央层面设立区域协调常设机构后，应进一步为成渝区域协调机构提供充足的资金支持和财政权限。通过建立一整套围绕资金申请相关的程序，强化协调机构的权威性和执行力。例如，建立成渝区域一体化投资引导基金，规定基础设施投资项目必须要由区域协调常设机构审核，而该机构必须由区域内各个城市派出代表构成，理顺区域层面投资建设相关程序与各级部门和机构的关系，特别是和国民经济和社会发展五年计划与年度重大投资项目计划的关系。逐步形成重大项目资金分配的协调机制、资金监管机制与制约机制。

基金可由中央财政和城市共同出资，发挥杠杆作用募集多元资金。探索设立一体化发展投资基金和协同优势产业基金作为母基金平台，基金的资金来源可由成渝地区各政府和金融机构共同出资，母基金作为"种子基金"，引导和撬动社会资本参与。根据投资方向，由母基金作为普通合伙人，社会资金作为有限合伙人，创设多个子基金来对成渝地区企业提供融资便利，在保障有限合伙人利益的前提下，推动金融资本与产业资本的有机融合。此外，可探索区域级的税收调节机制，通过开征某类投资方向的调节税或免征某类项目的税收，促进或限制某些投资和建设活动，前者抑制过热开发和同质竞争，后者鼓励特定项目在所在区域的开发。

## 二、完善指引地方决策和企业投资的"区域大脑"

应尽快编制成渝地区产业和创新地图。一方面，沿着细分产业链，研究各个地区未来更适合发展哪些产业，提高地方政府和企业在投资决策时的效率，减少重复建设造成的资源浪费。对市场容量准确分析和预测，评估区域内现有生产与供应能力，为企业和政府的投资决策提供参考，避免同类项目进行重复建设或盲目扩大生产规模，提高总体投资效益；另一方面，用产业地图的方式实现城市间产业要素信息的对称化、动态化，通过数据共享，引导产业在纵向产业链上优势互补、错位竞争、链式发展。

为进一步摸清区域家底，应建立人口等动态监测、预测及协同化的研究机制。一方面，共建区域性数据中心，掌握区域人流、物流、信息流、资金流相关信息，为促进高效流通建立数据基础；另外，要充分发挥区域级研究机构或智库的作用，由财政给予研究经费上的支持，针对成渝地区发展的重点事项进行长期跟踪和深度研究，定期发布客观中立的成渝研究报告。特别要开展人口老龄化等关键性区域研究分析。根据"七普"（2020年）数据来看，重庆常住人口老龄化程度（21.87%）高于全国60岁及以上人口占比（18.7%）3.2个百分点。贝壳研究院基于2020年存量住房交易数据的研究发现，成渝地区老龄独居状态的50岁以上人口占比接近半数，远高于上海、北京等地，且成渝中心城市住房的适老性亟待提升。针对此类重点问题，应协同政府部门、市场主体、学界等，对影响区域发展的产业经济、社会事业、人居环境等各方面因素提前做出预判和谋划，对区域重点领域、重点地区的运行状况实时监测、集中研判、预测预警。

### 三、共构质量标准、市场秩序和信用等规则体系

创立区域质量标准体系和信用体系，是重塑区域品牌形象，推动区域产业品质革命的重要措施。应以"品质成渝""信用成渝"等为目标，逐步完善以市场准入、知识产权、信用监督为核心的规则体系，为成渝地区实体经济高质量发展提供制度性保障。

强化产业联盟作用，共同建立一套高质量的质量标准体系和服务标准体系。对标"德国制造""日本制造"，让"成渝"可为地域产品的品质进行背书。联合成立工业互联网、汽车摩托车、电子信息等工作专班，制定行业标准化认证体系和质检体系。目前重庆已着手布局建设国家智能网联汽车质检中心，国家金融科技及创新业务认证中心、国家金融科技及创新标准化服务中心等。此外，各产业联盟已发起成渝地区双城经济圈全球投资推介会，联合举办招商推介会，组建成渝地区双城经济圈技术转移联盟。

知识产权作为创新的基石，应全面加强成渝地区在知识产权保护方面的合作。开展情报交流、信息通报和联合执法行动，筹备成立成渝地区的知识产权服务联盟，减少侵权，鼓励创新。版权交易方面，可借鉴佛山等地"工业设计"版权交易平台等做法，为企业和设计师、工程师提供具有法律效力的版权凭证证书，实现版权查重、存证、交易、维权的一站式服务，解决常规版权管理"确权成本高、维权难、版权流动性不足"等问题，提升制造业原始创新的积极性。支持建设成渝地区知识产权保护中心，设立成都知识产权法院。

在市场监管方面，建立市场准入"异地同标"服务机制。构建跨省跨区域"同一标准办一件事"的市场服务系统，实现身份"一次认证，异地可

办"、名称"一处可取，异地同标"、经营"一处可营，异地通行"。实现川渝涉税业务实名信息互认、跨省电子缴税、市场主体跨省市"一键迁移"。支持成都、重庆先行试点负面清单管理制度，并逐步扩大至城市群内全部城市。清理和废除妨碍城市群市场统一和公平竞争的各种规定和做法，规范非税收入管理，严格财政支出型优惠政策。支持成渝地区开展市场监管体制改革试点。加强质监、工商、安监、公安等联合执法。

此外，应以打造"信用成渝"为目标，实行信用联合奖惩，推进区域信用合作计划。依法建立健全企业和个人信用数据库以及信用信息征集、查询和应用制度。明确区域内企业发展和知识产权信息公开机制，实行守信联合激励、失信联合惩戒，信用"红黑名单"共享互认。优化区域整体的营商环境。逐步完善区域信用体系合作与发展，加深区域内信息共享、监管共为、市场共育、规制共建、品牌共铸，更好营造区域诚信市场环境，不断增强区域凝聚力和竞争力。特别是要做好生态环境、食品安全、药品安全、产品质量领域信用信息归集和共享。加强川渝金融风险联防，共同推进防范和处置非法金融活动平台系统建设。

## 四、推动区域公共安全风险的常态性联防联控

提升区域防灾备灾能力的重要性不言而喻。以联动监测、预警和救援等方式，共同建立食品安全、灾害防治和安全生产等保障体系，是区域应急管理合作的重要方式。

要强化防灾备灾体系和能力建设，完善重大灾害事件预防处理和紧急救援联动机制。加快建设国家西南区域应急救援中心以及物资储备中心，打造2小时应急救援圈，推进防灾减灾救灾一体化。建立健全安全生产责任体系和联动长效机制，有效防范和坚决遏制重特大安全生产事故发生。推广实施公共设施平急两用改造，提升平急转换能力。农业方面，建立动植物疫情及农作物重大病虫联防联控机制。

特别是要加强区域公共卫生应急能力，共建重大突发公共卫生事件医疗

救治体系。建立包括省级、市地级重大疫情救治基地、公共卫生综合临床中心。逐步建立统一的急救医疗网络体系，实现急救信息共享和急救网络连通。增强公共卫生早期监测预警的信息共享，完善联防联控常态机制。分级推动城市传染病救治体系建设，实现地级市传染病医院全覆盖。加强公共卫生应急物资储备，提升区域应急物资生产动员能力。在跨界毗邻地区，按可达性统筹 120、110 等服务范围。

# 第四节　探索经济区与行政区适度分离改革

行政区是国家政权出于行政管理的需要，对所辖区域进行的分级划分，每一级行政区对应着一级行政管理机关。而经济区通常被认为是由紧密的经济产业联系形成的不同空间。在行政主导资源要素配置的时期，经济区的划分直接依赖于行政边界。例如，1985 年我国首次提出东、中、西三大地带的划分思路，并将全国划分为十大经济区。将经济区等同于不同级别、不同数量的行政区的组合，往往忽视了真实的经济运行需求。

从现实观察看，省市区等行政边界已经不足以覆盖经济市场的范围，并且，行政区对经济规律作用的空间产生了直接干扰，导致了对真实经济区的行政割裂。在这样的背景下，中央财经委员会第六次会议和《规划纲要》明确提出，要探索经济区与行政区适度分离改革，核心用意在于要破除行政区对经济区的分割，打破制约经济运行的行政壁垒，这既是确保区域协调发展战略取得实质性成果的重要手段，又是进一步理顺政府与市场关系的必然要求。

为实现经济区与行政区适度分离，首先要从理念上重视市场力量在区域协作中的关键性作用。充分发挥市场主体在产业选择、布局优化、集链成群和行业自律等方面配置资源、传递需求的重要作用。特别是在物流枢纽、通道运输等重点领域，应积极通过跨行政区的市场化整合，强化区域资源调配的能力，实现更高的运营服务效率。其次，应推动不同行政区在发展政策和管理权限上的"趋同"。行政区对经济区的割裂很大程度就来自于各地区不同优惠程度的招商政策、不同补贴水平的产业政策、不同供给水平的公共产品政策等。要破除这种割裂，就需要调整并改变这种差异化的格局。此外，经济考核是各区"画地为牢"、追求自身发展利益最大化的原动力，应从经济核算和考核方式这一源头上进行创新。

## 一、以合作示范区为突破口充分改革试验

改革需要"试验田"。在川渝毗邻地区合作共建功能平台，是探索行政区和经济区适度分离改革的"天然靶场"，也是全国其他地区普遍采用的区域协作方式。2011 年 2 月深圳市和汕尾市合作设立的深汕特别合作区，2019 年10 月上海、江苏和浙江三省市合作成立的长三角生态绿色一体化发展示范区等，都是通过圈定特定空间范围作为合作示范区的方式，率先试验一系列跨区域协作的政策，包括共同组建平台公司、协作开发建设运营、跨行政区财政协同投入机制等。

早在 2008 年，四川省就以灾后重建为契机，开始探索跨区域的园区合作共建，但在实施推进中存在较大困难。例如，汶川灾后重建的成都—阿坝工业园区、雅安灾后重建的雅安芦天宝飞地园区等。之后，该模式逐步扩充用于促进川西北等贫困地区的跨区域帮扶，如绵阳—阿坝工业园。自成渝地区双城经济圈建设以来，两地以毗邻地区联动发展作为突破口，谋划川渝高竹新区、遂潼一体化发展先行区、万达开川渝统筹发展示范区、川南渝西融合发展试验区、合广长协同发展示范区等区域合作平台，开展了系列改革探索，签署合作协议超过 40 份。然而，在实际落地层面双方难以就投入和收益问题达成共识。推进实施的主要困难在于，合作机制较难理顺。合作园区启动资金由两地共同出资，管理机构由两地区县干部共同任职。因双方人员行政归属不同，对园区发展理念和日常运营方式存在分歧，给工作推进造成障碍。此外，市场化合作较为欠缺。目前合作园区模式还是以双方政府或政府

投资平台合作为主导，社会资本的能量还没有充分调动，社会资本参与合作园区建设的合理模式还有待探索。应从合作园区的痛点出发，力图从体制机制上破解合作激励不足的问题。

应率先搭建财税利益分享的政策框架。引导川渝毗邻地区按照"一事一议"原则，以共建园区和合作项目为载体，开展跨区域合作和财税利益分享。对地方留存部分的税收，川渝两地市（区县）可协商确定税收共享范围、税收分享比例、解缴地点、解缴方式。统一两地逾期未申报简易处罚标准，并联合制定差异化处罚措施，推动两地税收处罚标准统一。

为避免参与合作区域共建的不同行政区域过早陷入利益分配博弈的僵局，可探索利益留成等过渡期的制度设计。暂时实施利益留成机制，即对合作区域的短期比如8年或者10年内的发展收益免除上缴税收，激发地方区域将合作区做大做强的积极性和动力。从长期来看，为避免合作区域成为新的"税收洼地"以致出现新的不公平竞争，在合作区域发展逐渐稳定后，可根据能够衡量合作区域高质量发展水平的如国际专利数量、上市企业数量、企业研发经费比重等指标来制定差异化的分成制度，对在这方面表现突出的区域可实施差异化的税收分成制度，鼓励合作区始终能够按照高质量发展的要求来制定发展战略。目前，高竹新区、遂潼先行区等试验区正在按照"存量收益由原行政辖区各自分享、增量收益五五分成"的原则制定利益分配方案。

此外，逐步探索社会事务与经济事务分开管理。将高竹新区、遂潼先行区等试验区作为独立经济单元，通过规划编制、基础设施、公共服务、开发建设、运行管理"五个一体化"实现经济活动一体开展，将村镇管理、民生事业、基层治理"三个属地化"交由原行政辖区负责，实现社会事务分区管理。此外，高竹新区还设立全国首个税费征管服务中心，实现新区范围内税费政策、征管、纳服一体化。规划建设、服务标准、要素政策形成"三统一"，水电气实现"同城同价"。在此基础上，可进一步探索合作园区由所在地政府负责土地一级开发，社会资本参与厂房建设等方式，充分吸纳市场化力量。对于有跨区域转移的企业，从融资贷款、设备搬迁、厂房补贴、活动补贴等方面给予转移企业和组织转移的社会组织资金支持。

在成渝地区双城经济圈川渝党政联席会议机制及协调会议机制下，增设毗邻地区合作专项工作组，高位统筹毗邻地区重大合作事项。强化服务前置，建立重大项目协商制度，共同做好项目选址论证、用地预审和规划许可等服务，促进基础设施、产业发展、社会民生类重点项目提早落地。围绕重大工程项目推行联合审批，建立经营异常名录市场主体名单和严重违法失信企业名单互相抄送机制。此外，不断完善协同创新、工业设计、检验检测、人才培养等方面公共服务体系建设，力争在产业合作园区内率先实现"准入同标""要素同价""服务同质"。支持两省市高等院校、职业院校、研发创新机构跨区域在产业合作园区设立分支机构。利用西博会、智博会等大型展会平台，推介成渝地区产业合作示范园区发展。

国家和省级层面应加大对示范区的政策支持力度，赋予更多的改革权限。目前，国家层面对于跨省级行政区域合作的政策支持尚不完善，导致毗邻地区联合申报国家级平台或试点面临政策制约。以内江、荣昌共建现代农业高新技术产业示范区为例，作为甘蔗、柑橘等主产区，川渝两省市拟共建国家农业高新技术产业示范区，但依据科技部《国家农业高新技术产业示范区建设工作指引》，无法跨区域联合申报。应进一步争取国家、省级层面的改革权限和政策支持。此外，要有倾向地将国家和省级区域的重点发展产业、企业以及项目布局于跨行政区域的合作区域，为此类区域提供发展的原始动力。与此同时，也可将此类区域作为承接产业转移的政策试点，对来源于国际或者国内发达地区的先进产业率先实施产业分成制度，允许这一区域与产业来源地就承接产业的税收收益进行协商与分配的改革权限，激发合作区域吸引先进产业的能力。

## 二、引导重点领域建立市场化的分利联盟

能源、交通等战略性资源领域的属地化无序竞争是影响区域提升资源配置效率和核心竞争力的重要障碍。2020年11月，中央全面深化改革委员会第

十六次会议明确提出，要聚焦国家战略领域，积极开展专业化重组整合，优化资源配置、减少重复投入、降低运营成本，进一步发挥协同效应、提高业务规模和专业化程度，提升企业核心竞争力。在重点领域，应逐步以市场化的手段，逐步淡化以企业属地为原则的各项制度障碍。

兼并重组、集团化、交叉持股等是推动重点领域企业市场化整合的重要方式，可有效减少不必要的低效竞争。从国内外经验来看，港口、机场的整合都是一种大趋势，可大幅度提升枢纽和通道的能级和全球竞争力。有必要重点关注两省市机场、港口、中欧班列、西部陆海新通道等领域，积极探索以市场化为原则，推动相关企业采取共同出资、互相持股等模式促进资源整合和高效运营。2019年9月，四川省将泸州港、乐山港和宜宾港整合成同一个港务集团，共同组建长江上游（四川）航运中心，解决了多年以来的港口同质竞争问题。下一步，应积极推动重庆机场集团、四川机场集团双方交叉持股，强化成渝地区机场的协作运营，共同提升成渝国际航空枢纽地位。

此外，应逐步推动中央企业与地方企业的重组整合和协同发展。央地之间的兼并重组、交叉持股和战略合作，有利于推动大监管格局建立，逐步淡化以企业属地为原则的各项制度障碍的边界。未来需要重点从三个维度推进，其一是政策的协同。在政策层面推动战略性合作、制度有效衔接、机制深度融合。其二是以无偿划转、有偿重组、组建股份制公司等方式推动央地国有企业专业化整合，集聚优势产业和优势业务。其三是在重点领域重点行业以项目落地、重大工程、搭建平台等对接模式，形成"以点带面"的立体式协同体系。但兼并重组涉及面广、利益协调难度大，不是简单的两个或多家企业同类项合并，更多的是深层次的融合，包括企业文化、经营管理、运行体制机制、人员的选用任用、企业战略调整与规划等。因此，要注重发挥市场的资源配置作用，坚持企业市场化地位和市场化运作，以市场化的手段进行企业市场化改革与内外发展环境优化。重视协商自愿，统筹兼顾各方利益，将企业战略、管理、营销、生产、资本、人员等核心要素通盘考虑，扬长避短、合理科学规划，进行系统性的资源配置与优化调整。

### 三、推动管理权限和政策机制的趋同化

发展政策不统一是导致行政界线对经济区干扰和分割的重要原因，推动经济区与行政区适度分离改革就必须要解决发展权限不一致的问题。在特定的发展阶段，制定与其他地区不同的发展政策能够增强地方发展的比较优势，从而激发地方发展活力。故而不同地区会根据自身发展需要制定不同优惠程度的招商政策、不同补贴水平的产业政策、不同供给水平的公共产品政策等。但从整体区域视角来看，这种不同的发展政策会严重干扰市场经济规律的作用空间，阻碍区域之间形成规模化的市场结构和合理化的产业分工格局。

首先，应允许自由选择合作主体中最高水平的发展权限和政策，即通过"趋高"来实现"趋同"。这在全国其他地区的区域合作中都有过尝试。如在粤港澳大湾区战略中，位于汕尾市的深汕特别合作区可完全享受深圳市的管理与发展体制。成渝地区可从合作示范区开始逐步探索发展权限的跨行政区共享。允许合作区域根据自身情况以及发展任务的要求来自主选择所涉不同行政区域的发展政策。各类产业政策在区域内要共享，特别是产业优惠政策。这样企业既可享受 A 地较低的要素成本，又能享受 B 地更好的扶持政策。以川渝高竹新区为例，《川渝高竹新区总体方案》明确提出允许高竹新区在制定和执行政策时，可以自主选择重庆市和四川省适宜新区发展的政策。这无疑会对新区在起步阶段的发展产生巨大推动作用。

其次，要逐步破解行政层级不对等对区域合作的制约。川渝毗邻地区一般以相邻的县与县（区）或市与县（区）进行合作，由于四川省和重庆市下辖县（区）行政层级不对等，一些合作项目报批程序不一致，一定程度上制约合作质效。应借鉴长三角生态绿色一体化发展示范区有关做法，四川省纳入毗邻地区合作平台的县及县级市，采取党政主要领导高配，或比照四川省省管县赋予规划、土地、环保等重点领域管理权限，便利两地区县之间合作。

此外，要探索建立统一编制、联合报批、共同实施的规划管理体制。按

照现行法律规定，各地只能编制本行政区域内空间规划和专项规划，不能统筹跨区域地区，导致在编制空间和产业发展规划时不能有效衔接。以德阳为例，成德两地边界接壤里程长达 153 千米，同属龙门、龙泉山脉地带，在一体化推进城镇建设、发展生态旅游、推动文旅产业融合方面具有良好基础。但受行政区划条件限制，两地在制定城市总归、旅游综合功能区规划、推进生态旅游轨道交通项目建设时，不能将同属一条山脉的区划外资源纳入统一规划，阻碍了两地规划的无缝对接。因此，要强化两省市毗邻地区、中心城市和周边城市（镇）等在专项规划、区域规划、空间规划上的衔接。

## 四、以跨区经济核算助力考核模式创新

我国现有的政绩考核机制过度依赖于国内生产总值、财税收入等经济发展指标。在行政性分权的背景下，地方政府政绩具有非共享性和排他性，地方市场分割成为了各地政府的理性选择，区域经济一体化的整体利益被放置于次位，包括成渝城市群在内的大部分地区都存在这样的问题。受制于当前自上而下的绩效考核，即使是川渝毗邻地区的各个合作示范区，各县区为追求短期发展，也不得不将合作放在次要位置。加之川渝省级政府未将毗邻地区合作纳入政绩考核指标，毗邻区县多侧重于自身工作"单打"，协同推进的"双打""多打"内生动力不强。

应充分发挥考核机制的引导作用。一方面，要通过调整地方政府政绩考核制度，增加对区域合作工作的考核权重。2020 年 11 月，中组部印发《关于改进推动高质量发展的政绩考核的通知》，明确要求政绩考核制度必须根据创新、协调、绿色、开放、共享等五大发展理念来针对性地设置有关指标。基于这一思路，未来在推动经济区与行政区适度分离改革的过程中，可以深化与细化"协调"工作部分的考核内容，纳入反映成渝一体化程度的各项指标，如能够反映市场统一性、要素同质性、制度一致性、经济关联性的一系列指标，增加有关地方是否实质性参与并推动区域合作的指标数量和考核权重。以川渝高竹新区的建设为例，未来对重庆市与四川省的政绩考核不仅需

要考核两省市自身的经济增速等指标，还需要将高竹新区的经济指标同时纳入川渝两地的考核。另一方面，考虑到探索跨行政区域发展模式的长期性，就考核体制而言，应对此类跨行政合作区域进行 5 年甚至 10 年的长期化考核，在这一时期内，区域管理部门和主要领导应保持稳定并将这一长期考核结果作为主要领导的重要考核指标，对在推动合作区域高质量发展方面取得明显成效的官员可以越级提拔，以此来确保合作区域能够始终根据高质量发展要求来制定发展规划和推动发展实践。

建立区域一体化导向的经济社会发展统计制度是推进一体化前提。为此，应创新跨行政区财税核算方式，制定经济指标跨区分算细则。要探索跨区域统筹的税费政策。经统计，川渝在税收领域政策差异较大，税收比例分成、执法标准、办理流程等方面共计 801 项差异，目前双方已合作统一 720 项，剩余 80 余项政策属于国家事权，有待政策设计支持。此外，考虑到不论是企业和项目的转移，还是人才和技术的流动，在短期将会对迁出地的财政等方面带来一定的损失，针对转出地和转入地的利益冲突，探索新型利益补偿机制，除设定税收分成的缓冲年限之外，应从政策层面研究制定生产总值指标分解的具体细则。探索经济统计分算方式，支持建立互利共赢的地方留存部分税收分享机制，推进税收征管一体化。研究对新设企业形成的税收增量属地方收入部分实行跨地区分享。建立跨行政区财政协同投入机制，按比例注入开发建设资本金，统筹用于区内建设。对于科技专利等非实体要素，设计公平合理的区域技术转移体系，依据价值大小商定技术产权比例，以股权合作等方式建立收益分配机制。目前，川渝高竹新区作为首个"试水"区域，已在逐步探索制定地区生产总值等指标的初步分算方法。

在实操层面，在统计监测和征管程序上，可进一步优化跨区域财税核算机制。推出税款跨省电子缴库新模式，打破两地跨省缴库的区划限制，推动实现"缴库同城化、流程电子化、业务标准化"。此外，应进一步完善一体化统计监测体系，签订税收征管一体化合作协议，统一新办纳税人发票核定标准、个体工商户定额程序和标准等一体化举措。

# 第七章
# 强化高品质生活宜居地建设

　　安居乐业是古今中外人们的美好追求，体现了人与自然、人与社会、人与经济发展相互和谐的关系。2021 年国家出台的《成渝地区双城经济圈建设规划纲要》明确提出要建设高品质生活宜居地，体现了在推进现代化进程中，国家对成渝地区双城经济圈的特殊定位。"高品质生活宜居地"这一概念最早源于习近平总书记对重庆的发展目标要求。2016 年，习近平总书记视察重庆时对重庆提出了相关要求。重庆是西部大开发的重要战略支点，处在"一带一路"和长江经济带的联结点上，要求重庆建设内陆开放高地，成为山清水秀美丽之地。2018 年全国两会期间，总书记参加重庆代表团审议时，又提出了"努力推动高质量发展、创造高品质生活"的发展要求。成渝地区地处长江上游，具有独特的自然条件，是我国的重要生态屏障，必须大力推动生态文明建设，坚持山水林田湖草沙一体化保护和系统治理，通过生态保护与修复，探索绿色发展的路径，构建新的城市景观，以及打造良好的社会发展环境，推动高质量发展和满足人民对美好生活需要的内在要求，努力建设包容和谐、美丽宜居、充满魅力的高品质城市群和都市圈，力争在我国现代化建设新征程中发挥示范引领作用。

# 第一节　共同筑牢生态屏障

长江上游作为长江经济带的重要生态屏障，承担着净化水质、涵养水源、水土保持、保护生物多样性等重要生态功能。成渝地区双城经济圈地处长江上游，区域内山川河流众多、物种丰富多样，周边地区生态相对脆弱，生态保护责任重大。[①] 目前，成渝地区双城经济圈生态屏障建设已取得显著成效，川渝两省市要按照党的二十大报告中提出的"提升生态系统多样性、稳定性、持续性"要求，继续协同发力，以国家重点生态功能区、生态保护红线、自然保护地等为重点，加快实施重要生态系统保护和修复重大工程，强化生态管控、加大生态修复力度，着力完善生态网络体系，共同筑牢长江上游生态屏障。

## 一、区域生态建设现状与不足

近年来，川渝两省市依托区域山水林田湖草及重要生态空间，初步建立了生态网络共建、生态管控共抓、生态修复协作等机制，生态屏障建设取得成效，但生态空间优化、生态管控和生态修复等任重道远，仍需加大生态建设力度。

### （一）生态网络体系基本成形

区域生态地位重要。成渝地区双城经济圈生态保护极重要区面积约6.0万平方千米，占32.5%，秦巴山区、武陵山区、大娄山区、龙门山区等盆周地区[②]的生态保护重要性十分突出。区域周边分布了三峡库区水土保持、川滇森

---

① 张振：《推动成渝地区双城经济圈建设　打造高质量发展重要增长极——国家发展改革委规划司负责人就〈成渝地区双城经济圈建设规划纲要〉答记者问》，《中国经贸导刊》2021年第23期。

② 四川盆地盆周地区包括重庆市黔江区和四川省叙永、古蔺、沐川、峨边、马边、高县、珙县、筠连、兴文、屏山、荥经、汉源、石棉的行政范围，盆中地区为成渝地区双城经济圈范围内除盆周地区外的其他区县。

林及生物多样性、秦巴生物多样性、武陵山区生物多样性及水土保持、若尔盖草原湿地等 5 个国家生态功能区[①]，物种基因库丰富，拥有大熊猫、川金丝猴、达氏鲟、珙桐等珍稀物种，是我国生物多样性保护热点地区之一。三峡库区是国家重要的淡水资源战略储备库，占全国淡水资源的 35%，维系着长江中下游地区 3 亿人的饮水安全。

生态网络基本成形。成渝地区双城经济圈形成了由长江干支流水系和重要山系组成的生态网络，拥有全国自然保护区 80 余处、国家森林公园近 40 处、全国重要饮用水源地近 60 处，是我国长江上游地区重要生态屏障。目前，川渝共建各级各类自然保护地达 742 处，其中世界自然遗产地 7 处、森林公园 225 处，生态多样性得以有效维护。

### （二）生态共建机制初步建立

生态网络共建机制持续完善。两省市联合加快长江、嘉陵江、乌江、岷江、沱江、涪江等"六江"生态廊道规划建设；协商划定两省市生态保护红线，协同推行林长制，推进"两岸青山·千里林带"生态治理；重庆广阳岛片区获国家支持开展长江经济带绿色发展示范，成功创建国家"绿水青山就是金山银山"实践创新基地；四川大熊猫国家公园、龙泉山城市森林公园等建设有序推进。[②]

生态管控共抓机制稳步推进。两省市协调编制和实施毗邻区域"三线一单"[③]，协商制定川渝两地长江经济带发展负面清单实施细则，制定区域环境准入协商机制，探索建立环评"白名单"机制，共同引导产业科学合理布局；积极探索建立生态补偿机制，签订了长江流域川渝横向生态保护补偿实施方案和协议，在长江干流和重要支流濑溪河开展试点，压实河流污染联防联治责任；强化流域水资源联合管理调度，严格落实长江"十年禁渔"要求。

生态修复协作机制初步建立。两省市共同印发实施意见，明确建立生态

---

① 吴协保等：《长江经济带石漠化土地现状及分布特点》，《中南林业调查规划》2021 年第 1 期。

② 《川渝聚焦 3 大任务筑牢长江上游生态屏障》，《重庆日报》，2021 年 10 月 28 日。

③ 生态保护红线、环境质量底线、资源利用上线和生态环境准入清单。

修复共建联席会议制度，通过组建专家委员会、搭建政策一体化平台、共同制定标准规范，共同开展成渝地区双城经济圈国土空间生态修复工作。两地还签订生态屏障建设、有害生物联防联治等合作协议，共同加强林业建设，打造绿色青山林带。

### （三）生态建设任重道远

生态空间格局有待进一步优化。由于区域内山水林田湖众多、生态系统复杂，加上生态地质灾害频发，生态网络建设难度大，生态空间被侵占现象仍然存在。四川盆地盆中部分地区现状耕地面积大于可承载规模，盆周部分生态保护地区和地灾隐患地区的人口城镇分布仍然密集，部分珍稀动植物生境受到侵占，动物迁徙通道遭到阻断。江河湖泊等水生态廊道建设步伐需要加快，一些自然保护区、森林公园、重要饮用水源地等重要生态功能区的保护还需强化，山水林田湖草的生态网络体系亟待完善。

生态管控还需要进一步强化。由于地形地貌复杂和条件限制，加上行政区划和利益机制等因素，成渝地区山系、水系的生态管控措施还需进一步细化落实，特别是生态敏感地区和重要水域岸线保护急需加强。生态屏障如大巴山区、大娄山区、川东平行岭谷等跨界地区存在管控标准不一致、保护建设行为不协调等问题，破坏生态空间和生态廊道的完整性和一致性。特有珍稀鱼类如达氏鲟、胭脂鱼等在流域中的栖息洄游环境被破坏，种群数量持续减少。需要成渝地区进一步健全生态联动管控机制，完善生态保护补偿的体制机制，强化生态管控，为生态建设保驾护航。

生态修复需要进一步加强。成渝地区还存在大量石漠化地区和废弃矿山需要治理修复，局部地区水资源供需紧平衡态势明显，水土流失情况严重，嘉陵江流域近10年输沙量占三峡库区的29.4%，联动推动生态修复十分紧迫。同时，区域内区块条件不同、生态系统多样，加上生态修复所需资金量大、见效周期长，川渝两省市需要尽快完善体制机制，共同加大政策支持力度，因地制宜创新生态修复模式，推动区域生态修复上新台阶。

## 二、共建生态网络

成渝地区双城经济圈要立足良好的生态本底,借鉴成功经验,以绿色生态廊道、绿色生态屏障、重要生态空间保护为重点,实施生物多样性保护重大工程,科学开展大规模国土绿化行动,着力优化生态空间格局。

### (一)构建绿色生态廊道

绿色生态廊道是区域生态网络的重要组成部分。成渝地区双城经济圈水系丰富,交通网络相对发达,是绿色生态廊道建设的重点。一方面,要继续强化水系绿色生态廊道建设。以长江干流为干线,嘉陵江、涪江、岷江、沱江、乌江等主要支流为支线,其他支流、湖泊、水库、渠系等为支撑,构建绿色生态廊道。[①]加大长江生态主轴保护力度,强化水生生物多样性保护,联合开展长江十年禁渔专项行动,保护珍稀鱼类,共建长江上游珍稀特有鱼类国家级自然保护区。重点依托沿江、沿河的风景区、滨江公园等串珠式景观节点,以堤坝绿化带、道路绿化带、湿地公园等为骨架,构筑绿色生态系统。强化江河岸线及库区消落带生态修复治理,维护连续的河道岸线生境。另一方面,要强化交通绿色生态廊道建设。推进成安渝高速公路、成渝环线高速公路、巴广渝高速公路、成渝高铁、成渝中线高铁等重要交通通道[②]绿化美化,打造四季有花、廊道常青的绿色生态景观走廊。

### (二)共筑绿色生态屏障

绿色生态屏障是维系区域生态安全的保障。成渝地区山系发达,以主要山系为重点的绿色生态屏障建设也是成渝地区双城经济圈生态建设的重点。一方面,要建设盆周绿色生态屏障。加大与周边地区协同力度,共同加强生物多样性保护、水源涵养及土壤保持,强化天然林保护和自然保护地建设与管护,筑牢岷山—邛崃山—凉山、米仓山—大巴山、武陵山、大娄山等盆周

---

①《成渝地区双城经济圈建设规划纲要》,《人民日报》,2021年10月21日。

② 中共四川省委四川省人民政府决策咨询委员会:《错位发展推动成渝地区双城经济圈建设》,《决策咨询》2022年第1期。

生态屏障。另一方面，要夯实内部绿色生态屏障。依托龙门山、华蓥山、大巴山、明月山等，实施森林生态系统休养生息和矿区恢复治理，共筑绿色生态屏障。[①] 协同实施长江"两岸青山·千里林带"工程，打造"一江碧水、层林叠翠、四季花漾、瓜果飘香"的美丽生态带。

### （三）加强生态空间保护

除了山系生态屏障、水系生态廊道之外，保护区、公园等生态空间也是成渝地区双城经济圈生态建设的重中之重。要强化自然保护区、国家公园、重要饮用水源地等重要生态空间保护，共筑生态网络体系。一方面，要加快各类自然保护地整合优化，继续强化重要生态空间保护。[②] 深化大熊猫国家公园建设，推进长江三峡国家公园建设，打造一批国家公园。建设动物栖息地连通廊道和走廊道，加强珍稀濒危动植物保护。共同开展长江、嘉陵江、涪江、渠江流域湿地保护和退化河湖湿地修复，加强小型溪河、沟渠、塘堰、稻田等小微湿地建设[③]，提升一批湿地公园品质，构建成渝地区湿地连绵带。另一方面，要强化城市生态空间建设。打造龙泉山等城市森林公园，优化城市生态空间。共建森林城市群[④]，加快推进泸（州）内（江）荣（昌）永（川）大（足）森林城市群、达（州）广（安）万（州）开（州）梁（平）森林城市群、南（充）遂（宁）潼（南）铜（梁）合（川）森林城市群建设。

## 三、共抓生态管控

成渝地区双城经济圈要立足现有生态管控制度，借鉴成功经验，以生态管控制度和生态保护补偿机制完善为重点，共同强化区域生态管控，为筑牢生态屏障保驾护航。

---

① 《成渝地区双城经济圈建设规划纲要》，《人民日报》，2021 年 10 月 21 日。

② 《构建绿色生态屏障建设多元投入机制》，《四川日报》，2021 年 11 月 10 日。

③ 《川渝林业部门签署合作协议 共筑长江上游生态屏障》，中国新闻网，2020 年 5 月 25 日。

④ 《重庆四川两省市印发贯彻落实〈成渝地区双城经济圈建设规划纲要〉联合实施方案》，《重庆日报》，2021 年 12 月 31 日。

### （一）统筹建立生态管控制度

完善的制度基础是生态管控的前提。成渝地区双城经济圈需要借鉴国内外成功经验，共同建立起严格的生态管控制度。首先，要巩固生态管控基本制度。坚决执行最严格的生态环境保护制度，统筹建立并实施双城经济圈及其周边地区"三线一单"生态环境分区管控制度。[①] 其次，要探索完善生态管控司法制度。推动构建适应区域生态环境治理需要的环境资源案件集中管辖机制，深化生态环境保护司法协作，依法联合查处交界区域破坏生态环境的违法行为。集聚有效审判资源，优化审判机制，推进环境资源审判专业化建设，积极探索设立长江上游生态保护法院。加大环境公益诉讼和生态环境损害赔偿案件审理力度，积极稳妥审理绿色金融等新类型案件。[②]

### （二）建立完善生态保护补偿机制

川渝两省市山水相依，生态问题唇亡齿寒。建立生态保护补偿机制是强化成渝地区生态管控的重要内容。一方面，要积极争取上级支持。要加大国家和省级生态保护补偿资金对长江上游生态屏障建设的支持力度[③]，加快建立健全跨流域跨区域横向生态保护补偿机制。另一方面，要因地制宜探索多元化补偿方式。引导下游地区通过生态产业扶持、生态环境治理工程帮扶建设、人员技术培训、飞地经济等方式对上游地区实施补偿。严格执行生态损害赔偿制度，按照"谁损害谁担责"原则，积极探索"损害—担责—修复"新模式。同时，要拓宽生态产品价值实现路径。将优质生态文化资源与农旅、林旅、文旅深度融合，构建生态补偿效益与群众利益的联结机制，让百姓共享生态产品红利。此外，还要探索生态敏感地区生态搬迁。在国家公园、国家级自然保护区和生态极度脆弱区，探索实施生态搬迁、避险移民等

---

①③《成渝地区双城经济圈建设规划纲要》，《人民日报》，2021年10月21日。

②《最高人民法院关于为成渝地区双城经济圈建设提供司法服务和保障的意见》，《人民法院报》，2021年3月2日。

民生工程，引导超载人口有序转移，减轻自然生态系统承载压力。①

### （三）强化重点水域生态管控

地处长江上游地区的成渝地区双城经济圈，重点水域的生态管控是关键。一方面，要强化水资源调度和保护。要进一步健全水资源承载能力监测预警机制，加强流域水资源统一管理和联合调度。强化长江、嘉陵江等重要饮用水源地保护，采取水资源调度、环境治理、生态修复等综合措施，切实保障饮用水水源地水量和水质要求。②另一方面，要切实保护好重点水域生态安全。落实好长江十年禁渔，实施长江上游地区重点水域全面禁捕，严厉打击非法捕捞，建立禁捕长效机制。③强化河湖岸线保护，落实水域岸线及其用途管制，划定生态岸线，防止岸线资源的过度开发。

## 四、强化生态修复

成渝地区双城经济圈要保护好现有生态修复成果，借鉴成功经验，以重点流域、石漠化严重地区、废弃矿山等为重点，协同推进生态修复，共同夯实生态本底。

### （一）强化重点流域生态修复综合治理

由于生态脆弱和水土流失，流域治理一直是长江上游地区的重点。目前，成渝地区双城经济圈所处的长江上游流域水土流失还比较严重，特别是三峡库区还存在大量消落带需要修复，需要强化综合治理。首先，要强化三峡库区的生态治理修复。加大对重点流域、三峡库区"共抓大保护"项目及三峡后续工作专项支持力度，实施"两岸青山·千里林带"等生态治理工程。强化周边地区生态系统保护和治理，加强三峡库区小流域和坡耕地水土流失

---

① 史海春等：《提升甘肃水资源保护及综合利用水平的对策研究》，《发展》2021年第3期。

② 《水利部关于印发全国重要饮用水水源地名录（2016年）的通知》，http://www.mwr.gov.cn/zw/tzgg/tzgs/201702/t20170213_858881.html。

③ 《成渝地区双城经济圈建设规划纲要》，《人民日报》，2021年10月21日。

综合治理，实施三峡库区消落带治理。<sup>①</sup>其次，要强化水土流失治理。以重要水源地（水库）汇水区、长江主要干支流流域、武陵山区等为重点，实施小流域水土流失综合治理。对武陵山区、乌江中上游水土流失地区开展综合治理，开展金沙江、雅砻江—安宁河、大渡河、岷江—白龙江等干旱河谷地区和金沙江下游水土流失退化区植被恢复试点工程。

**（二）强化严重石漠化地区综合治理**

石漠化治理是区域生态修复的重点和难点。成渝地区双城经济圈还存在大量石漠化严重的区域，特别是与贵州、云南等交界区域，需要加大综合治理力度。一方面，要因地制宜推进石漠化治理。推进长江干流流域石漠化治理，对乌江中上游等重度石漠化地区持续开展石漠化综合防治，结合石漠化成因差异进行分类治理。按照因地制宜、适地适树原则，实施人工造林、封山育林、森林抚育，推进天然草地改良和建设。另一方面，要强化林草植被保护与恢复。强化川东南石漠化敏感生态保护红线区域综合治理，加大封山育林、退耕还林、人工造林等力度，有效增加石漠化地区林草植被覆盖。推进石漠化农耕地生态恢复，适度开展石漠化旱地坡改梯整治，实现耕地蓄水保土。

**（三）强化矿山生态修复综合治理**

为了改善生态环境，世界各国都很重视矿山生态修复。目前，成渝地区还有较多废弃矿山需要进行生态修复。要强化对尾矿库建设和磷煤矿开采造成的生态受损地区进行修复，重点修复乌江源地区铅锌矿、煤矿集中开采区，乌蒙山东南向余脉山体沿线的煤矿、铝土矿集中开采区的生态系统，强化嘉陵江流域上游矿山修复和尾矿库治理，加强千峰山—大云坡、乌江中上游一带的绿色矿山建设，改善矿山环境。要逐步退出江河两岸自然保护地矿产资源开发项目，加大废弃非煤矿山生态修复力度，做好植被恢复、土地复垦、土地复绿、废渣清运、地质灾害治理和地形地貌景观恢复等，推动矿山

---

① 《成渝地区双城经济圈建设规划纲要》，《人民日报》，2021年10月21日。

生态环境加快修复。全面实施采煤沉陷区造地复田、土地平整、沉陷区地表水疏干、沉陷区水产开发等综合治理，恢复和改善采煤沉陷区生态环境。

# 第二节　实施环境污染共治

随着人民生活水平的提升，环境污染治理成为了人民关注的焦点。近年来，川渝两省市按照中央统一部署，强化协同环境污染共治，积极打好污染防治攻坚战，取得了突出成效，为长江上游地区环境保护做出了重要贡献。但区域环境协同治理机制仍需进一步完善，需要按照党的二十大报告要求，坚持精准治污、科学治污、依法治污，持续深入打好蓝天、碧水、净土保卫战，加大流域协同治理、大气污染联防联控、土壤污染和危险废物协同治理的力度，共同提升区域环境污染治理水平。

## 一、区域环境污染共治现状与不足

近年来，川渝两省市立足环境污染共治，联合建立成渝地区双城经济圈环境协同治理机制，以跨界水体治理、大气污染联防联控、土壤污染和固危废协同治理为重点，推进环境污染共治，区域生态环境保护水平逐步提高。

### （一）区域环境协同治理成效初显

区域环境协同治理机制初步建立。川渝两省市生态环境保护领域累计签订合作协议超过60余项，其中在水和大气污染治理、危险废物监管、环保标准统一、环境执法、突发环境事件处置等方面签订合作协议10余项，在横向生态保护补偿、打击破坏环境资源保护犯罪、跨界河流污水整治、自然保护地保护管理等方面签订合作协议10余项，两地市（区、县）签订合作协议40余项。两省市还签订合作协议，组织开展生态环境标准统一政策措施研究，积极推动嘉陵江流域生态环境保护协同立法。

跨界水体环境治理效果显著。川渝两省市组建了全国首个跨省市的河长制联合推进办公室，组成暗访组对长江、嘉陵江等 22 条跨界河流及重要支流开展联合暗访，共同开展铜钵河、琼江等跨界水污染联合防治试点。在全国率先签订跨省市生态环境联动督察协议，扎实推进新盛河、任市河跨界流域问题整改。[①] 协同处理了多起突发事件，保障区域水生态环境安全。2021 年，川渝两地 277 个国考断面水质优良比例达 95% 以上，长江干流重庆段水质保持为优。

大气污染联防联控成效初显。川渝两省市认真落实大气污染联合防治协议，深入实施跨省市空气质量信息交换、预报预警，污染天气共同应对和联动等机制，不断深化毗邻地区联防联控，累计开展 6 轮大气联动帮扶，推动整改大气环境问题 150 余个，两地空气质量得到持续改善。两地还建立跨区域水泥行业错峰生产制度，开展蓝天保卫战联动帮扶。2020—2021 年，川渝两地空气质量优良天数率始终保持在 90% 左右。

土壤污染及固危废协同治理进展良好。川渝两省市共同出台成渝地区双城经济圈"无废城市"共建指导意见，推动建立云贵川渝四省市危险废物联防联控机制，危险废物精细化管理等 5 项经验做法入选全国"无废城市"建设典型模式。在危险废物跨省市处置利用上，两省市在全国首创"白名单"制度[②]，对纳入"白名单"管理的 6 类危险废物和相关处置利用企业实施直接审批，危险废物跨省市转移平均审批时限由 1 个月压缩到约 5 天，减少了转移风险，实现了资源共享。据不完全统计，成渝地区直接审批危险废物跨省市转移申请超 220 件，总量超 10 万吨。

### （二）环境污染共治还需持续发力

环境协同治理机制需要进一步完善。近年来，川渝两地签署了部分环境协同治理的文件，组建了部分联合议事机构，为区域环境协同治理搭建了初步框架。但是，由于长期以来的行政区域分治惯性，环境协同治理的具体领

①《川渝聚焦 3 大任务筑牢长江上游生态屏障》，《重庆日报》，2021 年 10 月 28 日。
②《重点领域重点区域一体化发展加快》，《四川日报》，2021 年 11 月 7 日。

域还需要细化，协同治理机制的具体实施方案等还需要进一步强化。

环境治理水平亟待提升。目前，成渝地区区域污染治理联动响应能力不强，区域污染协同监测网络不完善，污染应急联动需要强化，部分河流和跨界生态地区空间治理协同不足，如濑溪河、琼江等跨界断面水质不达标，与形成一体化的污染防治能力还有较大差距。

环境协同治理还存在短板。由于跨界污染治理责任界定难，成渝地区仍然存在跨界区域污染协同治理"断点"，需要进一步协同弥补区域协同污染治理短板，共同打造优美生态环境，满足成渝地区人民群众对高品质生活的期盼。

## 二、构建区域环境协同治理新机制

成渝地区双城经济圈要借鉴成功经验，以统一环保标准、统一环保执法、统一环境监测体系等为重点，加快构建区域环境协同治理新机制。

### （一）统一环保标准

要构建环境协同治理新机制，统一环保标准是前提。成渝地区需要深入推动环保标准统一。首先，要共同制定统一环保标准。全面实行排污许可制，加快落实生态环境标准协同合作协议，制定统一的环保标准编制技术规范，联合开展现行环保标准差异分析评估，有序制定修订统一的大气、水、土壤以及危险废物、噪声等领域环保标准[1]，推进生态环境标准逐步统一。其次，要严格执行统一准入标准。坚持一张负面清单管川渝两地，严格执行长江经济带发展负面清单管理制度体系，建立健全生态环境硬约束机制[2]。严格执行岸线产业准入规定，岸线1千米范围内禁止新建、扩建化工园区和化工项目，干流岸线3千米范围内和重要支流岸线1千米范围内原则上禁止新建、改建、扩建尾矿库，限制更改河道、占用河滩地、河心地。

---

①②《成渝地区双城经济圈建设规划纲要》，《人民日报》，2021年10月21日。

### （二）统一环境监管执法

区域环境协同治理需要强化环境监管执法的协同。成渝地区需要继续深化协作机制，形成统一的环境监管执法体系。一方面，要开展跨区域联合环境执法。统一管控对象的界定标准和管控尺度，共同预防和处置突发环境事件。[①]深化川渝督察联动机制，开展跨界河流联合巡查，积极探索边界河流环境污染纠纷案件溯源协查。强化大气污染联合执法，对工业烟尘、粉尘、城镇扬尘和挥发性有机物等空气污染物排放开展联合执法行动，探索实施交界区域机动车、非道路移动机械、油品运输车辆等联合执法。加强危废和固废违法行为的联合执法力度，严厉打击危废非法跨界转移、倾倒等违法活动。另一方面，要完善环境应急协同处理机制。建设川渝森林防火应急救援体系，协同建立环境应急物资库，联合开展突发环境污染事故应急演练，切实提高边界突发环境事件联合应急应对处置能力。加强在环境影响评价会商、生态环境监测领域的协作，完善重大基础设施建设项目环境影响评价制度。

### （三）统一环境监测监控体系

区域环境协同治理离不开环境监测信息的共建共享。成渝地区要加快统一环境监测监控，实现区域内各种环境信息数据共享共用。首先，要推进生态环境大数据应用综合平台建设。共建以区域生态环境和污染源监测监控为核心的环境信息共享平台，实现信息互通、结果互认、平台共用[②]，提升区域环境治理能力。其次，要强化环境信息共享。强化河流径流量监测信息共享，探索建立重要干支流上下游水资源调度制度，保证河流生态流量。提高环保设施信息共享水平，推进交界乡镇垃圾、固废、污水处理设施和环保监测设施共建共享。第三，要建立环境信息互通机制。探索建立跨地区重大项目审批事项、重点行业企业基础信息、环境违法案件、危险

---

① 《成渝地区双城经济圈建设规划纲要》，《人民日报》，2021 年 10 月 21 日。

② 天津市发展和改革委员会规划处课题组：《"十四五"时期天津深入推动京津冀协同发展重大国家战略研究（二）》，《天津经济》2021 年第 2 期。

化学品陆运和水运信息等方面的信息互通机制，加强跨界突发环境事件信息互通和应急联动。

## 三、推进跨界水体环境治理

成渝地区要立足跨界水体治理基础，借鉴成功经验，统筹水资源、水环境、水生态治理，以干支流水环境治理试点示范为牵引，加快完善跨界水体治理机制，推动重要江河湖库生态保护治理，强化水域联防联治，共同改善区域水体质量。

### （一）完善跨界水体治理机制

建立合适的体制机制是推进跨界水体环境治理的重要方面。成渝地区要继续深化完善形成跨界水体治理的长效机制。一方面，要完善水生态环境共保机制。落实水生态环境共建共保协议，联动实施河（湖）长制，深化完善跨界流域河长制办公协调机制，形成流域上下游重大项目环评、入河排污口审批沟通协调机制，加强上下游、左右岸、干支流协同联治，推进"污染源—排污口—水体断面"的全过程监管。另一方面，要构建跨界水体监测联动机制。完善跨省市水体监测网络，建立上下游水质信息共享和异常响应机制[1]，实现区域内长江干流和重要支流排污口、水质等监测信息共享，提升协同治理水污染能力。

### （二）强化水域联防联治

跨界水域是环境污染联防联治的重点区域。成渝地区要进一步强化水域的联防联治，确保跨界水体水质持续改善。一方面，要加大重点流域水污染联合防治力度。开展联合巡河，加强工业污染、畜禽养殖、入河排污口、环境风险隐患点等协同管理。加强三峡库区入库水污染联合防治，加快长江入河排污口整改提升，统筹规划建设港口船舶污染物接收、转运及处置设施，推进水域"清漂"联动。[2]强化水污染源头治理，基本消除城市黑臭水体。

---

①②《成渝地区双城经济圈建设规划纲要》，《人民日报》，2021年10月21日。

另一方面，要完善饮用水水源地风险联合防控体系。共同加强重点饮用水源地、重点流域水资源、农业灌溉用水保护，加快雨污分流改造，推进雨水收集、处理和资源化利用。

### （三）开展干支流水环境治理试点示范

成渝地区河流众多，水污染防治任务重。应统筹选择一些有条件的干支流作为重点，开展水环境的治理试点示范，为长江经济带水环境治理起好带头作用。打好碧水保卫战，共同争取国家支持开展流域污染治理跨区域合作试点，共抓长江流域生态环境修复治理，"三水统筹"严保一江清水。支持在长江、嘉陵江一级支流开展水环境治理试点示范，深化沱江、龙溪河、岷江流域水环境综合治理与可持续发展试点[①]，为我国跨界水环境治理积累经验。

## 四、深化大气污染联防联控

成渝地区双城经济圈要立足大气污染联合治理基础，通过联合监测、联防联控、强化源头治理等手段，持续深化提升区域大气污染联防联控水平。

### （一）强化大气污染联合监测

大气具有流动性强特点，往往污染波及面也较广，为此，成渝地区需要共同开展对大气污染的联合监测，以便提前采取应对策略。建设跨省市空气质量信息交换平台，发挥西南区域空气质量预测预报中心作用，实施联合预报预警[②]。共同建立健全大气污染信息共享与预警预报机制，实现环境空气质量监测、重点源大气污染排放、重污染天气预警预报、机动车监管等信息共享。

### （二）实施大气污染联防联控

成渝地区要继续深化大气污染联防联控，推动大气质量持续改善。落实大气污染联合防治协议，打好蓝天保卫战，推进大气污染区域联防联控联

---

① ②《成渝地区双城经济圈建设规划纲要》，《人民日报》，2021年10月21日。

治，基本消除重污染天气。以压煤、抑尘、治车、控秸和防重污染天气"四控一防"为重点，共同实施大气污染防治行动计划。建立重污染天气共同应对机制，推进应急响应一体联动。探索实施细颗粒物（PM2.5）和臭氧（$O_3$）污染连片整治。[1] 推动涉大气污染项目一体化布局。

### （三）推动重点大气污染源头治理

源头治理是大气污染治理的重点，成渝地区要加大对重点大气污染源头的治理力度，提高大气污染联防联控效率。一方面，要加强重点行业、重点区域、重点园区等污染源综合治理。实施"散乱污"企业清理整治，完成钢铁、水泥行业超低排放改造，依法淘汰落后产能。共同强化高污染机动车治理与管控，实施国Ⅵ排放标准和相应油品标准，加快淘汰老旧车辆，加强油品质量联合监督。另一方面，要降低能源大气污染物排放。强化能源消费总量和强度"双控"，共同实施煤炭减量替代，进一步优化能源结构，推动大气主要污染物排放总量持续下降。[2] 创建清洁能源高质量发展示范区，提高清洁能源消费比例。[3]

## 五、加强土壤污染及固危废协同治理

成渝地区双城经济圈要在现有固废危废协同治理基础上，加强土壤污染源头防控，开展新污染物治理，协同强化土壤污染治理、固废危废治理和"无废城市"建设，提升区域固危废协同治理水平。

### （一）强化土壤污染协同治理

成渝地区还存在一定量的土壤污染需要治理，要加大跨界临近区域土壤污染治理协同力度，改善土壤条件。要打好净土保卫战。加强土壤环境监测、土壤污染分类管控，开展土壤污染治理与修复试点示范，实施耕地土壤环境治理保护重大工程，确保土壤环境总体稳定。以沿江工业园区、矿山、受污染耕地、污染地块为重点开展修复与治理。[4] 同时，要加强农业面源污染

---

[1][3][4]《成渝地区双城经济圈建设规划纲要》，《人民日报》，2021年10月21日。

[2]《〈长江三角洲区域一体化发展规划纲要〉南京实施方案》，《南京日报》，2020年5月12日。

治理。严格控制化肥农药施用量，加强水产养殖污染防治，完善畜禽养殖业"种养结合"循环发展模式，推进畜禽粪污专业化利用处置或就近就地综合利用，逐步削减农业面源污染物排放量。

**（二）深化固危废协同治理**

固体废物，特别是危险废物对生态环境影响大，需要妥善处置。成渝地区要多措并举推进固危废的协同治理。首先，要共同完善回收处理设施。统筹规划建设工业固体废物资源回收基地和危险废物资源处置中心，加强尾矿库污染治理，推进毗邻地区处置设施共建共享。[①]补齐固体废物分类、收集及利用处置设施短板，推进跨省就近应急处置突发环境事件及其处理过程中产生的固体废物。推动地级以上城市医疗废物集中处置设施全覆盖，县级以上城市及县城医疗废物全收集、全处理，并逐步覆盖到建制镇。[②]其次，要推动固危废区域转移合作。建立健全固体废物信息化监管体系，依法严厉打击危险废物非法跨界转移、倾倒等违法行为。[③]深入推进辐射安全协作。

**（三）协同开展"无废城市"建设**

随着经济社会的发展和人民对美好生活的追求，越来越多国家和城市更加重视"无废城市"的建设。成渝地区双城经济圈作为中国未来发展的第四极，也应将"无废城市"建设作为重点，引领中西部地区环境保护。首先，要深入推进重点城市开展"无废城市"建设。制定出台成渝地区双城经济圈无废城市共建指导意见。深化重庆主城都市区中心城区"无废城市"建设，分期分批启动四川成都市及川渝两省市其他地级城市"无废城市"建设。其次，要积极推进废物综合利用。深入推进生活垃圾分类，完善再生资源回收体系，建设城市废弃资源循环利用基地。加快生活垃圾焚烧、可回收物利用、厨余垃圾（餐厨垃圾）资源化利用、生活污水处理厂污泥无害化处置等设施建设，加强生活垃圾填埋场填埋气收集利用。推动建筑垃圾综合利用，推广绿色涉及、绿色施工等措施，促进建筑垃圾源头减量。

---

①②《成渝地区双城经济圈建设规划纲要》，《人民日报》，2021 年 10 月 21 日。
③《中共中央 国务院印发〈长江三角洲区域一体化发展规划纲要〉》，《人民日报》，2019 年 12 月 2 日。

# 第三节　探索绿色发展新路径

绿色发展的实质是处理好发展进程中人与经济、人与自然的关系，推动经济社会发展绿色化、低碳化是实现高质量发展的关键环节。成渝地区目前仍处于工业化、城镇化加快推进阶段，践行"绿水青山就是金山银山"新理念，创新"产业生态化、生态产业化"新模式，关键在于加快推动发展方式由资源粗放消耗向绿色低碳可循环利用转型。成渝地区绿色转型发展新路径探索的成效，关系到能否创造性坚持共抓大保护、不搞大开发，关系到能否兼顾好优势区域重点发展和生态功能区重点保护。双城经济圈建设要立足区域实际，抓住绿色产业、绿色技术等引领绿色发展的"牛鼻子"，大胆探索绿色发展新路径，坚持打造"绿色经济圈"。

## 一、推进绿色转型发展的现状与问题

"十三五"期间，成渝地区创新发展思路、克服转型困难，坚决避免走"先污染后治理"的老路，坚定开创"生态优先、绿色发展"的新路，绿色转型发展步伐显著加快。

### （一）绿色转型发展取得的成效

传统产业绿色转型稳步推进。截至 2021 年底，川渝两省市累计创建绿色工厂 467 家、绿色园区 15 个，节能环保产业营业收入合计突破 2300 亿元，"三品一标"农产品认证总数合计达到 1.08 万个。文旅产业融合发展提质增效明显，川渝两省市国家 AAAAA 级旅游景区增至 25 家，2021 年旅游总收入突破 1.5 万亿元大关。[①] 清洁能源供给保障不断提升，"十三五"期间，四川省可再生能源电力装机占比突破 84%、清洁能源消费占比达 50% 以上，重庆市实现

---

① 根据当年四川省、重庆市各自的统计公报数据整理。

页岩气累计产气超过 300 亿立方米，居全国第一。绿色生活方式倡导推进更加广泛，重庆轨道交通运营里程达到 329 千米，日均客流量 300 万人次，成都轨道交通运营里程达 558 千米、跃居全国第 4 位，成都入围国家首批装配式示范城市。城市绿色低碳发展理念不断深化，成都市大力推进公园城市建设理念和实践创新，公园城市建设不断向纵深推进，重庆市提升"两江四岸"城市绿色品质，山水之城的独特魅力加快彰显。

### （二）绿色转型发展面临的问题

"双碳"战略下，成渝地区经济发展、民生改善、生态环境保护多重任务交织，推动产业结构绿色升级的任务较重，区域绿色低碳转型发展的挑战与机遇并存。传统产业绿色升级压力较大，成渝地区在产业链、供应链中多处于中上游低附加值加工环节，传统产业资源能源消耗大，绿色技术和绿色装备的规模化供给水平不高，传统产业面临着更大的绿色升级压力。绿色技术创新动力有待提升，经济发展总量不大与技术创新能力不强严重制约了成渝地区绿色转型发展的投资潜力和内在动力，削弱了绿色技术研发应用的保障，绿色投资短缺、绿色技术短缺长期存在。城乡绿色融合发展任务较重，成渝地区生态战略屏障地位突出，三峡库区生态环境脆弱性明显[①]，双城经济圈内部城乡广泛交融，发展差异和差距较大，城乡绿色融合发展的体制机制有待创新完善。跨区域生态价值转化制度成本高，成渝地区跨流域、跨行政区生态廊道和屏障较多，生态功能区、经济区、行政区适度分离改革极具挑战，推动生态保护和生态产品开发面临较高的制度协调成本，生态产品跨区域价值实现难度较大。

## 二、强化"绿色经济圈"建设整体性系统性布局

总体来看，绿色低碳发展已成为国际社会的重要发展共识和主流发展话语。欧美发达国家推动绿色经济、低碳生活的实践已有成效，我国绿色技术

---

[①] 重庆市生产力发展中心、重庆市综合经济研究院联合课题组：《长江经济带三峡重庆库区生态优先绿色发展示范区建设方案研究》，2020 年。

体系、绿色产业体系、绿色政策导向、区域绿色合作加快构建，这些都为成渝地区建设"绿色经济圈"提供了创新思路、有益借鉴和政策引领。

### （一）建设绿色经济圈，筑牢长江上游生态屏障

建设绿色经济圈是筑牢长江上游生态屏障的根本之策和长久之计，需要立足当前、着眼长远、顶层设计、系统谋划。处理好发展与保护的阶段性矛盾。成渝地区优先开发、重点开发区域占比较大，未来仍将呈现出人口、产业协同集聚的态势，资源环境承载面临着较大压力，部分区域产业发展与环境保护、人与自然和谐共生的阶段性矛盾还较突出。厘清生态修复与发展转型的内在关联，筑牢长江上游生态屏障，把修复长江生态环境摆在压倒性位置，既要把自然生态本底修复好守护好，更需要从转变发展方式上着力，从根源上解决经济社会发展与自然生态保护的内在冲突。理顺绿色经济圈建设的多重关系。建设绿色经济圈不可能一蹴而就，也不是简单的另起炉灶，而是要因产因地施策，在此过程中，要处理好传统产业与绿色产业破与立的关系，注重产业转型升级；要处理好绿色资金绿色技术所需与可能的关系，注重市场化导向；要处理好绿色发展政策导向与政策接续的关系，注重绿色发展体制机制创新；要处理好低碳绿色城市与美丽宜居乡村建设的关系，注重城乡一体推进。

### （二）因地制宜、因产施策，找准绿色发展之路

成渝地区加快探索绿色转型发展新路径要广泛学习借鉴国内外先进经验，因地制宜、因产施策找准适合自身的绿色发展之路。推动形成产业绿色升级的政策合力。成渝地区重化工产业占比较大，可以充分学习德国化工产业绿色转型发展的经验，从政策激励、绿色法规、技术支持等多领域协同发力，要善于将政策压力、经济利益与社会效益汇聚成推动重点行业绿色转型的强大动力。[1]优化区域绿色合作的体制机制。成渝地区绿色发展跨区域合

---

① 吴勇军、王洋：《德国化工行业绿色转型及启示》，《安全、健康和环境》2015年第8期。

作潜力大，要充分借鉴长三角生态绿色一体化发展示范经验[①]，努力降低绿色合作制度性成本，加快筹建完善"理事会—执委会"等诸多有效率、议事执行一体化的生态绿色一体化发展牵引机制，激发毗邻地区跨区域绿色发展合作潜力，优先打通政府绿色发展合作阻碍，更好引领激发市场绿色发展动力潜力。探索乡村绿色振兴的实践路径。成渝地区要充分依托文旅资源丰富和农业生态资源多样性的优势，厚植乡村振兴的绿色本底，发展壮大文化旅游等无烟产业，大力发展生态型农牧渔业，有效推广绿色食品、有机农产品和地理标志农产品等品牌，让生态绿色成为成渝地区现代高效特色农业发展的底色。

## 三、构建绿色产业体系夯实绿色转型发展根基

成渝地区在新一轮产业变革与科技革命的浪潮中，既有推动绿色转型发展的迫切需求，又有探索构建绿色产业体系的良好根基。近年来，成渝地区新型工业化与信息化融合发展态势良好，数字经济、智能制造等加快兴起并与传统产业高效联动、紧密互嵌，为壮大绿色产业体系注入了新动力，有利于推进产业生态化、生态产业化。新时期，成渝地区应推进现代产业体系与绿色产业体系协同建设，加快培育壮大节能环保、清洁生产、清洁能源等重点产业集群[②]，健全完善绿色技术创新体系和政策保障体系，优先推动长江干支流岸线绿色产业示范先行，着力打造国家绿色产业示范基地。

### （一）培育壮大节能环保产业集群

节能环保产业是绿色新兴产业的重要组成部分，要持续推动节能环保产业集聚发展，重点打造重庆中心城区、成都、德阳等节能环保产业集群。做强节能产品制造，加快发展能源、交通、建筑、工业等高耗能行业绿色低碳发展需要的节能设备、仪器仪表、智能电网、绿色节能建材等节能产品。加

---

① 中国新闻网：《长三角生态绿色一体化发展示范区已有 22 项经验得到推广》，https://baijiahao.baidu.com/s?id=1706719041545638945&wfr=spider&for=pc。

② 《成渝地区双城经济圈建设规划纲要》，《人民日报》，2021 年 10 月 21 日。

强综合节能服务，突出工业、建筑等重点耗能行业节能，聚焦钢铁、化工、有色金属、造纸等高耗能行业节能技术改造，提高节能工程施工服务水平。培育环保装备制造，面向大气、水、土壤、固废等重点领域污染防治需求，推动垃圾焚烧发电、烟气脱硫脱硝、废水处理、固废处理等现有环保成套装备发展，提升环保装备制造及应用。做强环境服务，深入推进环境服务总承包、"第三方治理"环保服务、环境咨询服务等环境服务模式和产业形态创新，培育壮大环保服务市场主体，提高环保综合服务专业化水平。

### （二）培育壮大清洁生产产业集群

成渝地区传统产业清洁生产改造需求较大，清洁生产产业是促进传统产业绿色升级的重要支撑。开展工业园区清洁生产试点，以重庆两江新区、四川天府新区、重庆高新区、成都高新区等为重点，加快探索清洁生产新模式。推进产业园区绿色升级，推行企业循环式生产、产业循环式组合、园区循环化改造，有效实施园区产业链接循环化、资源利用高效化、污染治理集中化和重点行业清洁生产改造。推进重点行业循环生产，对接生物医药、精细化工、钢铁冶炼等重点行业提质增效需求，推进无毒无害原料替代使用与危险废物治理、生产过程废气处理处置及资源化综合利用、生产过程节水和废水处理处置及资源化综合利用、生产过程废渣处理处置及资源化综合利用发展。

### （三）培育壮大清洁能源产业集群

清洁能源产业是绿色经济重要增长源，成渝地区要充分利用清洁能源资源富集优势和技术集成契机，加快建设国家一流清洁能源科技创新基地。推进水风光多能互补一体化发展，立足清洁能源资源优势，强化水电主力军作用，培育风光发电新增长点，发展光伏全产业链集群，建设世界级优质清洁能源基地。规模化开发利用天然气，统筹推进常规气与非常规气开发，推进重点区域页岩气勘探开发，建设天然气（页岩气）千亿立方米级产能基地，重点实施气田增储上产，促进天然气资源综合利用，有序推进天然气发电替代燃煤发电，打造中国"气大庆"。创建清洁能源高质量发展示范区，充分发挥四川水电和天然气等清洁能源优势，统筹调配构建成渝地区"能源互联网"，提高清洁能源消费比例。推动清洁能源装备制造产业集聚升级，清洁能源资源勘探开发与关联装备制造共生互促，重点围绕水力发电、风力发电、页岩气勘探开发加强清洁能源装备研发制造，加强智能电网、分布式能源工程建设和运营管理服务。

### （四）实施重大绿色技术研发与示范工程

新时期，推进绿色技术创新体系建设，加快节能降碳先进技术研发和技术推广，理应成为成渝地区双城经济圈共建具有全国影响力的科技创新中心的优先方面。联合打造绿色技术创新中心和绿色工程研究中心，结合区域产业优势，重点围绕新能源汽车、新型建材等领域加快绿色技术研发联合攻关。实施绿色技术创新攻关行动[①]，重点围绕节能环保、清洁生产、清洁能源、生态保护与修复、城乡绿色基础设施、生态农业等领域，高水平构建区域性市场导向的绿色技术创新体系。强化企业的绿色技术创新主体地位，推进"产学研金介"深度融合，着力探索绿色技术创新与绿色管理制度协同发力的有效模式。

### （五）强化绿色转型政策创新供给

要努力在推进长江经济带绿色发展中发挥示范作用，成渝地区双城经济圈必须加强促进绿色发展的政策体系创新，积极争取在支持绿色发展的财税、金融、投资、价格政策和标准体系方面先行先试。大力发展绿色金融，积极争取国家绿色发展基金加大向双城经济圈的投资力度，川渝两地要引导地方政府担保基金或委托专业担保公司，着力加强绿色技术创新金融支持，加大对绿色技术创新成果转化应用的风险补偿，撬动更多金融资源支持绿色技术创新企业和项目。推动重庆市建设绿色金融改革创新试验区，强化金融改革创新"试验田"、绿色低碳发展"强引擎"、成渝双城共建"新平台"、跨区域合作"新桥梁"的定位。实施政府绿色采购，推行绿色产品优先，成渝

---

① 生态环境部、发展改革委、重庆市人民政府、四川省人民政府：《成渝地区双城经济圈生态环境保护规划》。

地区要联合加大对循环、低碳、再生、有机等产品的采购力度，加大对共性关键绿色技术的技术服务购买和免费推广应用，引导鼓励国有企业、其他企业自主开展绿色采购。落实最严格的水资源管理制度，实施节水行动，加大节能技术、节能产品推广应用力度，深化跨省市排污权、水权、用能权、碳排放权等交易合作。

## 四、倡导绿色生活方式引领绿色消费时代新潮

高品质生活宜居地建设，离不开践行低碳宜居理念，需要大力推广倡导绿色生活方式。随着公园城市和无废城市建设不断深化，成渝地区在居住、出行等方面对绿色低碳产品需求旺盛，人民群众对低碳绿色的高品质生活更加推崇，以绿色生活新需求引领绿色生产新供给正得其势。

### （一）推进绿色城市建设

成渝地区处于城镇化快速推进阶段，对新建房地产开发和老旧城市更新的需求较大，有效推广节能与绿色建筑对碳减排具有重要支撑作用。共建绿色城市标准化技术支撑平台。围绕推进公园城市建设和城市绿色化品质提升，成渝地区应加快完善统一的绿色建筑标准及认证体系，推广装配式建筑、钢结构建筑和新型建材。推动建设超低能耗建筑和绿色建筑，积极出台政策支持绿色物流仓储大力发展，推进节约型机关、绿色家庭、绿色学校、绿色社区、绿色建筑、绿色酒店、绿色商场等建设，在城市更新中优先推进建筑节能及绿色化改造，引导建筑可再生能源应用。

### （二）鼓励绿色低碳出行

成渝地区汽车产能和保有量居全国前列，交通领域绿色转型压力和潜力很大。打造"轨道上的都市圈"，加快建设城际轨道和城市轨道交通网络，全面优化提升城市轨道公共交通效率。鼓励使用节能汽车和新能源车辆，加快推动汽车产业向电动化、智能化、网联化方向转型，大力发展新能源汽车，逐步减少传统燃油汽车碳排放规模，倡导"每周少开一天车""低碳出行"等活动，鼓励共乘交通和低碳旅游。提升公共交通服务质量，加快推进智能交

通体系、城市慢行系统、城乡公共交通系统、共享交通设施等建设和运营，分步骤分区域有序推进交通出行充电、换电、加氢和加气设施建设运营和优化布局，共同打造"成渝氢走廊"。

### （三）有效推广循环利用

持续深化生产生活废弃物回收再利用，最大限度减少人类生产生活活动对自然生态环境的破坏，避免生态环境的负重与过载。加快推进垃圾分类，不断深化完善成渝地区双城经济圈"无废城市"共建机制，共建区域一体化垃圾分类回收网络体系，优先推动生活垃圾分类监管和焚烧发电"碳减排"行动。引领支持绿色报废，完善对汽车等的强制报废配套政策，统筹布局再生资源分拣中心，建设城市废弃资源循环利用基地。有效践行绿色治理，鼓励生态资源丰富和生态本底脆弱的地区创建国家生态文明建设示范市县。深入开展爱国卫生运动，全面推进城乡环境卫生综合整治，补齐公共卫生环境短板，加快城乡垃圾污水治理。

## 五、开展绿色发展试验示范抢抓绿色发展新机

当前，绿色产业的甄选，绿色技术的界定，抑或是生态产品价值实现机制构建、完善，均具有特定的阶段性、动态性和有限的共识性。探索绿色发展新路径，需要在特定区域率先开展试验示范。成渝地区地处长江上游重要生态屏障，生态资源丰富多样，生态产品供给和生态经济开发潜力大，产业生态化、生态产业化的融合性十分显著，在西部地区和在长江经济带中具有开展绿色发展试验示范的良好条件。

### （一）加快探索三峡库区绿色发展新模式

长期以来，三峡库区承担了水体保护的重大使命，发展经济、改善民生与保护生态环境的关系调处难度较大，生态优势难以转化为发展优势，破解三峡库区高质量可持续发展的难题，有必要在本区域加快绿色发展新模式探索，有效释放绿色转型发展的制度红利。健全生态产品经营开发机制，支持万州及渝东北地区在生态产品价值实现、生态保护和补偿、绿色金融等领域先行

先试、尽快突破。[1]探索完善跨区域生态补偿机制，加强顶层政策布局，支持推动三峡库区等上游地区联动长江经济带中下游区域不断完善跨流域生态产品保护补偿机制，走出整体保护与局部开发平衡互促新路径。创新大江大河大库区绿色发展新路径，引导人口和产业向城镇化地区集聚，探索生态优先、绿色发展的新模式，开创大江大河大库区"不搞大开发，共抓大保护"的新经验。

**（二）推动重点区域绿色发展先行先试**

成渝地区山系水系众多，具备多层面、多领域、跨区域开展绿色发展试点的条件。推进明月山绿色发展示范带建设。明月山绿色发展示范带横跨重庆三区县（梁平区、长寿区、垫江县）和四川两市（广安市、达州市），要加快探索跨区域联动培育绿色发展新动能，打造践行"绿水青山就是金山银山"理念的新样板。持续推动重庆广阳岛开展长江经济带绿色发展示范，持续按照"长江风景眼、重庆生态岛"的整体定位，坚持国际化、绿色化、智能化、人文化理念，着力打造以绿色产业、绿色家园、绿色生态为内涵的智创生态城。加快建设沱江绿色发展经济带，系统推动土地资源、景观资源、生态资源、历史人文资源优化开发，推动沱江沿线重点城市全面融入成都"东进"与重庆"向西"相向发展的主轴。

# 第四节 建设公园城市

工业革命以来，对城市形态、城市景观和城市发展模式的探索始终伴随着人类社会发展历程。习近平总书记在四川天府新区调研时首次提出"公园城市"概念，为我国城市发展指出了一个新的方向，也是新时代我国践行新发展理念、坚持以人民为中心、促进人与自然和谐相处、推动城市可持续发展的城市建设新模式。2021年国家出台的《成渝地区双城经济圈建设规划

---

[1] 重庆市综合经济研究院课题组：《重庆市万州区发展及定位基础研究——万州产业生态化、生态产业化发展研究》，2020年。

纲要》也正式明确提出"成都以建成践行新发展理念的公园城市示范区为统领，厚植高品质宜居优势"，成渝地区以公园城市理念探索绿色发展、引领新型城镇化和美丽都市圈建设正式拉开大幕，加快公园城市建设也成为建成高品质生活宜居地的重要战略抓手。

## 一、"公园城市"提出的时代背景与内涵

公园城市作为一种城市发展模式和先进理念，有其产生的特殊时代背景和内涵，与其概念相近的有田园城市、花园城市、生态城市、山水城市、宜居城市、森林城市、园林城市、低碳城市、韧性城市等，这些城市发展理念与公园城市有相通之处，但在内涵上也存在一定差异，不过都是在工业化、城市化进程中人们对生态宜居美好生活的向往的客观真实反映。

### （一）改革开放以来我国城市发展理念的实践探索

新中国成立以来，我国城市建设和发展水平显著提升，特别是改革开放以后，关于城市形态和城市发展理念在实践中也不断取得新的认识和突破。20世纪后期，城市生态环境建设开始得到高度重视。20世纪90年代初，我国著名科学家钱学森最早提出了与公园城市相近的"山水城市"概念，2004年，全国绿化委员会和国家林业局发起"国家森林城市"倡议、2007年住房和城乡建设部发起"国家生态园林城市"倡议，工业化进程中关于城市的生态宜居性逐渐得到各级政府的重视。党的十八大以来，城市建设和发展理念取得明显突破。党的十八大以来，中央高度重视生态文明建设，强调发展必须坚持"以人民为中心"。党的十九大报告明确提出，"既要创造更多物质财富和精神财富以满足人民日益增长的美好生活需要，也要提供更多的优质生态产品以满足人民日益增长的优美生态环境需要"。近年来，中央城市工作会议一再强调"城市工作要把创造优良的人居环境作为中心目标，把城市建成人与人、人与自然和谐共处的美丽家园"[1]。党的二十大报告也明确提出要把

---

[1]《中央城市工作会议在北京举行》，《人民日报》，2015年12月13日。

"增进民生福祉，提高人民生活品质"作为我国构建新发展格局和着力推动高质量发展的重要任务之一，同时指出要"坚持人民城市人民建，人民城市为人民，提高城市规划、建设、治理水平，加快转变超大特大城市发展方式"。因此，统筹城市生产、生活、生态空间布局，控制城市开发强度，推动形成绿色低碳的生产生活方式和城市建设运营模式[①]，提高城市发展的生态宜居性显得尤为重要。习总书记高瞻远瞩适时提出"公园城市"这一全新城市发展理念，对我国推进新型城镇化和城市建设中践行生态文明理念，促进城市可持续发展具有重要的时代意义。此外，近年来我国也相继提出树立"精明增长""紧凑城市"理念，以及加快建设海绵城市和韧性城市，客观上对城市工作的系统性提出了较高的要求。

**（二）公园城市的内涵特征**

公园城市是一个革命性的概念，目前我国四川成都、浙江杭州、江苏扬州和苏州，以及贵州贵阳等城市都在积极开展公园城市建设，国内尚无统一的公园城市建设标准，对其内涵的认识也不尽一致。通过梳理研究国内相关研究资料，笔者认为公园城市可以定义为：体现自然、景观、人文共生相宜，生态、生产、生活有机互融，城乡空间协调一体，集城市现代综合服务功能、生态功能、美学功能于一体的和谐健康的人类聚居环境，其本质是生态文明思想在城市规划建设管理中的具体运用，是城市与自然高度融合的生态共同体。公园城市具有三个典型特征[②]：一是公共品属性。公园城市体现"城在园中"的规划理念，生态公园系统是公园城市最直接和最为重要的元素。由于公园系统的开放性，可以显著增强城市居民的幸福感和获得感，具有明显的公共产品属性。二是生态属性。公园城市建设倡导人与自然和谐相处，城市开发建设充分保持和利用山水林田湖等自然风貌，将整个城市视为一个统一的复合生态体系，是自然生态要素、生命系统和人类共生的生命共

---

① 梁倩、林远：《城市发展着力提高持续性宜居性》，《经济参考报》，2015年12月13日。
②《"城市让生活更美好"，公园城市的科学内涵》，《人民日报》，2018年3月25日。

同体。三是城乡一体的空间属性。公园城市不同于城市公园，仅限于城市内部的生态修复与绿化，而是重在基于城乡融合发展的视角来规划建设城市，更加强调城市与乡村的协调互动，构建互促共生的新型城乡关系，较传统意义上的城市具有更广的城乡区域空间属性。

## 二、成渝地区探索公园城市建设的现状与问题

新时代践行公园城市发展理念，本质上就是在工业化和城镇化快速推进过程中，追求人与自然的和谐相处。成渝地区率先探索公园城市建设具有较好的基础条件，不仅有利于城市发展转型，也有利于新型城镇化提质增效，促进城乡融合和绿色发展。

### （一）成渝地区建设公园城市的基础较好

成渝地区建设公园城市具有突出的先天地理自然优势。该区域位于四川盆地和长江上游地区，内部经济发达、城镇密布、自然风光秀丽，生态旅游资源丰富，拥有长江、嘉陵江、乌江、岷江、沱江、涪江等重要水系和龙门山、龙泉山、华蓥山、大巴山、明月山等重要山系，既有肥美的成都平原又有多彩的田园丘陵和雄伟的高山峡谷，区域内自然保护区、湿地公园、风景名胜众多。同时，成渝地区森林覆盖率高，主要城市也大多依山傍水，临江而建，再加上巴蜀文化源远流长，好山好水和深厚的历史文化底蕴为探索"公园城市"发展提供了有利条件。成渝双核城市建设公园城市的基础较好。特别是成都平原素有"天府之国"的美誉，早在 2009 年成都就首次在国内提出建设"世界现代田园城市"，成为国内有名的休闲之都，2022 年，《成都建设践行新发展理念的公园城市示范区总体方案》出台，公园城市建设全面启动。重庆是世界著名的山城、江城、温泉之都和国际旅游目的地，近年来也提出加快打造"山水之城、美丽之地"和"国际化、绿色化、智能化、人文化"的现代国际大都市，其组团式的山水格局天然就是一幅展开的公园画卷。此外，成都和重庆均是国家中心城市，也是我国西部地区最为繁华和极具现代感的超大城市，成渝地区探索公园城市建设的基础相对较好。

### （二）成渝地区建设公园城市面临的问题

城市生态空间和生态服务功能不足。成渝地区当前正处于工业化、城镇化快速推进期，城市规划建设存在诸多不足，譬如城市生态空间预留不足，生态服务功能弱化，无论是成都田园城市风貌还是重庆山水城市格局，离公园城市的要求还存在一定差距，不能满足市民对城市绿地、生态廊道、山水等休闲空间和生态产品的需要。同时，城市建设也普遍存在破坏自然山水格局和城市历史人文风貌的问题，区域内城市建设特点不突出，自然风貌与历史人文结合不足。传统城市建设模式对城镇化转型提质的促进作用不强。鉴于城乡基础设施和城乡风貌差距较大，都市观光与乡村旅游互动不足、农村生态产品与都市需求有效衔接不畅，城乡割裂的城市开发建设和城镇化模式亟待创新突破，必须在城市与乡村更大空间范围内统筹考虑城市发展。公园城市除了城市形态之美外，也强调城市生产生活方式的绿色低碳转型，必须寻求理念和模式的创新，打造生态宜居的现代城市。

## 三、有序推动一批公园城市建设

以公园城市理念引领成渝地区城市发展转型和品质提升，加快推动公园城市建设试点，推动成都都市圈、重庆都市圈可持续发展，建设高品质生活宜居地。

### （一）加快推动成渝"双核"探索公园城市建设

成渝地区在全国率先探索公园城市建设，必须重点突出、有序推进。一方面加快推动成都天府新区、重庆主城区在公园城市建设中先行先试，开展可持续发展创新示范[①]，合理规划生产、生态、生活空间。重庆主城都市区中心城区要突出"两江四岸"山水都市特质，成都重点突出现代田园城市的底蕴，城市规划要注重山水景观、天际线、湖岸线、河岸线、山脊线、街面视线的和谐。同时，要控制城市开发强度，划定水体保护线、绿地系统线、

---

① 《成渝地区双城经济圈建设规划纲要》，《人民日报》，2021年10月21日。

基础设施建设控制线、历史文化保护线、永久基本农田和生态保护红线，防止"摊大饼"式扩张，推动形成绿色低碳的生产生活方式和城市建设运营模式。[①]

## （二）引导区域中心城市或节点城市积极开展试点

目前成渝地区除成都和重庆主城双核之外的"双百"城市较少，四川的绵阳、泸州、宜宾、南充、遂宁，以及万州、涪陵、黔江等区域中心城市和节点城市未来发展潜力较大，城市规划建设要强化公园城市理念，注重生态本底、人文品质、自然品质的融合，通过在成渝地区构建双核多点的公园城市体系，带动建设成都、重庆两大美丽都市圈，打造高品质生活宜居地。

## 四、聚焦结构优化突出绿色引领

公园城市建设要以夯实绿色底色、布局高品质绿色空间体系为基础，突出生态空间的"可进入、可参与、景区化、景观化"要求，大力实施增绿优化工程，构建城市绿化体系，增强公园城市可持续发展能力。

### （一）聚焦空间结构调整优化生态空间布局

公园城市要加快构建全域公园体系。重点以国家公园、城市森林公园、环城生态公园、城市绿岛、沿江绿道等重大工程，积极构建生物多样性保护网络，构建健康稳定的大生态系统。譬如成都的大熊猫国家公园、龙泉山城市森林公园，重庆的广阳生态绿岛、两江四岸美化绿化等。同时，结合交通路网调整完善城乡绿道网络。重点推进城市景观、城市公园与周边路网的互联互通，优化轨道交通站点设置，强化城市干道绿化，提升社区绿道路网密度，推进城乡绿道串联成网。

### （二）聚焦产业结构调整提升生态产业能级

发展生态产业是公园城市实现生态价值的有效路径，成渝地区可以探索以林业产业为基础、公园绿道为承载、场景营造为手段，加快编制公园城市

---

[①]《中央城市工作会议在北京举行》，《人民日报》，2015年12月13日。

生态产业发展专项规划。譬如，以开展全国林业综合改革试点为抓手，深化林业供给侧结构性改革，常态组织"绿道健康行""绿道健身跑""绿道嘉年华"系列活动等。

## 五、促进公园城市与新型城镇化有机联动

新时代践行"公园城市"理念的内在要求就是要在城市与乡村更大的区域空间内统筹考虑城市的可持续发展，这与城乡融合发展和新型城镇化具有逻辑内在一致性，必须促进公园城市与新型城镇化有机联动发展。党的二十大报告也再次强调，要"以城市群和都市圈为依托构建大中小城市协调发展格局，推进以县城为重要载体的城镇化建设"，加快打造"宜居、韧性、智慧城市"，这也为促进公园城市建设与新型城镇化有机联动指明了新的方向。

### （一）强化公园城市理念引领新型城镇化

当前成渝地区总体正处于工业化、城镇化快速推进期，产业体系和城镇空间体系正加快优化调整。城乡融合发展的重点在于以县域为单位推进县城及县域城镇加快发展，这也是推动乡村振兴的重要举措，公园城市建设理念不应仅仅局限于大中城市，应大力加以宣传，促进县域城镇化提质。2020年，成渝地区城镇化率总体超过60%，但区域中心城市和重要的节点城市经济规模普遍偏小、城市功能相对较弱，对人口和产业的吸纳承载力有限，很多城市（县城）常住人口城镇化率在50%左右。因此，有必要将公园城市理念融入新型城镇化，推动公园城市建设与新型城镇化有机融合。

### （二）发挥城乡接合部的联动促进作用

探索公园城市发展必须在城市规划、开发建设、城市更新等方面要更加注重引入生态价值理念，特别是依托现有城乡接合部自然生态资源，发展都市旅游、乡村旅游、文化创意等特色产业，高起点规划发展一批低碳生态智能特色小镇，让城乡接合部成为新兴特色产业集聚区、城市新增人口的载体和都市居民休闲体验的乐园，发挥城乡接合部在公园城市建设中对城镇化和城乡融合的联动促进作用。

## 六、加快推动公园城市建设改革探索

公园城市作为城市发展新范式，在国内尚处于起步探索阶段，推进公园城市面临着系列改革创新与突破。

### （一）公园城市建设需要系统协调推进

公园城市建设是一个复杂系统的工程，也是我国推动绿色发展、加快新型城镇化的新路径，在很多方面需要改革创新。公园城市建设涉及规划、环保、城建、交通、园林、市政等多个行政部门，工作协调难度较大，需要一个高效统一的部门加以协调，各地可以根据具体情况考虑设立专门的公园城市建设推进机构，譬如成都天府新区 2018 年就成立了全国首个公园城市建设局，负责公园城市规划建设，值得全国各地借鉴。

### （二）加快公园城市重点领域改革创新

结合新型城镇化发展进程和趋势，加快探索公园城市生态用地改革创新。土地是生态系统的基本构成要素，生态用地是生态文明建设的空间载体，城市规划建设用地要城、乡一体化考虑，充分预留生态空间，探索建立跨区域的生态用地调解机制。另外鉴于目前国内外尚无专门的公园城市标准，要加快探索公园城市规划及评价体系，包括公园城市规划导则、公园城市评价指标。

### （三）积极探索公园城市价值转化

公园城市价值包括生态价值、美学价值、人文价值、经济价值、社会价值等诸多方面，要进一步丰富公园城市发展内涵和实现价值最大化。由于生态价值转化是公园城市发展的核心机制，可以加快探索"绿道 +""公园 +""森林 +"模式，营造以生态为本底、以美好生活为导向、以新经济为动能的多元复合场景，以场景营造作为推动产业转型升级、融合发展的关键抓手，创造性推动生态价值多元转化，激发城市可持续发展内生动力。[1]

---

[1]《让城市与自然融合共生 . 光明日报调研组》，《光明日报》，2022 年 1 月 25 日。

# 第五节　打造富有巴蜀特色的国际消费目的地

一般提到商贸中心，人们心中就会自然浮现车水马龙、商贾云集、流光溢彩的繁华景象。所谓国际消费目的地，是指消费内容丰富、消费品牌高端、消费方式多样、消费环境良好、能够吸引全球消费人群的消费目的地。党的二十大报告强调，要以国内大循环吸引全球资源要素，增强国内国际两个市场两种资源联动效应。成渝地区物产丰富，又是我国面向东南亚、中亚、欧洲开放的桥头堡，将成渝地区双城经济圈打造成为国际消费目的地，不仅是在全球地缘政治格局深度调整背景下畅通内外循环、积极应对外部风险的必然选择，也是国家扩大内需、打造第四增长极的战略需要，更是成渝地区自身深化改革开放创新、努力促进经济稳定增长的重要举措。但成渝地区在国际消费领域还存在诸多短板，与东京、巴黎、上海等世界公认的国际消费目的地还存在不小差距。因此，当前要同步扩大供需两端，协同提升"硬设施"与"软实力"，推动建设兼具国际化和本土化、高端化和大众化、快节奏和慢生活的富有巴蜀特色的国际消费目的地。

## 一、打造国际消费目的地的现实基础

重庆是西部地区唯一直辖市，也是国家首批国际消费中心城市培育建设试点，成都是西部地区重要的国家中心城市，成渝地区的区位突出、交通便利、风物多样、人口密集、市场广阔，具有建设国际消费目的地的坚实基础。

### （一）打造国际消费目的地具有良好基础和鲜明特色

重庆和成都两大核心城市在中西部地区乃至全国地区都具有较强的消费资源集聚集散能力，打造国际消费目的地的基础较好。经济社会发展水平较高。成渝地区是全国经济发展活力较高的区域之一。2020年，分别实现地区生产总值2.5万亿元、1.77万亿元，分列国内城市第五、七位；人均可支配收入达到 4 万元、4.86 万元，位居西部前列。内陆开放高地建设成效显著。成渝地区打造国际物流枢纽初见成效。2020 年，重庆、成都货物运输周转量 3524.7 亿吨公里、453.1 亿吨公里，合计占全国比重 2%；进出口总额分别为 6513.4 亿元、7154.2 亿元，分列全国城市第九、十一位。现代服务体系较为完整。成渝地区现代服务业在三次产业中地位突出，2020 年，第三产业占地区生产总值比重分别达到 65.7%、52.8%。构建起批发零售、物流运输、住宿餐饮、金融房地产、信息软件等为支柱的现代服务体系。消费需求市场日益扩大。近年来成渝人口持续净流入，支撑消费保持较快增长。2020 年，重庆、成都常住人口分别为 3205.4 万人、2093.8 万人，10 年增加了 320.8 万人、581.9 万人；社会消费品零售总额分别为 11787.2 亿元、8118.5 亿元，分列全国城市第三、六位。

成渝两地因 "魔幻之都""网红城市""美食之都""熊猫基地""不夜之城" 等城市名片享誉全球，巴蜀特色持续彰显，国际知名度和影响力不断提升。[①] 自然文旅资源独特。重庆和四川拥有世界自然遗产 2 个、世界自然和文化双遗产 2 个、国家 AAAAA 级景区 25 个，自然和文旅资源禀赋突出。尤其巴蜀文化具有 5000 年发展历史。长江三峡、大足石刻、仙女山、三星堆遗址、熊猫基地等享誉海内外。巴蜀美食驰名中外。成渝地区推动餐饮品牌化、特色化发展，巴蜀美食地标聚集作用不断增强。根据《2019 中国大陆城市逛吃指数榜单》[②]，重庆、成都分列全国第一、第四，巴蜀美食对本地旅游的带动作用明显。夜间经济活跃繁荣。成渝两地成功打造不夜九街、解放碑、宽窄巷子、春熙路等一批全国知名的夜间经济集聚区，形成了潮味、潮享、潮尚、潮玩、潮购等多种夜间经济业态。重庆、成都分列 2020 全国夜经济影响力

---

① 部分观点来自 2020 年重庆市商务委员会委托重庆市综合经济研究院课题组编制的《重庆国际消费中心城市培育建设试点实施方案》。

② 由经济观察报城市与政府事务研究院联合标准排名研究院、启信宝于 2019 年 5 月 20 日联合发布，逛吃指数从餐饮企业的总数、常住人口人均餐饮企业数量、建成区单位面积餐饮企业数量等指标衡量。

城市第一、二位①，夜间经济活跃繁荣为成渝旅游发展持续引流。消费品工业基础雄厚。成渝地区已成功构建以汽车制造、电子信息、智能家居、健康食品、特色轻工、轻纺服装为主的消费品工业体系，汽车、白酒、调味品等特色消费品产业集群在全国具有重要地位。

### （二）打造国际消费目的地的差距和问题

尽管成渝地区双城经济圈建设国际消费目的地具有良好基础和特色优势，但当前发展现状和实力，与世界知名的消费目的地和国内领先的消费中心城市相比，尚有不小差距。

消费集聚引领能力有待提升。放眼全国乃至全球，成渝地区在高端消费资源集聚和国外消费吸引力方面，排名还不算靠前。成都、重庆在"2016年全球跨境零售商吸引力指数"排行榜中分列第二十三、四十三位，在30个顶奢品牌门店的中国城市分布中，成渝总量约为北京的80%、上海的30%②，2020年，全国首店品牌数量未进入全国前五，入境游客数量、旅游外汇收入也远低于北上广深等一线城市。消费新业态、新模式大多从上海、北京、广东等地区引入，缺乏原创性、独特性、引领性。

特色消费资源有待深度挖掘。成渝地区拥有多项特色消费资源，但开发利用的水平有限，既有商圈资源和文旅资源尚未充分发挥经济效益。根据第一财经·新一线知城数据平台数据，2020年，成都春熙路、重庆解放碑、重庆观音桥、重庆南坪商圈日均客流在全国分别排第七、十一、十二、二十四位，排名不算靠前。2020年全国购物中心销售额TOP50排名中，仅成都IFS、成都远洋太古里、重庆龙湖北城天街、重庆万象城4个上榜，分列第十、十四、四十四、四十八位。蜀锦蜀绣、火锅川菜等地方传统特色资源，以及街头巷里、4D城市、名山大川等景观资源挖掘不够。

消费环境硬件软件均存短板。立体化的交通网络还需进一步完善，尤其

---

① 新华社瞭望智库联合腾讯每年发布《中国城市夜经济影响力报告》。

② 数据来自"中购联"文章《30个大牌19大城市门店分布情况分析》，https://www.sohu.com/a/241295503_184436。

是航班密度与一线城市差距明显，商圈内部、商圈与景区之间交通梗阻依然不少。旅游、消费的设施数量和品质还有待提升，主要商圈、旅游景点、交通枢纽等公共场所的多语种标识覆盖率还不高。旅游、养老、健康、文创、国际贸易、跨境电商等领域的人才较为匮乏，从业人员服务水平普遍不高。退税环节较多，免税商店数量大幅落后上海、北京等城市，消费便利度方面有待加强。

## 二、构建国际消费空间体系

国际消费目的地有别于国际消费中心城市的特点之一就是拥有更加广阔丰富、层次分明的消费空间，能够满足世界各地、不同层次的消费人群丰富多样的消费需求。因此，成渝地区首先要以城市为核心、乡镇为补充，营造功能互补、相得益彰的高品质城乡消费空间。从消费层面切实增进民生福祉，实现人民对美好生活的向往。

### （一）做强国际消费中心城市极核区域

推动重庆、成都加快建设国际消费中心城市。完善城市交通网络和新型基础设施，围绕消费资源集散配置能力提升重庆、成都两大中心城市发展能级，加强城市品牌塑造。加快集聚全球顶级消费资源和品牌，将解放碑—朝天门、春熙路—太古里打造成为世界级知名商圈。推动重庆都市圈、成都都市圈周边地区打造成渝"后花园"。推动涪陵、合川、乐山、雅安、南充等两大都市圈周边城市紧密对接都市居民养身怡心的消费需求，利用靠近大都市的区位优势和特色自然人文资源，大力发展人文休闲、度假康养、户外运动等，打造成渝"后花园"。

### （二）提升周边腹地国际消费服务功能

推动成渝重要节点城市打造特色消费集聚区。推动万州、江津、铜梁、宜宾、泸州、自贡、内江等城市充分发挥区域重要节点和既有特色消费产业优势，发展特色美食、民俗节庆、白酒品牌、传统工艺等，建设巴蜀特色鲜明的消费聚集区。推动一批特色小城镇打造成为特色商业名街名镇。围绕休闲观光、乡村旅游、历史文化、时尚艺术及自然遗迹等，提升一批既有特色商业街区，打造一批集聚区域消费资源、辐射带动能力较强、富有巴蜀乡土特色的商业名街名镇。

### 三、增强消费资源集散能力

根据内涵特征，国际消费目的地必然具有强大的消费实现功能，能够"聚天下客商、迎八方来客、享全球优品"，物流、人流、信息流都能便利通达汇聚。党的二十大明确提出要提高中西部地区开放水平，因此，成渝地区要在立足区位优势，进一步拓展完善通道物流网络，激发口岸和保税平台优势，提升双城经济圈对国际消费资源的集散能力。

#### （一）完善成渝地区通道物流网络

拓展畅通对内对外通道。积极拓展国际物流和人流进出通道，重点推进西部陆海新通道、中欧班列、长江黄金水道、空中航线等对外开放大通道。紧密与周边区域的货运铁路通道、高速公路通道、水运通道等的联系，加快两大都市圈之间及其与周边卫星城市的同城化通道建设。健全物流分拨分销网络体系。推进港口型、陆港型、空港型、生产服务型、商贸服务型5个类型的国家物流枢纽建设，增强铁公水空物流枢纽服务能力，优化布局物流园区、配送中心等物流节点[①]，推动双城经济圈与周边省市重要物流枢纽互联互通，打造内陆国际物流分拨中心。加快海外仓布局和发展，力促全球供应链高效运转。

#### （二）加快发展口岸保税新消费业态

增强开放口岸功能。优化航空口岸、铁路口岸、公路口岸、水运口岸及各类功能性口岸布局，构建完善双城经济圈开放口岸体系。提升口岸综合服务效能，深化国际国内通关合作，推动区域海关通关协作机制落实，持续简化通关手续，加快建设"智慧边检"，提升通关速度。发展保税新消费业态。

---

① 《成渝地区双城经济圈建设规划纲要》，《人民日报》，2021年10月21日。

依托保税平台，培育消费新业态和新模式。推广"保税＋暂时进出境"业务模式，着力发展保税展示交易。探索在综合保税区内专门设置文化产业保税区域和进口医疗仪器服务区域，积极开展保税文化贸易和进口医疗服务。

## 四、共建巴蜀文化旅游走廊

党的二十大强调，要增强中华文明传播力影响力，推动中华文化更好走向世界。成渝地区地形地貌多样、历史源远流长、文化特色鲜明、文旅资源丰富、开发价值颇高，有条件为全球消费者提供高质量的文化旅游产品和服务。宜充分挖掘巴蜀大地自然文化旅游资源，对标国际一流，突出巴蜀韵味，促进文旅深度融合发展，打造世界级休闲旅游胜地，在中华文化传播中走在前列。

### （一）推动成渝两地旅游联合发展

联合策划精品旅游线路。沿大江大河、铁路公路等交通干线，分类策划、串点成线，打造以历史人文、自然风光、户外探秘、红色体验、康养纳凉等为主题的贯通重庆、成都的精品旅游线路，推进交通干线配套旅游线路建设。共建巴蜀文化旅游推广联盟。加强"智游天府""惠游重庆"数字平台共建共享，充分打造、利用两地文化旅游节会和平台，合作培育"成渝地·巴蜀情"区域文化活动品牌，大力弘扬川剧、蜀绣、石刻文化，加强文化旅游对外交流合作。

### （二）高标准打造精品旅游景区

依托独特文旅资源禀赋，围绕"吃住行游购娱"等要素和国际旅游消费新趋势，全面提档升级旅游景区设施和环境。高标准、精品化打造两大都市、长江三峡、大足石刻、武陵山景区、九寨沟景区、峨眉山景区、熊猫基地，加强国际旅游品牌塑造和宣传。启动长征国家文化公园（四川、重庆段）、川渝石窟国家遗址公园规划和建设。

### （三）共同发展巴蜀乡村旅游

依托巴蜀地区优美自然风光、独特民俗风情、传统农事活动、特色建筑民居等，对接都市居民的乡野休闲需求，结合巴蜀特色村寨保护性开发，大力发展巴蜀乡村旅游。提炼村味、村品、村趣、村艺等打造巴蜀乡村 IP。围绕不同四季时令、农耕农事、优势地标产品等，高水平策划推出一批乡村旅游线路和乡村节庆活动。

## 五、发展消费新业态、新场景

国际消费目的地不仅要在消费资源的丰盈度上"技高一筹"，在消费业态的创新性上也需"领先一步"，从消费内容和消费形式等多方面塑造综合竞争力。放眼全球，成渝地区在消费领域的创新能力和引领能力还不突出，须以此为关键突破，着力培育成渝地区双城经济圈的消费创新和引领功能，打造全球消费发展风向标。

### （一）支持发展国际消费新业态

将科技元素、时尚元素、国际元素等注入巴蜀传统文化，重点发展传媒影视、动漫游戏、音乐演艺、文创设计等文化产业。推动巴蜀地方特色餐饮国际化、品牌化、融合化发展，着力提升火锅川菜的品质和品牌。大力发展户外运动、冰雪消费、温泉康养、乡村民宿、自驾露营、邮轮观光等新兴旅游产品。提质发展托育、养老、康体、家政等社会化服务，着重培养面向国际消费人群的特色消费服务。以服务业扩大开放综合试点为契机，放宽新兴消费服务领域的市场准入，在创新跨境医疗保险产品、丰富跨境游产品、发展在线国际教育等方面开展探索。[1]

### （二）大力拓展国际消费新场景

加大 5G、大数据、物联网等新型基础设施共建共享，合力打造智慧商业、智慧旅游、智慧交通、智能体育、数字文化等智慧化消费场景。支持社交电商、直播电商、社区团购、无接触零售等新消费场景发展。丰富夜间消费场景和业态，以重庆、成都热门商圈为重点完善城市夜间公共服务，重点

---

[1]《粤港澳大湾区发展规划纲要》，http://gd.cma.gov.cn/yfsqxj/zwgk_3346/zwyw_3376/mtjj_3378/201902/t20190220_126159_mo.html。

培育"两江游""街巷游"等夜游场景品牌，建设一批夜间消费文旅集聚区。紧跟年轻时尚新潮流，充分利用巴蜀独特文化资源和魔幻城市空间格局，开发研学文旅项目，打造一批"博物馆＋剧本杀""红色景点＋剧本杀""城市地标＋剧本杀""三国历史＋剧本杀"等沉浸式旅游新场景。

## 六、营造国际化的消费环境

内陆地区因千百年来交通相对闭塞，与国际社会交流交往不多，从制度设计到实施执行层面所体现出的开放思维、包容胸怀和服务意识均有所欠缺。要打造"近悦远来"的国际消费目的地，就需要加快补齐软环境的短板，推动与国际接轨的消费环境建设，让经营者和消费者都放心、舒心，进一步促进国际消费。

### （一）强化经营者和消费者权益保障

探索接轨国际的消费信用体系、服务质量标准体系、消费者权益保护制度等。联合建立综合性执法机构以及一体化、全链条的市场监管体系，严厉打击制假售假、虚假宣传、商业欺诈等不正当竞争行为。引入社会监督，完善消费投诉信息公示和处理机制，健全消费环节经营者首问责任制和赔偿先付制度。

### （二）提升国际化消费设施和服务

加强国际化语言环境建设，丰富公共服务平台多语言选择，全面实施和规范公共场所尤其是商业场所的外语标识改造。加快打造优质国际街区、国际社区，推动社区商业设施提档升级、与国际接轨。完善离境退税政策，增加免税店数量、免税商品品类、免税购物额度，建立免税店内即买即退的快速退税通道。

### （三）完善跨境流动便利化政策

借鉴海南自贸港等经验，向国家争取放宽外国人申请免签入境事由限制、给予免签入境人员 30 日以上的停留期限、取消自动进口许可管理等开放政策。<sup>①</sup>为国际游客争取"蓉进渝出"和"渝进蓉出"144小时过境免签政策。试行有利于促进跨境贸易便利化的外汇管理政策,拓展多币种移动支付使用范围,提升跨境人员、货物、资金等流动便利化水平。

①《海南自由贸易港建设总体方案》,https://baike.baidu.com/item/%E6%B5%B7%E5%8D%97%E8%87%AA%E7%94%B1%E8%B4%B8%E6%98%93%E6%B8%AF%E5%BB%BA%E8%AE%BE%E6%80%BB%E4%BD%93%E6%96%B9%E6%A1%88/50334038?fr=aladdin。

# 第八章
# 联手打造内陆改革开放高地

自古众人皆知，蜀道之难，难于上青天，也有川人一出夔门便成龙之说。改革开放是我国尤其是成渝等内陆地区突破先天桎梏、加快高质量发展、迈向现代化进程的必然选择和有效路径。全面建设社会主义现代化国家，必须坚持深化改革开放。在我国推进改革开放的重大历史阶段，成渝地区深入落实国家战略，结合区域实际大胆突破创新，1983 年，重庆被确立为全国第一个经济体制综合改革试点城市，1992 年邓小平南方谈话为标志的改革突破阶段，成渝地区逐步从以国有企业改革为重点向推行行政体制、社会事业等领域的综合配套改革迈进，在十八大以来的全面深化改革阶段，成渝地区在对外开放通道平台、现代产业政策、科技创新、乡村振兴、生态保护、一体化体制机制等方面开展了突破性的探索创新，取得了显著成效，为内陆改革开放积累了诸多有益经验。要把成渝地区建设成为新发展格局的重要支撑和关键枢纽，必须深刻认识在新发展格局下建设内陆改革开放高地的深刻内涵，以共建"一带一路"为引领，打造陆海共济、四向拓展、综合立体的国际大通道，加快建设内陆开放枢纽，深入推进制度型开放[①]等重要抓手，加快联手打造内陆改革开放高地进程。

---

[①]《成渝地区双城经济圈建设规划纲要》，《人民日报》，2021 年 10 月 21 日。

# 第一节　构建对外开放大通道

大通道是推进对外开放的大动脉，当前成渝地区已经构建起包括长江黄金水道、西部陆海新通道、渝新欧班列（成渝）等对外大通道，形成"通道带物流、物流带产业、产业带经贸"的良好格局。对标区域承担国家战略使命及高质量发展要求，成渝对外大通道建设和运营还存在能力不足、效率和水平不高、合作推进机制不完善等问题，亟待补齐短板，推进高质量发展。

## 一、对外开放通道建设现状和问题

### （一）通道建设运营现状

西部陆海新通道建设成效快速显现。运营规模和覆盖范围不断扩大，西部陆海新通道班列于 2017 年 5 月 10 日首发，目前累计突破 14000 列，与世界 108 个国家和地区、311 个港口通航，覆盖我国 13 省、46 市、90 站，是最安全稳定的货运通道之一。通道经贸发展与区域产业联动融合增强，重点出口轻工产品、生活消费品等，进口东南亚矿石、橡胶、大米等原材料或初级产品，带动区域汽摩、化工、食品等产业优化发展。运营服务模式协同创新，西部陆海新通道物流与组织运营中心平台成功搭建运行，依托铁路集装箱班列，衔接全球海运网络，形成"一次委托、一次保险、一单到底、一次结算"的全程服务模式。

亚欧通道建设成效全国领先。2021 年，中欧班列（成渝）开行数量超过 4800 列，货值 2000 亿元，货量、货值均居全国第一。历年累计开行量达 14000 列，占全国开行总量 40% 以上，班列去回程基本实现平衡。统一品牌宣传运营加速，2021 年 1 月 1 日，中欧班列（成渝）号首趟列车从重庆、成都两地同时发出，打造中欧班列合作共建、高效运营样板。运输覆盖范围不断扩大，通过与长江黄金水道等重要通道衔接，境外可辐射亚欧 26 个国家 70

余个节点城市，境内可辐射 59 个铁路站点和 29 个港口。与产业结合度提升。中欧班列（成渝）满足了成渝两地电子信息、汽车整车、智能家电、生物医药、大数据等产业对高效、优质国际供应链的精准需求。联动合作机制体制持续完善，两地已达成"统一品牌、整合数据、协同机制"，下一步将继续推进统一订舱、提高服务、降低成本、探索标准、合资经营。

东向开放通道智慧化建设和协作推进成效明显。智慧长江物流工程引领长江水运挖潜增效，2021 年，以重庆果园港、四川泸州港为主要载体，川渝港口货物吞吐量达到 2.14 亿吨，占长江上游港口货物吞吐总量 90%。沿江各级政府牵头推进成渝共同打造长江上游航运中心，重庆果园港与四川宜宾、泸州、广安、广元、南充等港口建立了深度合作，重庆果园港国际物流枢纽与四川经开区共同打造无水港。龙头企业牵头的成渝长江物流合作模式积极推进，重庆港务物流集团和四川省港航投资集团合资公司签约共同组建合资公司，合力构建铁水、水水联运通道，共同打造长江上游港口联盟。

### （二）通道建设存在的主要问题

通道能力仍需强化。西部陆海新通道铁路干线能力不足，境内如西线隆（隆昌）黄（黄桶）铁路至今仍未全线贯通，已建成的线路普遍等级偏低、运输能力有限，境外中泰、中缅等部分线路建设进度缓慢。中欧班列成本及效率待优化，班列一定程度的无序竞争造成资源浪费和运力紧张，加上通关通检便利化不够，造成拥堵影响班列及时发运。长江黄金水道"瓶颈"制约突出，目前长江沿线通道运输方式较为单一，三峡船闸拥堵呈常态化，运输时间不稳定。

运营效率和水平待提升。成本还有待降低，2021 年一季度"西部陆海新通道运营情况及发展指数"[①]显示，在 3 个一级指标中，受物流成本相对较高的影响，竞争力发展指数未达 100 仅为 99.3。通道组货能力有待提升，当前中欧班列通道回程货物主要为食品和日用品类，由于缺乏国家级的国际货源

---

① 2021 年 5 月重庆市政府口岸物流办发布。

组织服务平台，满足消费升级及产业升级的相关产品货源组织不足。智能化水平有待提升，缺乏智能化、标准化的区域物流信息平台。

国家及成渝区域层面推进机制有待完善。沿线通关需要国家层面协调优化，国际班列联通环节仍存在诸多拥堵突出的物流节点，国家进行物流疏导的顶层方案待强化。过度竞争问题需要国际部委顶层设计引导，中欧班列在财政补贴、奖励等各类措施方面需要国家层面系统性协调解决。通道经贸与产业联动机制创新和推进还需要进一步强化，陆海新通道运营有限公司成员还没有涵盖通道沿线所有省市，影响沿线资源整合共享、产业协同共促。

## 二、合力建设西部陆海新通道

全球最大的自贸区《区域全面经济伙伴关系协定》（RCEP）已于 2022 年 1 月 1 日正式实施，党的二十大报告进一步强调加快建设西部陆海新通道，15 个成员国的国际贸易交流将加速，西部陆海新通道的功能和潜力将加快释放。抓住 RCEP 正式实施机遇，针对弱项、短板，开创西部陆海新通道建设新局面。

### （一）共建交通领域的基础设施

基础设施是大通道建设的关键支撑，当前通道还存在关键线路、枢纽能力等方面的短板制约，需要发挥优势、弥补弱项，构建"通道 + 枢纽"的现代化设施支撑网络体系。加速推进重大基础设施建设。针对对外大通道短板弱项，加快推动贵州黄桶至广西百色铁路，积极争取国家和相关各方加快推动泛亚铁路建设，加快推动南（南宁）昆（昆明）铁路威舍至百色段、广西钦州港深水航道等重大项目建设，加强重庆—东盟公路物流大通道建设，进一步畅通陆海新通道，增强连接"海上丝绸之路"通行能力。积极争取国家共商，着力推动越南改造升级铁路等运输设施，促进互联互通。加快综合物流枢纽建设。强化重庆和成都国际性综合交通枢纽功能建设。当前成渝已获批重庆港口型、陆港型、空港型和四川陆港型、港口型、商贸服务型共 6 个国家级物流枢纽，但上述枢纽大多还处于建设推进阶段，离实现构建枢纽经济、以枢纽带动区域经济发展的目标还有较大差距。应结合成渝在国家开发开放战略中独特而重要的地位、国内外宏观形势变化及区位实际，加快相关枢纽实施方案编制，提速推进建设，继续积极推进包括生产型等类型的国家物流枢纽建设，完善物流枢纽类型和功能，提升枢纽在对外大通道中的集聚辐射和服务能力。

### （二）共建提升贸易物流功能

国家赋予重庆西部陆海新通道物流和运营组织中心、成都国家重要商贸物流中心[①]功能定位，目前已奠定了较好的基础。下一步应着力提升重庆、成都两个城市在通道贸易物流中的枢纽核心功能，提升运营组织能力。强化重庆物流和运营组织中心建设。发挥重庆作为西部陆海新通道物流和运营组织中心所在地牵头作用，做优陆海新通道运营有限公司，结合前期基础，加快推动云南、陕西、广东湛江、湖南怀化等地加入，实现10省市12股东共建。运用市场化手段，推进更多沿线省市入股该公司，提升公司沿线资源统筹、信息共享力度及国际竞争力。加快成都国家重要商贸物流中心建设。强化区域物流枢纽建设，推进遂宁、泸州、达州、攀枝花等国家物流枢纽承载城市建设，加快建设宜宾、自贡等重要物流节点，强化航空、铁路、港口等重点物流基础设施和物流园区建设，提升畅通国内国际双循环的门户枢纽功能。[②]协同推进资源共享和布局。加强成渝两地信息互通互享，共同实施通道公共信息平台、通道发展指数、贸产综合服务平台等一批跨区域合作项目，探索建立境内外集装箱共享体系。共同探索在 RCEP 成员国共建共享物流基地、分拨集散中心、海外分拨仓等设施。提升西部陆海新通道多式联运水平。依托中新（重庆）战略性互联互通示范项目物流合作，联动广西钦州港，加强与缅甸皎漂港等港区开展国际物流合作，通过西部陆海新通道铁海联运班列，逐步拓展覆盖日本、印度及中东、非洲等地区。依托区域铁路物流中

---

① 《成渝地区双城经济圈建设规划纲要》，《人民日报》，2021 年 10 月 21 日。
② 杨富：《抢抓机遇 "链" 就高质量发展》，《成都日报》，2021 年 9 月 18 日。

心，积极发展国际铁铁联运班列，辐射越南、泰国、新加坡等东南亚国家。通过国际铁海联运、铁铁联运、铁公联运等运输模式，衔接成渝与东南亚地区供应链，满足内需市场对进口农产品、水产品等消费需求。

### （三）促进国际经济贸易通道联动

成渝地区是"一带一路"与长江经济带联结点，推进四向通道的内在联结与功能互补至关重要，应加快推进陆海新通道无缝衔接中欧班列、长江经济带等大通道，实现东盟—中国西部—欧盟国际物流联运，构建新欧亚大陆桥。强化与南向通道沿线国家联动发展。发挥 RCEP 正式实施带来的机遇，加大成渝与新加坡、缅甸等国家合作力度，积极争取国家层面协调，推动东盟及相关国家共同参与通道建设，共同探讨衔接中国—中南半岛、孟中印缅等经济走廊的建设合作。推进与中欧班列无缝连接。汲取川渝及广西等省市已经实现西部陆海新通道班列与中欧班列衔接经验，政府层面推动西部陆海新通道与中欧班列线路、班次对接和信息共享，运营平台公司为主体加大对东南亚、中国西部、欧洲的货源组织力度，提升两大通道联动效能。推进与东向通道高效衔接。充分发挥重庆物流和运营组织中心作用，结合区域产业发展需求，组织运量规模大、时间要求不高的货源，对接重庆港、四川泸州港等沿江港口集群航运优势，促进西部陆海新通道与长江航运协同互补发展，缓解三峡枢纽过坝运输压力。

## 三、统筹完善亚欧通道

2010 年 10 月，以国家开放战略为指引，重庆成功探索创新推动中欧班列开行，打通并不断丰富形成亚欧陆上运输通道。通道运行 10 余年取得了突出成效，但仍面临关键硬件设施对接、运输效率提升、运输通道与产业全面对接等问题，亟待深入强化，推进高质量发展。

### （一）提升通道网络和枢纽支撑能力

围绕关键枢纽节点、薄弱环节加大力度，提升通道物流运输支撑能力。完善欧洲通道网络布局。推进成渝—杜伊斯堡的主要线路提档升级，联动构建欧亚地区通道，探索开行中亚、西亚、南亚支线，拓展东欧、中亚、中东市场，构建欧洲—成渝—东南亚（日韩）通道网络，提升中欧班列（成渝）在"一带一路"沿线国家的覆盖水平。依托规划建设的兰渝（兰州—重庆）高铁以及襄渝（湖北襄阳—重庆）铁路、宝成（陕西宝鸡—四川成都）铁路等扩能改造，进一步提升成渝至新疆阿拉山口、霍尔果斯口岸主要通道运输能力。提升通道枢纽节点能力。发挥重庆、四川获批国家陆港型物流枢纽机遇，高质量推进中欧班列集结中心建设，强化枢纽重大物流设施平台建设，坚持以存量设施为主、增量设施为辅原则，做强枢纽在推动大通道建设、服务区域经济发展等方面的功能。

### （二）提升通道运营和分拨能力

以运营能力、分拨配送能力、信息化水平等提升为重点，增强通道整体竞争力。提升市场化运营能力。完善物流干支业务网络，促进集结点、代理、运输、仓储等资源共建共享。在物流主体方面，发挥中欧班列（成渝）品牌和竞争力优势，以已落户的全球50强物流企业为重点，为市场主体提供优良营商环境，积极培育具有国际竞争力和话语权的物流巨头。完善物流集结分拨枢纽。推进班列开行由"点对点"向"枢纽对枢纽"转变，巩固提升杜伊斯堡等境外分拨能力，积极参与俄罗斯、白俄罗斯、匈牙利、波兰等境外海外仓、集散分拨中心建设，加快构建中亚、西亚、欧洲沿线物流集结和分拨配送中心。加强与国内主要城市和区域合作，织密国内通道辐射网络，开展班列集结、集拼集运等服务和业务，提升货物集结效率。提升信息化支撑能力。推进数字班列建设，强化物流智能安全装备，冷链装备应用。积极争取国家层面搭建中欧班列信息平台，促进其与各国海关监管平台对接，基于信息赋能促进运输组织优化。

### （三）促进贸易和产业深度对接

中欧班列（成渝）在贸易发展、贸易与产业衔接方面已奠定一定基础，在贸易品类及与区域产业深度对接方面还需要着力。完善亚欧通道国际贸易。当前中欧班列（成渝）在推动亚洲国际贸易中发挥了积极作用，从主要货品看，去程覆盖 IT、整车及零配件、机械、轻工、日用品、家电、国际邮件、电子商务产品，回程涵盖整车、医药及医药器械、机电产品、奶粉、木材等商品。未来，成渝地区及西部正加快战略性新兴产业发展，相关产品除满足国内需求外，也亟待通过亚欧通道，开拓欧洲等海外高端市场。促进国际物流、贸易和产业深度对接。在提升对西欧、北欧等物流集疏运能力的同时，扩大高品质农产品、整车及零配件、医疗器械、红酒、冷链产品等商品的进口规模，结合成渝产业发展基础和未来方向，促进电子信息、汽车、航空等外向型产品出口，促进亚欧通道产业深度对接。

## 四、优化畅通东向开放通道

长江经济带人口规模和经济总量占据全国"半壁江山"，长江黄金水道具有运量大、成本低的突出优势，但通道运力不足的瓶颈问题日益突出，亟待提升能力，强化经贸合作，高质量共建长江上游航运中心。

### （一）提升东向物流通道能力

针对突出短板制约，持续推进通道提质扩能，完善网络，提升通道能级。共同推动第二航道建设。当前过坝拥堵问题常态化，严重影响物流效率和运输成本，成渝应加大协同力度，持续呼吁国家开展三峡水运新通道研究并尽早启动建设。加快运输网络化建设。联合打造干支衔接、江海直达国际物流通道，共同完善集疏运系统和腹地无水港物流网络，推动建设达州—万州铁水联运港，加快组建长江上游港口联盟。提升长江物流智慧化水平。加快建设智慧长江物流工程，实施港口装卸、船舶运行、三峡过闸等数字化管理，推动三峡过闸安检和调度前移，逐步覆盖成渝地区沿江港口。加快推广应用水运口岸营商环境优化系统。

### （二）拓展东向经贸合作

结合成渝产业基础及未来发展重点，利用低成本运输优势，加大经贸合作，联动品牌建设。扩大相关国家经贸合作。长江黄金水道航运发展迅猛，电子信息、装备制造（产值均占全国相应行业 50% 以上）等行业国际经贸合作空间和需求大。提升长江航运能力，密切与南向、西向大通道的衔接，开展多式联运，加大与美洲、RCEP成员国、欧洲等的经贸合作。打造联运统一运营品牌。2021年7月，川渝水上穿梭巴士首航（四川宜宾港—重庆珞璜港—上海港），标志着成渝地区双城经济圈长江水上穿梭巴士和珞璜港至上海港集装箱班轮开启，川渝联动、铁水联运创新探索不断推进。加大川渝及与沿江省市港口、口岸合作力度，共同建设统一运营品牌，提高进出口货物运输效率。

## 五、创新完善通道建设体制机制

有效的体制机制设计，是推动通道建设尤其是提升运营能力和效率的核心。

### （一）政府工作推进合作层面的机制设计

顶层设计推动、各级协调互动，发挥政府组织协调和服务功能，从指导、统筹及激发政府合作的机制设计方面着力。建立各层级统筹协调工作机制。总结推广川渝两地在推进中欧班列（成渝）方面经验，共同推进南向、东向通道建设，在大交通管理、设施一体化、市场一体化、信息共享等方面，积极争取国家支持，探索设立省市—地区（区县）层级协同的工作机制。探索建立地区成本利益分担共享机制。借鉴上海青浦、江苏吴江、浙江嘉善在长三角生态绿色一体化发展示范区中开展财税分享机制的经验，以"投入共担，利益共享"为核心，如建立沪苏浙财政协同投入机制，按比例注入开发建设资本金，统筹用于区内建设；对新设企业形成的税收增量属地方收入部分实行跨地区分享，分享比例按确定期限根据因素变化进行调整。合作创新市场化机制。共同探讨降低物流成本的相关机制，如引入第三方价格评估，建立铁路运输市场化与政府购买服务相结合的定价机制，降低综合运价水平。

### （二）市场层面的机制完善

全球化进程放缓，区域一体继续深化，RCEP正式实施，中国积极申请加入CPTTP。深度理解相关国际规则，深度融入国际经贸环境，需要发挥市场化的决定性作用。对标RCEP规则制度落地。对标RCEP下的货物贸易关税减免及贸易便利化规则、服务贸易规则、投资准入规则、原产地区域累积、知识产权等规则，引导市场主体抓住机遇，融入发展。加大国际贸易规则探索。结合大通道运营过程中出现的问题，不断总结铁路提单物权化及配套规则经验，发挥自贸区、服务业扩大开放试点等探索创新优势，深化陆上贸易规则创新，深入参与制定国际物流多式联运标准。

# 第二节　建设对外开放大平台

开发区、海关特殊监管区域等对外开放平台是我国改革开放的成功实践，经过 30 多年的发展，已形成较大的外贸进出口规模、较强的加工制造能力和较好的社会经济效益。成渝地区双城经济圈各类开发区发展迅速，利用外资、对外投资、一般贸易等规模持续扩大，服务贸易、加工贸易、转口贸易、跨境电商、离岸金融等新兴业态蓬勃发展，成为推动成渝地区对外开放的重要平台。进入新时代，全球科技革命和产业变革加速，全球经济的中心逐步东移，我国面向欧美的沿海地区开放正逐步拓展到面向欧亚的内陆地区开放，成渝地区双城经济圈必须抢抓机遇，增强国内国际两种资源联动效应，持续提高投资贸易开放质量和水平，对接和融入国家共建"一带一路"和西部陆海新通道建设等重大对外开放战略，加快建设具有国际竞争力的对外开放平台格局。

## 一、对外开放平台建设现状和问题

2010 年，重庆两江新区成为国务院批准设立的内地首个国家级新区，2014 年，四川天府新区成为国务院批准设立的第 11 个国家级新区，截至目前，成渝地区双城经济圈已经形成了以国家级新区为代表，包括国家级经开区、国家级高新区、各类口岸、各类监管区在内的国家级开放平台体系，成为成渝地区积极参与"一带一路"建设，加强与沿线国家经贸合作，促进开放型经济加快发展的重要载体（表8-2-1）。

表8-2-1　成渝地区双城经济圈重点对外开放平台

| 类别 | 园区名称 |
|---|---|
| 2个国家级新区 | 重庆两江新区、四川天府新区 |
| 3个国家开放平台 | 中国（重庆）自由贸易试验区、中国（四川）自由贸易试验区、中新（重庆）战略性互联互通示范项目 |
| 21个国家级开发区 | 国家级高新区（11个）：重庆高新区、璧山高新区、永川高新区、荣昌高新区、四川成都高新区、德阳高新区、绵阳高新区、泸州高新区、自贡高新区、乐山高新区、内江高新区 |
| | 国家级经开区（10个）：重庆经开区、长寿经开区、万州经开区和四川成都经开区、遂宁经开区、宜宾临港经开区、广安经开区、绵阳经开区、德阳经开区、内江经开区 |
| 22个国家级关检特殊区域 | 海关特殊监管区域（13个）：重庆两路果园港综合保税区、西永综合保税区、江津综合保税区、涪陵综合保税区、万州综合保税区、永川综合保税区、四川成都国际铁路港综合保税区、泸州综合保税区、宜宾综合保税区、成都高新综合保税区、成都高新西园综合保税区、绵阳综合保税区、自贡综合保税区 |
| | 保税监管场所（8个）：重庆团结村铁路保税物流中心（B型）、南彭贸易保税物流中心（B型）、果园港保税物流中心（B型）和四川成都空港保税物流中心（B型）、成都国际铁路港保税物流中心（B型）、泸州港保税物流中心（B型）、宜宾港保税物流中心（B型）、天府新区成都片区保税物流中心（B型） |
| | 综合改革试验：重庆国家级检验检疫综合改革试验区 |

## （一）重点开放平台建设初见成效

成渝地区双城经济圈国家开放口岸和特殊商品进口指定查验场所数量居中西部前列，制度型开放成果和高层次开放合作项目成效显著。拥有铁路、水运、航空等国家物流枢纽，保税区，国家一类开放口岸三个"三合一"开放平台，以及汽车整车、进口肉类、水果、冰鲜水产品等11种特殊商品进口指定查验场所，口岸和物流枢纽功能齐备。重庆自贸区、四川自贸区总体方案确定的151项、159项改革试点任务已全部落实，全球首创铁路提单国际信用证金融服务产品、"空铁联运一单制"单证、知识价值信用融资新模式、分布式共享模式实现"银政互通"等改革成果在全国推广。中新（重庆）、中日（成都）高层次开放合作项目成效显著，到2021年底，中新（重庆）项目累计落地跨境投融资金额超过200亿美元，中日（成都）项目已聚集日资企业69家。

### （二）平台建设存在的主要问题

成渝地区双城经济圈对外开放平台仍然存在功能布局不优、带动能力不强、政策联动不足、基础设施建设不够等问题。对外开放平台分布高度集中在"双核"，重庆一半以上集中于主城区，四川超40%集中于成都市，成渝地区双城经济圈主轴经济带和成渝北翼布局还不够。开放口岸、物流枢纽服务和带动内外资产业、新兴产业和进出口贸易发展不足。以机电产品为主的加工贸易产品价值链不高，总部贸易、转口贸易、保税贸易等贸易新业态新模式有待培育。川渝两地内部以及川渝两地之间的开发开放平台还处于各类国家先行先试政策的抢夺阶段，制约了政策效应的发挥。开放平台基础设施短板仍较突出，跨境基础设施标准差异大、多式联运衔接不畅，新型基础设施建设还相对不足。

## 二、合力打造内陆开放门户

国家级平台是内陆开放的窗口和门户，是引导高端产业、国际要素集聚的主要载体，各类国家级平台承载了不同的开放功能，也被赋予了各具特色的先行先试政策，是我国深度参与全球产业分工合作、保障重要产业链供应链安全、维护多元稳定国际经济格局和经贸关系的重要载体。成渝地区双城经济圈必须发挥比较优势，打破行政壁垒，引导产业合理分工，才能形成发展合力，释放政策效应。

### （一）强化国家级平台建设

充分发挥国家级平台功能，以国家级开发区引领发展开放型经济，完善国家级开发区平台体系，以开放促改革、促发展，加快国际化要素和高端产业加快集聚和集成。发挥国家级新区的核心带动作用。以两江新区、天府新区两大国家级新区为重点，争取国家优先布局国家重大战略项目、试点示范项目，创建内陆开放型经济试验区，增强对国内外资源吸引力，打造内陆地区对外开放的重要门户。促进国家级开发区联动发展。有序推动成渝地区双城经济圈省级开发区申报国家级开发区，探索深化国家级高新区、开发区"一区多园"模式，释放国家级高新区引领战略性新兴产业发展潜能。突出海关特殊监管区域辐射带动功能，推动增设重庆永川、黔江综合保税区，推动重庆铜梁、潼南和四川宜宾等升级创建国家级高新区。促进成渝地区双城经济圈产业分工逐步由产品专业化向产业链、价值链细分的功能专业化转变，构建分工合理的现代产业体系。

### （二）扩大平台对外开放功能

海关特殊监管区域是由海关为主实施封闭监管的特定经济功能区域，主要承接国际产业转移、联接国内国际两个市场的特殊功能和政策，要抢抓RCEP等机遇，强化综合保税功能，增大进口规模，促进双向投资。合理规划保税和免税平台。围绕发挥承接国际产业转移、联接国内国际两个市场的积极作用，推动出口加工区、保税物流园区等向综合保税区转型升级。培育区域外产业配套能力，促进区域内外生产加工、物流和服务业的深度融合发展。推动重庆两路—果园港综合保税区、四川天府国际机场综合保税区和四川达州、内江、遂宁等保税物流中心（B型）建设。加快建设双边合作园区。充分运用RCEP原产地区域累积规则、知识产权保护、电子商务、中小企业和经济技术合作支持等规则，重点建设中国—东盟、中日等国际合作园区，构建上中下游垂直整合、协同发展的完整产业链和产业生态圈。加大进口贸易促进培育。依托国际消费中心城市试点、开放口岸等制度优势，建设"一带一路"进出口商品集散中心，培育进口贸易促进创新示范区，围绕汽车、电子信息、装备制造、材料、农产品等领域，扩大与东南亚、南亚等区域贸易往来。

## 三、共建川渝自贸协同开放示范区

成渝两地自贸区试行以准入前国民待遇加负面清单为核心的管理模式，加快建设投资贸易便利、高端产业集聚、监管高效便捷、金融服务完善、法治环境规范、辐射带动作用突出的高水平高标准自由贸易园区。未来重点围绕加快政府职能转变、探索管理模式创新，提升贸易便利化、投资自由化、金融国际化水平。扩大服务业开放试点，以制度创新为重点，努力形成一批可复制推广的制度创新成果，在服务和融入国家新发展格局中展现新作为、体现新担当。

### （一）高标准建设自贸区

开展制度创新尤其是首创性改革创新是自贸区的首要职责，要深化货物、资金、人才等要素流动型开放，加强政策协同创新，实施自贸区提升战略，积极融入面向全球的高标准自由贸易区网络，努力建设高标准自贸区。加大首创性改革创新。推进金融、科技、物流、航空、低碳、数字经济等重点领域开放，扩大港口、机场口岸开放，探索内陆陆路口岸正式开放，推进人民币跨境贸易结算，探索更加便利的贸易监管制度。支持开展中国—新加坡金融市场互联互通试点，开展数据跨境传输安全管理试点。完善信用分类监管体系，探索海关特殊监管区账册管理制度改革。推动自贸区协同开放。推动制度创新、信息共享、经验共创、模式共建，建立统一开放的市场体系，促进生产要素自由流动，探索跨区域利益共享和成本共担机制，降低区域内制度性交易成本。共同争取扩大第五航权，建立健全"铁路+"陆上贸易规则，进一步放宽跨境交付准入限制。以大数据为引领，共同探索数字贸易规则体系。探索外事互办互认，共同争取开展国际职业资格认证。

### （二）扩大服务业开放试点

积极开展服务业扩大开放综合试点，放宽新兴消费服务领域的市场准入，着力打造内陆现代服务业发展先行区。扩大新兴产业开放试点。扩大金融贸易、科技和数字经济等开放试点，以成渝共建西部金融中心建设为契机，推进证券融资、私募股权投资基金跨境投资试点建设，促进企业资金跨境便利化运营。推动跨境服务贸易负面清单先试先行，扩大工业设计、生物技术研发等服务外包开放。大力发展数字服务、研发设计、管理咨询、保税研发检测维修等知识密集型服务贸易，打造 RCEP 国家数字服务出口基地。扩大医疗教育开放试点。进一步增加国际教育优质资源供给，探索设立海外中国国际学校，遴选一批中小学接收国际学生，高水平建设国际合作教育园区。探索允许外商投资医疗机构开设分支机构，鼓励大型三甲医院设立外宾医疗科或涉外医疗门诊部，推动医学检验检查结果互认，完善涉外医疗机构医保报销体系。加强跨境电商业态模式创新。依托跨境电子商务综合试验区、国家级电子商务示范基地、国家绿色生态园区等国家级平台，加强主体引进和培育，探索跨境电商贸易新规则。

**（三）创新消费体制机制**

立足发挥内陆地区超大规模市场优势，优化和改善免税购物、签证、金融支付、通关等国际化的消费环境，促进形成内陆国际消费中心城市强大吸引力。完善国际化消费环境。加快国家物流枢纽免税店、口岸免税店建设，扩大离境退税街区规模。借鉴海南自贸港等经验，争取放宽入境、停留、进口许可等开放政策，简化人员、货物跨境流动程序。完善消费配套政策。扩大西部大开发优惠税率政策覆盖面，健全消费环节经营者首问责任制和赔偿先付制度，提高物流配送、快速检测、鉴定、索赔等环节的服务便利度。丰富消费品供给。积极探索自贸区医药品、粮油等进口，携手打造西南最大的冷链药品物流中心、粮油加工基地。加快引进品牌首店、高端定制店、跨界融合店等特色精品零售项目。

## 四、高标准实施高层次开放合作项目

聚焦中新（重庆）战略性互联互通示范项目和中日（成都）城市建设和现代服务业开放合作示范项目，围绕物流、金融、数据、医药等领域，促进多层级互联互通和项目合作，提升成渝地区双城经济圈对外开放水平。

## （一）推进中新（重庆）战略性互联互通示范项目

充分发挥新加坡中华总商会、新加坡物流协会、重庆进出口商会、重庆市国际货代协会等中介组织作用，促进多领域深度合作。加强金融合作示范。办好中新金融峰会，围绕跨境贷款、跨境发债、金融科技、跨境交易等领域，深化渝新"理财通"、绿色融资、巨灾保险、基金互认等合作，促进供应链金融和特色跨境金融服务发展，加快建设中新金融科技合作示范区。加强交通物流合作示范。以航空、多式联运为重点，发挥重庆和新加坡双枢纽作用，增强渝新航线的网络通达能力，推动"航空＋旅游"产业融合发展，建设中新（重庆）多式联运示范基地。推动农产品贸易合作，打造中新农业合作新示范。建设国际数据港。深入推进中新（重庆）国际互联网数据专用通道建设，争取开展中新跨境服务贸易与跨境数据流动试点，建立跨境数据分级分类管理规范及安全保护机制，有序推进跨境数据典型应用示范。

## （二）开展中日（成都）城市建设和现代服务业开放合作示范项目

加强对日精准招商，深化中日地方合作对接，努力开拓中日地方发展合作新局面。建设药物供应链服务中心。依托成都"国家生物产业基地""国家首批医药出口基地""国家科技兴贸出口创新基地"和"国家生物医用材料及医疗器械高新技术产业化基地"等建设，以成都天府国际生物城为载体，围绕生物技术药物、新型化学药制剂、现代中（医）药、高性能医疗器械、医疗美容等领域，积极服务和参与构建全球生物医药供应链。建设医疗服务中心。加快中日先进医疗合作示范区、未来医学城等项目建设，争取国家药品审评检查分中心、医疗器械技术审评检查西部分中心等机构分中心落户，增强高端医疗资源集聚度和区域服务能力。推动重点领域合作。深入开展日本中心、中日联合创新中心、社区医疗康养中心项目和中日医疗健康中心（共享医学中心）项目等的合作。

## 五、提升拓展口岸开放功能

口岸是对外开放的门户、国内国际双循环交汇点，要全面提升枢纽口岸开放功能和综合承载能力，提升口岸开放能级和运行效率，加快智慧口岸建设，增强铁公水空口岸的运输、分拨、储备、装卸和数据交换、分配、验收等口岸基础设施支撑能力，强化海关特殊监管区口岸保税功能，打造高质量发展的综合性口岸，培育和增强口岸经济辐射带动作用。

### （一）全面提升枢纽口岸开放功能

依托国际物流枢纽，拓展口岸开放功能，强化国际交往和经贸合作，提高国际知名度、影响力。争取更多口岸布局。积极争取铁路口岸正式开放，推动部分支线机场航空口岸对外开放，争取重庆万州、涪陵、江津和四川泸州、宜宾等沿江水运口岸建设，探索公路口岸开放，加强电子口岸建设，完善国家级口岸、口岸功能场所、特色商品进口指定口岸相互支撑的口岸体系。完善指定口岸开放功能。支持推动重庆团结村、成都国际铁路港等增设指定口岸。加快江北机场生物制品进口口岸申报，壮大进口生鲜冷链延展专业市场。枢纽机场积极引进主基地航空公司，扩大面向"一带一路"沿线国家的航权开放，打造国际航空中转集结中心。健全国家级枢纽服务能力。围绕航空、铁路、水运、商贸服务等国家级枢纽，建设口岸国际箱源循环中心，建设"一带一路"西部集散分拨中心，增强面向东盟、外联欧美、辐射全球的货物集结、集散和资源整合能力。

### （二）重点加强口岸基础设施建设

补齐基础设施短板，提升对外开放平台综合承载能力和服务效率。完善关检查验设施。补齐智能冷藏箱设施、新能源车设施、各类监管设施等硬件基础短板。用好中欧、中新海关 AEO 互认，中欧"安智贸"协定等合作项目，完善国际贸易"单一窗口"机制。加强口岸通关和服务窗口规范化建设，推行"一站式"办理。试点推行进口货物"船边直提"、出口货物"船边直装"。建设物流公共信息平台。推广物联网、北斗导航系统、冷链箱等应用场景，搭建国际物流公共服务云平台，推进超算中心建设，建立大数据采集分析中心、一体化信息中心、智能管理中心，实现跨区域、跨领域数据实时联动和共享。提高口岸智能化水平。加快智慧口岸建设，加快建设口岸综合管理平台、场站管理系统、多类型仓储管理平台、跨境电商出口平台、订舱平台、物流调度平台、口岸公共服务平台、外贸综合服务平台，建设口岸数据中心、智能监控和卡口设施等智能设施。

# 第三节　参与"一带一路"务实合作

共建"一带一路"是中国面向世界提出的重大倡议，已成为我国深度参与全球开放合作、改善全球现代治理体系、促进全球共同繁荣、推动构建人类命运共同体的中国方案，也是深受欢迎的国际公共产品和国际合作平台。"一带一路"倡议提出以来，成渝地区以通道建设促进贸易发展，以贸易发展深化对外开放，参与"一带一路"务实合作的基础进一步夯实。随着 RCEP 正式生效、西部陆海新通道建设进入新时期、双城经济圈协同打造改革开放新高地迈向新阶段，成渝地区加快融入共建"一带一路"、深度参与"一带一路"沿线国家和地区务实合作，推动更高水平开放，推进高水平对外开放，促进更高质量发展迎来重大战略机遇。

## 一、参与"一带一路"合作现状和问题

### （一）"一带一路"合作现状

全面合作机制加快完善。与欧洲、东南亚等地区在环保、交通、新能源等领域签署多个重大合作项目，与日本、白俄罗斯等国家友好城市在资源再生、投资贸易等领域交往合作更加紧密。着力完善共建"一带一路"合作机制，加强中法、中德、新川、中意、中韩、中日等国别合作园区建设，不断深化主要领域及重点国别合作，全面深化各领域交流。

国际交流平台加快培育。联合在上海举办双城经济圈全球投资推介活动，引入上合组织国家多功能经贸平台，西葡国际综合服务中心，法国中小企业协会等外国商协会、涉外机构以及中外合资企业，中国·阿拉伯国家企业综合服务平台等顺利落地。中新金融峰会、"一带一路"陆海联动发展论坛、2019 上海合作组织地方领导人会晤、中俄副外长磋商会议等国际性重大会议活动成功召开。白俄罗斯驻重庆总领事馆正式开馆，阿根廷西南总领事馆落户成都，双城经济圈总领事馆数量超过 30 家。

人文领域合作持续深化。文化教育交流常态推进，举办"海外华文媒体高层重庆行""2020 年成都欧洲文化季""2020 瑞中互动文化活动"等文化交流活动。成功举办 2021 羽毛球世青赛，申办 2022 年射击世界杯和 2024 年羽毛球汤尤杯等国际赛事。推进高等院校国际化人文特色建设项目和留学生奖学金丝路项目。新增 5 个中外合作办学项目。开展对口医院合作，参与对外抗疫经验分享。稳步推进中国—匈牙利技术转移中心建设。

经贸交流继续巩固拓展。跨境电商、平行汽车进口等新业态加快发展。汽车、通用机械、医药等产业和企业在境外加快布局，太极集团、小康印尼汽车工厂等"一带一路"投资项目顺利推进。积极承接"一带一路"产业转移，四川对沿线国家进出口 2454.9 亿元，增长 24%，占外贸进出口总额的 30.4%；沿线国家在重庆新设外商投资企业 62 家，重庆企业在沿线进行非金融类直接投资 2508 万美元。

### （二）参与"一带一路"建设存在的主要问题

国际交往和公共服务国际合作不够。对外交往机构和平台不足，国际交往能力不强。特别是驻渝领馆仅为广州的 18.5%、上海的 15.6%，友城数量仅为广州的 24.2%、上海的 53.3%。城市国际化功能不完善，具有影响力的国际展会不多，缺乏具有全球影响力的高端会议。国际化社区、国际学校、涉外医院偏少。国际化人才较为缺乏，对高端人才吸引力较弱，两院院士、长江学者、千人计划、万人计划人才占全国的比重较低，国际人才吸引力不强。

开放型经济规模偏小综合实力不强。双城经济圈开放型经济起步较晚，对外贸易规模、结构还不优，城市开放度与国际化水平还不高，对周边的辐射带动力有待提升。2020 年，双城经济圈外贸依存度为 20%，低于粤港澳（80.0%）、长三角（47.4%）、京津冀（39.9%）；现有 12 个综合保税区、保税区、保税港区和国家级新区，与京津冀处于同一水平，低于长三角和粤港澳大湾区；传统优势产业汽摩、笔电、冶金等产业面向欧美市场的中高端产品和面向亚非拉市场的中低端产品国际竞争力不强。

对外贸易国际竞争力不足。双城经济圈一般贸易占比偏低，加工贸易结构单一，加工贸易在附加值、税收、品牌等方面的综合效益较低。区域性货物集聚、调度、转口能力不足，与西南、西北地区合作不足，贸易腹地范围有限，产业布局的竞争力和产品的辐射能力不足。内陆市场需求挖掘不充分，对外服务贸易规模较小，跨境人民币结算、第三方支付结算、跨境电商、平行进口、保税物流等新业态刚刚起步。国际性跨国物流运行主体缺乏，国际中转能力和集聚辐射功能不足。

## 二、深度融入"一带一路"物流体系

发挥双城经济圈作为国际性综合交通枢纽集群作用，加快融入"一带一路"现代物流体系，建设面向"一带一路"的现代物流综合枢纽。

### （一）提升国际物流枢纽质量

物流枢纽是物流体系的核心组成部分和基本要件，深度融入"一带一路"物流体系，提升物流枢纽质量是首要任务。必须全面推动双城经济圈物流基础设施建设，加快提升物流业信息化发展水平，以更高的服务质量融入和引领"一带一路"现代物流发展。完善基础设施配套，增强双城经济圈互联互通水平。加快形成横向、纵向物流大通道，二级物流节点之间、三级物流节点之间互联互通大物流格局，推动铁路"进港入园"。依托公路物流企业、物流基地和物流通道，加快提升可追踪的公路物流、铁路小运转列车等物流服务功能。创新发展模式，发展多种模式的国际多式联运新业态和新业务，鼓励和催生新的物流产品和物流服务，提高分拨配送效率。强化现代信息技术应用，提高物流装备智能水平。顺应物流领域科技与产业发展新趋势，加快推动物流信息平台建设，加强互联网、大数据、物联网等信息技术在现代物流业中的应用融合。强化物流标准化建设，推动物流企业信息化、物流产业智能化，促进物流活动电子化、数据化。加快电子口岸建设，创新国际物流服务模式和口岸海关联检通关模式，全面提升物流产业智能化和绿色化发展水平。提高物流服务质量，完善口岸功能。加快发展铁水联运、江海联运、水陆联运、陆空联运等多式联运组织模式，推动多式联运运单、设备、流程的标准化工作，引导物流企业遵循国际多式联运标准体系，实现多式联运全程"一次委托"、运单"一单到底"、结算"一次收取"。推动成渝地区保税港区功能向物流枢纽节点延伸，完善网络化功能布局。拓展和提升各类口岸开放功能，推动铁路口岸、邮件互换、口岸公共仓等服务口岸经济的配套设施建设，促进口岸发展提质增效。

### （二）打造成渝物流品牌

依托中欧班列（成渝），加强与沿线国家和地区交流，以物流品牌建设为重点，提升双城经济圈物流枢纽平台影响力和辐射力。提升中欧班列品牌。加强川渝合作，强化与国家铁路集团公司、物流企业等联动，推动实施枢纽协同、航线拓展、结构优化和能力提升行动，推进成渝两地统一中欧班列运行标准，共创中欧班列优质品牌，提升市场影响力，提升中欧班列发展水平。立足成渝地区产业发展和市场需求，辐射西南地区，有序增开班列开行列数，扩大覆盖国家和地区，丰富运输物资品类，提升班列服务品质，实现物流、信息流、资金流的协同运作。打造国际物流枢纽品牌。围绕联手打造内陆改革开放新高地，加大双城经济圈对外开放力度，办好智博会、西洽会、科博会、旅博会等国际展会，谋划质量更高、影响更大的常态化商贸物流展会活动，打造有影响力的国际物流展会品牌，引导和汇聚全球各界力量共同参与双城经济圈建设。深化智能化信息技术在物流设施建设、模式创新中的应用，加快提升成渝物流枢纽绿色化、智能化发展水平，努力打造内陆国际物流枢纽样板。

### （三）打造多个物流节点

优化国际物流节点布局，完善国际分拨和集散等服务功能，形成多点协调的国际物流节点体系。优化物流枢纽节点布局。围绕"一带一路"高质量发展需求，以快速联通京津冀、长三角、粤港澳为重点，强化重庆和成都国际性综合交通枢纽功能，打造重庆万州——四川达州向北开放的门户型综合交通枢纽，建设重庆永川、江津、巴南、綦江——万盛与四川泸州、宜宾等成渝地区向南开放的门户型枢纽。全面推动重庆两江多式联运国际物流中心、沙坪坝铁路国际物流中心、渝北航空国际物流中心、江津小岚垭国际物流中心、成都铁路保税物流中心、成都空港保税区物流中心、天府新区成都片区保税物流中心等节点建设，加快在东盟、中亚、南亚、中东欧、西欧等国家地区设立双城经济圈分拨服务网点。打造国际物流供应链。以东南亚、南亚、欧洲等地区为重点，加强与跨国物流集团、当地物流企业等合作，共建海外仓，完善集散分拨网络，提高对境外物流资源的获取和利用能力。继续扩大口岸开放，对接境外物流网络资源，推动通道区域分拨网络向内陆延伸，打通国际、国内物流供应链双循环。鼓励物流、电商等企业"走出去"和"引进来"，拓展全球经营网络，发展国际化物流业务。

## 三、推动"一带一路"平台共建

与"一带一路"沿线国家和地区加强产业园区、创新中心、物流中心、保税仓库等平台共建，争取并加快建设国家级物流枢纽，发挥内联外结的要素集聚辐射服务功能。

### （一）加强国别产业园区共建

围绕引进来和走出去，强化跨国别产业合作，搭建双向产业国际合作平台，推动成渝地区双城经济圈产业加快融入国际产业体系。推动产业园区共建。优化提升现有中意、中德、中法、新川、中韩、中瑞、中日、中以等国际产业合作园区产业集聚功能，拓展与俄罗斯等其他国家产业合作园区共建，围绕汽车、电子信息、装备制造等先进制造业，以及现代农业和文化、金融、科技、物流等服务业，创新国别合作机制，积极引进优质产业项目来双城经济圈投资。搭建海外产业平台。面向中国—东盟自由贸易区、中欧班列沿线和中巴、孟中印缅经济走廊等地区积极搭建双城经济圈海外产业园区和产业海外转移服务平台，对接当地产业发展需求，推进国际产能合作。支持优质企业组团走出去建设海外生产基地、境外经贸营销网络。总结现有国别合作园区试点示范效应，搭建国际合作园区资源和平台，增强优质产业、技术、资本等国际资源链接能力，广泛开展人才交流和供应链搭建，提升双城经济圈产业链国际竞争力。

### （二）推动创新平台和物流平台共建

加强国际创新协作平台、海外物流配套设施平台共建，努力打造平台对接、产业融合的发展环境。加强国际创新协作平台共建。加强国际先进技术引进，围绕汽车、电子信息、智能装备、生物医药、新材料等产业进行核心技术突破，支持企业、科研院所及高校与德国、法国、波兰等国家创新平台加强合作，通过联合搭建海外研发创新中心、联合实验室、创新基地等创新平台，加强前沿技术信息交流、科研人员互动和技术联合攻关。支持装备、材料等产业成熟技术向东南亚、中亚、非洲等地区转移扩散。加强海外物流配套设施平台建设。在德国、荷兰、俄罗斯、新加坡、马来西亚、哈萨克斯坦等"一带一路"重要节点城市加强海外物流分拨中心、保税仓库、大宗物资物流园、冷链物流园、跨境电商产业园等基地建设，协同推进金融结算、贸易融资等服务平台，打造若干中欧、中亚、东南亚等区域性国际贸易分拨、中转、销售和结算中心。

## 四、深化"一带一路"软实力合作

推动教育、科技、文化、卫生等领域合作，加快推动在互动交流、平台搭建等方面与"一带一路"沿线国家和地区深度合作。

### （一）加快"一带一路"对外交往中心建设

深化对外交流合作，积极搭建对外交流交往平台，共同举办国际展会、国际赛事，不断扩大双城经济圈国际影响力。提升对外交往平台。争取国家支持重庆和成都共同承办中国与东盟领导人会议、"一带一路"科技交流大会、上合组织成员国地方领导人论坛、中国—中东欧国家地方领导人会议及专项领域会议，力争成为系列重要国际会议的永久性或周期性举办地。探索创新模式共同举办智博会、西洽会、西博会、科博会等重点展会。培育一批专业展会，提升成渝地区国际资源要素链接能力。大力拓展城市间和民间交往合作。积极与欧盟、非洲、东北亚和东南亚等地区的国家城市缔结友好城市，互办城市文化友好年。引入世界知名的新闻传媒机构在成渝地区设立驻中国西部地区的办事处、代表处和记者站等机构，提升成渝地区国际新闻传播和新媒体研发创新功能地位。加强高端智库国际交流。

**（二）强化科技领域合作**

因地制宜与各国开展国际科技合作，逐步建立长久和稳固的合作关系。深化中新合作。依托中新（重庆）战略性互联互通示范项目，集中在金融、生物医药、信息通信、物流等领域进行科技合作。推动共建新加坡国立大学（重庆）研究院。开展高端研发平台、高新产业孵化基地和教育培训中心建设。依托国家西部创新中心的平台，加大对新加坡优秀科技人才的引进力度，加强对符合条件的高层次人才在落户、医疗、教育等方面的服务保障。深化东南亚、南亚合作。支持越南、泰国等东南亚国家科学家在成渝地区从事短期科研活动，以授课、交流、实地考察等多种形式提升科技人才国际化水平。鼓励成渝地区企业开展与印度尼西亚、菲律宾在交通、通信、水电等基础设施项目中的合作与对接，加大对企业与东南亚、南亚科技合作的支持力度，引导其扩大对外科技合作交流规模，提升优势产业竞争力。

**（三）强化教育卫生领域合作**

充分发挥成渝地区针对不同国家及领域的特色优势，继续深化教育、医疗卫生等领域全方位合作，助力提升经贸合作质量和水平。强化教育领域合作。建设西部陆海新通道职业教育联盟、成渝双城国际教育联盟，打造"留学巴蜀"品牌。强化与东南亚及西亚国家职业教育合作，在语言、卫生、金融、外贸、农业等多个领域开展职业技能培训，推动海外国家工程师实训基地建设。着力打造"一带一路"学术交流平台，建设西部国际人才培养和培训基地。以教育为媒介，吸引各国专家学者、青年学生开展交流学术研究，推进学术共享，提升双城经济圈教育国际影响力。强化卫生领域合作。努力在卫生援助、医疗技术交流、特色康养医疗品牌建设等领域实现深入合作。加快面向中东欧国家扩展医疗服务的开放通道，为医疗旅游发展创造制度环境。鼓励有条件的医疗机构和社会资本与中东欧国家医疗机构合作，在境外建立一批高水平医疗机构。推动有条件中医医疗机构走出去，提升医院国际化水平。结合康养资源，积极开发食疗配套产品，打造具有巴蜀特色的医疗服务品牌。

### （四）强化文化领域合作

坚持中国特色社会主义文化发展道路，坚守中华文化市场，推动文化品牌走出去，强化巴渝文化与"一带一路"沿线国家和地区交流融合，以文化融合深化经贸往来。培育文化品牌。推动文化交流与旅游业融合发展，培育成渝地区在"一带一路"沿线国家国际影响力，打造双城经济圈文化品牌。充分利用巴蜀文化资源，积极向外推广川味、川剧，开发提升特色文化产品，协同培育具有国际影响力的区域公共品牌。依托互联网、云计算、区块链等新兴技术，推广"互联网＋文化"产品品牌创新模式，进一步提升成渝地区文化产品品牌国际影响力。开展具有巴蜀特色的海外经济文化交流活动，推动优秀文化、文学作品、影视产品"走出去"。强化文化对外传播。积极输出一系列具有地方特色的文化产品，不断提升东南亚人民对于巴蜀文化的认同度。对于南亚地区，加强与印度的文化贸易合作，包括音像制品、海外演出、电影等。对于中东欧国家，加强本土特色文化的传播与扩展，积极开展文化交流活动，不断缩小文明的鸿沟和文化的差异。配合孔子学院、中国文化中心在友好城市积极开展文化年、文化周交流活动，唱响巴蜀文化品牌。加强文化艺术常态化交流，传播成渝文化，唱响成渝特色声音、展现成渝文化魅力。

# 第四节　加强国内区域合作

强化国内区域合作，是内陆地区开展对外开放的重要组成部分，也是促进区域协调发展的重要抓手。成渝地区地处我国西南地区，向东通过长江经济带与长江中游、长三角共同形成东向合作通道，向南通过西部陆海新通道与北部湾、黔中、滇中等城市群形成南向融入粤港澳、RCEP 的合作轴带，向西与西藏自治区全面合作，向北通过渝西高铁、郑万高铁、兰渝高铁等通道形成北向与京津冀、关中平原、中原等城市群的合作轴带。在国家深入实施区域协调发展战略和推动成渝地区双城经济圈建设战略引领下，成渝地区需要进一步深化与国内主要城市群等区域合作，形成统筹有力、竞争有序、绿色协调、共享共赢的区域协调发展格局，促进成渝地区双城经济圈一体化开放发展。

## 一、基本现状和存在的问题

### （一）区域合作现状

深化与东部地区交流互动。积极对接京津冀协同发展、粤港澳大湾区建设、长三角一体化发展等重大战略，构建常态化交流互动机制，增强互联互通能力，加强科技创新合作与科技联合攻关，促进物流、人流、信息流和资金流等要素自由流动。[①]东部"朋友圈"不断扩大，与香港、澳门、台湾等地区合作进一步深化，与广东、浙江、山东、江苏等省际合作常态化有序发展。四川省 12 个市（州）68 个县市区与浙粤两省 17 个市 61 个县市区建立结对帮扶机制，渝鲁合作继续深化拓展，产业合作、资本合作、人才合作等全面深化，重庆涪陵、九龙坡、巴南、永川、大足、荣昌、璧山等承接产业转

---

①《成渝地区双城经济圈建设规划纲要》，《人民日报》，2021 年 10 月 21 日。

移示范区承接质量和效益持续上升。三峡库区对口支援工作继续深化，2020年重庆库区引入经济合作资金 83 亿元，2014—2020 年对口支援累计引入经济合作项目资金 604 亿元。

全面融入长江经济带发展。积极开展上游合作，推动重庆、四川、贵州、云南四省市在生态环境、基础设施、公共服务、文化旅游等领域深度融合，联合打造跨省际合作区，加快实现基础设施一体化建设、产业分工协作、资源和能源统筹开发利用、旅游与农业协同发展。与中游地区联合开展物流、农业、科技、旅游、文化等行业和领域的合作，联合争取沿江通道等重大项目，协调湖南、贵州两省市有关方面共同推进渝湘黔边城协同发展合作区建设，推动省际交界地区联动发展。深化与下游地区合作，联合策划举办上合组织数字经济产业论坛和 2021 智博会、西洽会等重点展会。联合设立承接产业转移示范区，积极承接长江经济带下游地区产业转移，强化创新、教育、人才等多领域合作交流。

加强与西部地区协调联动。围绕推动西部大开发形成新格局，强化与西部地区协调联动，奋力发挥在西部地区的带动作用和示范效应。强化与贵州合作，推动基础设施统筹规划建设、现代产业一体配套融合，建设川渝黔区域合作示范区，打造贵州融入成渝地区双城经济圈建设的桥头堡和排头兵。全面深化与陕西、宁夏、西藏等省市（自治区）合作，签署了渝藏合作框架协议、渝宁合作框架协议，深化细化了川藏、川陕等省际合作，区域合作深度和广度加快拓展。以成渝地区双城经济圈建设为契机，完善合作机制、创新合作模式、搭建合作平台，全面强化川渝合作。

## （二）区域合作存在的主要问题

系统合作思维不足。推动区域全方位合作，涉及领域众多，需要以系统的思维和创新的理念为指导。当前，川渝两省市推动国内区域合作中，思想认识上存在偏差，如部分沿江承接产业转移示范区获批后，因仅见"牌子"不见政策，导致市（区、县）对承接东部地区产业转移重视不够，没有把承接东部产业转移摆在突出位置，缺乏"一张蓝图绘到底、一任接着一任干"

的决心，示范作用有限。缺乏产业链系统思维，川渝地区在承接东部地区产业转移时，更多是以政府为主的"引"而非顺应市场趋势的"接"。产业链承接不突出，集群化思维不够，更多关注和承接的是龙头企业，而忽略了大量专精特新小企业，对产业链关键配套环节、供应链上下游企业未给予足够关注。

显性隐性壁垒凸显。我国行政区划体制及其背景下的地方政绩考核方式极大地激发了地方政府发展的自主性和积极性，但也导致了地方政府各自为政，城际间行政壁垒较多、政策标准不一致、市场分割严重、规划不对接、建设不同步现象明显，对深化区域合作形成了多方掣肘。如，市场行政性壁垒以及差异化的市场准入退出规则导致商品及要素市场的地区分割，阻碍了商品、要素的自由流通和资源的有效配置，导致城际间市场开放水平不高；重点产业、基础设施、生态环境、公共服务等领域中客观存在利益分配原则不同、市场标准不统一等一些体制性障碍、机制性梗阻、政策性难题，严重制约区域合作健康发展。

合作方式不够创新。成渝地区与国内区域开展合作的方式，主要采取的是省级政府层面建立对接机制，而市（区、县）层面缺少对接机制引导，与其他地区合作较少。在招商引资领域，主要方式为区县、园区工作人员自行搜集招商信息和拜访，基金招商、第三方招商等方式运用较少。特别是在承接东部产业转移的过程中，对行业协会、商会等社会团体和人脉在承接产业转移过程中所发挥的作用普遍重视不够。在平台合作领域，产业园区平台合作深度不够，企业等市场主体合作有限。城际之间、都市圈之间合作常常停留在政策文件的签署。共建园区、飞地经济等利益共享模式依然处于探索和起步发展阶段，飞地园区管理和运营体制机制、区域合作与利益调节机制有待健全。

## 二、加强与东部地区协调联动

对接京津冀、长三角、粤港澳等重大战略，积极承接产业转移，强化创新合作，促进人才、资金、技术等要素高效自由流动。

### （一）承接东部地区产业转移

顺应产业分工协作、东部沿海地区向中西部地区转移产业趋势，立足成渝地区双城经济圈产业基础，把承接东部地区产业转移作为促进产业提质升级的重要抓手，加快承接产业转移，提升产业整体合力，构建现代化产业体系。整体式承接产业转移。聚焦成渝有需求、产品有市场，瞄准综合实力强、产业转移动力高的新兴产业集群，"全链条""集群式""整体性"承接产业转移，努力形成经济新的增长点。聚焦川渝有基础、链条有短板，围绕优势产业集群缺失环节、短板环节、薄弱环节，以产业链招商、以商招商为手段，以延链、补链为目的，有序承接"头部企业""领军企业""专精特新"企业等转移，补齐产业链条的关键短板，打造具有较强竞争力的产业链条。做好配套和服务。提升服务意识，逐项盘点内部制约承接产业转移存在的问题，围绕政策供给、平台搭建、协同创新、要素保障、基础设施、营商环境等领域细化推进举措，狠抓各项举措落地落实，以优良的环境、高效的服务为承接产业转移提供强有力保障。依托重点企业，建设新型研发机构，打造吸引和集聚高素质专业人才的平台，推动人才发展体制机制改革试点，促进落地企业广泛开展研究研发。

### （二）推动科技联合创新

坚持科技是第一生产力、人才是第一资源、创新是第一动力，加快完善科技创新体系，加快以政府为引领、以企业为主体、以市场为导向、产学研相结合的技术创新体系建设，引导企业加强与高等院校、科研机构合作，推动科技联合创新，增强产业发展活力。推动创新平台深度融合。推动西部科学城和川渝两地高新区等川渝创新平台与东部地区创新平台深度融合，联合建立科学研发投入体系，联合打造企业技术创新中心、工程研究中心、工业设计中心、工业和信息化重点实验室等研发机构培育体系，加快融入东部地区创新网络。引导双城经济圈企业、高等院校、科研院所与东部地区相关机构合作，完善创新平台和创新载体，促进各类创新资源汇集，增强产业发展活力。联合打造创新研发平台。加大政策支持力度，优化创新环境，与东部地区创新机构联合建设国家级研发平台，联合设立院士专家工作站和原始创新科研院所，促进具有成渝特色的优势产业发展。加快引进和建设一批检验检测中心、工业设计服务中心，更好服务汽摩、电子信息、生物医药等成渝地区产业集群，推动产业向"高新特"方向发展。加大研发投入，进一步健全企业技术创新中心、工程研究中心、工业设计中心、工业和信息化重点实验室等研发机构培育体系。

### （三）深化三峡库区对口支援

推动沿海省市加大三峡库区对口支援力度，重点加大智力援助、资金援助和项目援助力度，建立健全多形式、多手段、多维度的对口支援"传帮带"机制，提升三峡库区区县自我发展能力。用好库区对口帮扶机制。用活用好东部地区对口帮扶机制和东西部协作机制，打通在生产、流通、销售各环节痛点、难点和堵点，有效融入全国消费市场。健全完善跨省际帮扶协作机制，在产业升级、科技创新、城乡建设、市场发展等方面全面深化协作，积极承接东部地区要素和功能转移，强化产业协作、市场对接、要素流通等全面合作。积极创新帮扶模式。推动拓展东部沿海省市对口支援三峡库区新机制，进一步健全单一项目帮扶向体系、链条式支援转变，由项目、资金支援向技术、创业、人才等转变，协同探索建立生态补偿基金制度，建立多元化投融资机制。

## 三、强化与长江经济带沿线省市合作

围绕长江经济带高质量发展要求，与沿江重点城市深化合作，优化沿江经济产业布局，扩大沿江物流、人流、信息流和资金流流动，有效承接产业转移和人口回流。

### （一）促进生态环境联防联治

加快建立长江流域常态化横向生态保护补偿机制①，建立产业生态化发展

---

① 《成渝地区双城经济圈建设规划纲要》，《人民日报》，2021年10月21日。

激励机制，完善绿色发展制度和考评体系，构建循环经济产业链条，将绿色化贯穿于生产、交换、流通等全过程。推动流域污染共治。坚持精准治污、科学治污、依法治污，深入推进环境污染防治。共同推进长江流域水污染防治，加强中小河流防洪堤岸建设，加快城镇污水处理设施改造提升和农村分布式污水处理设施建设。深化大气污染综合防治，加强全域农业面源污染防治和土壤修复治理。完善绿色基础设施，积极倡导绿色生活，开展污染治理集中化，深入推行垃圾分类，提升资源综合利用效率。推动生态协同保护。强化区域生态合作和长江经济带生态协同保护，着力提高长江经济带生态系统自我修复能力和稳定性，守住自然生态特别是水生态安全边界，共同探索建立生态产品价值实现机制。加强污染跨界治理，坚持先立后破，有计划分步骤实施碳达峰行动，联动制定2030年前碳排放达峰行动方案，提升节能环保、清洁生产、清洁能源、生态环境、基础设施绿色升级、绿色服务等产业发展协同程度。

### （二）共同推进重点项目建设

优化交通、能源、水利、新基建等重点项目布局，加大统筹力度，协同构建便捷顺畅、经济高效、安全合理、保障充分的现代基础设施网络体系。[①]推动交通物流设施建设。围绕长江经济带高质量发展，协同推动沿江铁路、成品油输送管道、三峡航运新通道等重大项目建设，加快补齐交通物流硬件设施短板，尽快破除上中下游物流障碍，进一步降低长江经济带综合物流成本，加快构建以铁路为主和公路、水运、航空、管道相协同的物流运输体系，夯实长江沿线协同发展的基础设施支撑。推动其他重点项目建设。围绕推动上中下游能源、水利、通信等一体化发展，强化跨省级区域协作，联合推动长江沿线电力资源配置，完善电网主网架构，优化油气资源开发。推动跨区域重大蓄水、提水、调水工程建设，增强跨区域水资源调配能力，推动

---

① 《重庆市人民政府关于印发〈重庆市国民经济和社会发展第十四个五年规划和二〇三五年远景目标纲要〉的通知》，《重庆市人民政府公报》，2021年第4期。

形成多源互补、引排得当的水网体系。[①]突出新型网络、智能计算、信息安全、转型促进等重点领域，推动新型基础设施联合建设，提升沿线信息协同能力。

### （三）优化沿江经济布局

深化长江经济带上中下游重点产业融合发展和链式协同，着力打造布局优化、协同配套、融合错位的沿江产业发展格局。协同培育世界级产业集群。主动参与构建长江经济带产业合作新体系，与沿江城市共同培育光电信息、高端制造、生物医药、新能源新材料、现代金融等世界级产业集群。强化长江经济带上中下游产业分工协同和产业链、创新链、人才链协同配套，联合搭建产业发展平台，协同配置高端研发、精深加工、关键零部件配套等产业资源，推动长江经济带加快构建高效分工、错位发展、有序竞争、相互融合的重点产业集群。深化沿线产业战略合作。大力推动与沿江省市开展园区共建、"产业飞地"战略合作试点，合力构建沿江优势产业联盟。强化核心城市群与次级城市群产业一体发展、融合互补，促进跨区域合理配置产业资源，有效引导人口流动集聚，提高各大城市群和都市圈产业高质量发展的承载基础和空间保障。

## 四、加大与西部地区合作力度

加强与关中平原、兰西、北部湾、滇中、黔中等城市群合作，形成优势互补、区域融合的发展格局。

### （一）强化与西北地区合作

加强与丝绸之路经济带和关中平原城市群、兰州—西宁城市群联动，构建成渝与西安、兰州之间的多向通道，增强辐射带动能力，更好衔接欧亚大陆桥，对接丝绸之路经济带。深化城市群合作。深化与陕西省合作，重点在生态旅游、能源、物流、汽车、现代农业等产业的协作发展，深化与甘肃省、青海省在节能环保、清洁能源、循环农业、中医药、文化生态旅游、通

---

① 《成渝地区双城经济圈建设规划纲要》，《人民日报》，2021年10月21日。

道物流等方面的合作交流。注重城际合作。注重与西安、兰州、西宁等城际合作，重点开展城际通道、联合创新、产业协同、平台互补等合作，强化城际经济联系、人文联系，辐射带动西北地区发展。

**（二）促进西南地区全方位开放**

依托重庆作为西部地区唯一具有铁公水空多式联运条件和江海联运条件城市的优势，强化组织协调作用，加快提升重庆国际物流与运营组织中心对西部陆海新通道的全线服务能力，加强与黔中、滇中和北部湾城市群的合作，对接 21 世纪海上丝绸之路经济带，建设面向南亚、东南亚的重要对外开放基地。积极参与泛珠三角合作。强化与云南、广西区域通关协作，共同推动物流大通道建设，把出境出海通道优势转化为贸易和产业优势①，推进物流、旅游、金融等方面产业协作配套和优势互补，促进西南地区全方位开放。深化与黔中城市群合作。联合推进渝黔合作先行区建设，深化在煤电一体化、汽车零部件制造、金融、商贸、旅游度假、现代农业等领域产业合作，促进贵州省进出口货物经重庆中转和集散，带动黔北地区发展。

# 第五节　打造一流营商环境

俗话说"栽下梧桐树，引来凤凰栖"。营商环境是一个国家或者地区发展经济的"先手棋"、招商引资的"强磁场"、释放活力的"稳定器"，良好的营商环境就像阳光、水和空气一样重要，须臾不能缺少。当下城市或区域间的竞争，从一定意义上说就是营商环境的比拼。处于内陆的成渝地区双城经济圈上下仍存在一定的"盆地意识""盐井意识"，但要集聚全球资源要素人才，助力经济社会建设不断开创新局面，就须进一步解放思想、改革开放，打造更优更好的营商环境。

---

① 《重庆市人民政府关于印发〈重庆市全面融入共建"一带一路"加快建设内陆开放高地"十四五"规划（2021—2025 年）〉的通知》，《重庆市人民政府公报》2021 年第 19 期，第 3—30 页。

# 一、优化营商环境的现状及问题

## （一）优化营商环境的现状

以法治化建设为重点有力保障市场主体合法权益。川渝两地协同推进优化营商环境地方立法，通过了重庆市、四川省优化营商环境条例。2020 年以来，川渝政法系统互动升级、合作升温，川渝政法部门间确定了多方面的合作意向或事项，形成"1+N"的制度体系，为成渝地区双城经济圈建设提供法治保障。同时，川渝两地深化知识产权合作，签署了《川渝知识产权合作协议》，跨区域开展联合执法、应急联动，全面加强了川渝两地知识产权一体化保护。

以"放管服"改革为核心推动政务环境不断优化。川渝两地持续深化简政放权，推动行政审批制度改革，积极落实国务院取消、下放行政许可事项的决定。重庆市级行政许可事项压减至 573 项，"渝快办"全市一体化在线政务服务平台网上服务事项按时办结率达 99.9%。四川取消省本级行政权力事项 260 项，建成全省一体化政务服务平台"天府通办"。同时，川渝两地有序推进了 140 项高频政务服务事项"跨省通办"；跨省医疗、公积金异地贷款等实现"一地办"。

以事中事后监管为抓手促进市场环境显著改善。川渝两地均建立了市场监管领域部门联合监管联席会议制度，形成了不影响企业正常生产经营活动的行政执法机制。同时，重庆信用监管"一张网"初步形成；四川实现了行业信用数据汇聚共享，并在教育、科技等领域出台了信用评价办法。重庆针对"四新"[①]经济市场主体，在两江新区、巴南区试点定制了 13 种监管模式和标准规范；四川探索开展"沙盒监管"，构建了对"四新"经济进行柔性监管的管理机制。

以高效便利化为导向带动开放环境有效改善。川渝两地注重跨境贸易高

---

[①] 四新：即新技术、新产业、新业态、新模式。

效化、便利化，实现 2020 年以来进出口整体通关时间压缩比稳定在 60% 以上。其中，重庆推广铁海联运"一单制"等规则试点，实现了"五个一"[①]；四川推动"提前申报"常态化运行，推广"两步申报"模式。同时，重庆从实施"行政服务管家"制度等方面，进一步健全了外商投资全流程服务体系。四川省正探索建立外商投资"一站式"服务体系，实现外资企业一次登录、一次认证、一次提交材料。

### （二）优化营商环境存在的主要问题

两地营商环境优化协同性有待加强。成渝地区双城经济圈建设涉及到重庆市和四川省两个行政主体，客观上增加了区域内营商环境优化的协同性难度。特别是两地在政策法规、监管执法等方面的协同性、互认性等需要加强。例如政务服务事项名称、办理时限、受理材料、服务流程不完全统一，制约同一事项在不同地区同标准受理、无差别办理的实现。

政务数据的互通共享存在较大瓶颈。虽川渝两地各自有了对接全国的政务服务平台，即"渝快办""天府通办"，但存在建设管理分散、数据共享不畅、业务协同不足等问题。当前使用的政务服务系统，在推动两地政务服务平台与国家部委系统以及两地之间联通上存在卡点，导致有的办件数据不能充分共享共用，影响"一网通办"效率。

面临法规调整滞后于改革探索挑战。川渝两地部分领域改革探索已经突破了现行规定，但法律法规的调整相对滞后，推进改革存在制度性障碍。例如，办理建筑许可指标推行排水接入"零审批"服务，但《城镇排水与污水处理条例》第二十一条规定"应当向城镇排水主管部门申请领取污水排入排水管网许可证"。

## 二、共同营造优质有序的市场环境

良好的市场环境是经济高质量发展的重要保障。通过畅通市场准入、维

---

① 即"一次委托""一单到底""一次保险""一箱到底""一次结算"。

护公平竞争秩序等，共同营造优质有序的市场环境，有利于双城经济圈吸引各类资源要素集聚和配置，促进新旧动能转换，实现经济高质量发展。

### （一）建立统一的市场准入制度

为赋予市场主体更多的主动权，激发市场主体自主权和激发市场活力，双城经济圈要加快实施统一的市场准入负面清单制度，切实维护市场准入的统一性、权威性，推动"非禁即入"普遍落实。深化"证照分离"改革，试点开展"一企一证"改革，探索"一照通"登记许可服务新模式，进一步优化开办企业服务。共同建立完善市场准入负面清单事项与现有行政审批流程衔接机制，探索建立"市场准入异地同标"机制。优化完善企业退出制度，着力在川渝两地全域推广企业简易注销登记改革。

### （二）维护统一的公平竞争秩序

一个跨行政的经济板块要维护公平竞争的市场秩序，除了要有科学合理的制度和标准，更需要强化交流合作、信息互通有无。川渝两地要推动公平竞争审查交流合作，重点探索建立公平竞争审查工作专家咨询制度，深化完善第三方评估和交叉互评互认机制等。[1] 建立反垄断、反不正当竞争、重大疫情防控等方面的案件线索互联互通机制；消除对不同所有制企业设置的各类不合理限制和壁垒，实现市场主体公平参与公共资源交易活动。建立重大公共资源交易项目信息联合发布机制，推动招标投标 CA 数字证书互认，开展远程异地评标试点。

### （三）完善统一的要素供给机制

要使区域内劳动力、资本、技术等要素自由流动、高效配置，需要构建统一完善的要素供给机制，推动要素市场一体化。重点做好水电气讯等供应保障，加大信用融资产品推广力度，深入实施"巴渝工匠"行动计划和"双千双师"校企交流计划，建立人才跨区域流动服务机制。[2] 继续推动失业保

---

① 陈钧等：《2025 年重庆营商环境整体水平进入国际一流行列》，《重庆日报》，2021 年 7 月 28 日。
② 陈钧等：《2025 年重庆营商环境整体水平进入国际一流行列》，《重庆日报》，2021 年 7 月 28 日。

险、住房公积金等信息两地互认；统一人才评价标准，实现职称网上互查互认、证书通用。合作共建多元化、跨区域的科技创新投融资体系。探索建立科技政策异地共享机制，打造川渝科技资源共享服务平台，共建技术转移服务平台联盟。

## 三、共同营造公平公正的法治环境

"法治是最好的营商环境"。良好的法治环境是维护、保障、促进、规范和巩固市场经济稳健发展的重要基石。通过强化政策法规协同、监管执法联动等，营造稳定、公平、透明、可期的法治环境，有助于双城经济圈经济转型升级和高质量发展。

### （一）强化政策法规协同

当前川渝两地均有各自比较完善的政策法规，但具体的规定还存在些许差异，需要进一步推进两地的政策法规协同。重点建立健全营商环境领域立法协作长效机制，探索开展同类立法项目协同调研论证。在重大政策、文件的制定、出台上继续保持紧密沟通，协同助力双城经济圈建设行稳致远。大力推进"智慧法院"建设，推广法治化营商环境司法评估指数体系，健全企业参与涉企政策制定机制，为市场主体提供高效、便捷的纠纷解决途径。同时，共同总结改革经验，促进法律法规的加快调整。

### （二）推动监管执法联动

跨区域执法难、难执法是当前成渝地区双城经济圈监管执法中亟需攻克的难题。重点要创新市场监管机制，协同推进"双随机、一公开"监管。完善跨域立案诉讼服务机制，加快实现诉讼服务事项两地通办等。建设智能化监管基础设施，实现相关监管信息联网共享。推进跨区域跨部门综合监管，强化联合办案、关联案件协查、委托调查取证等方面合作，协同推进综合行政执法重点工作，推动实现信息通报、执法互认。推动信用一体化建设，探索联合制定川渝两省市公共信用信息补充目录，推动信用"红黑名单"和惠民便企信用应用场景共享互认。

### （三）强化法律服务合作

加强跨区域的法律服务合作，是成渝地区双城经济圈营造良好的法治环境重要内容。重点要统筹整合川渝公共法律服务资源，建立两地法律服务联盟，协同打造西部法律服务产业聚集群，推进法律服务供给一体化。鼓励组建民营经济法律服务团，延伸一站式法律服务链条。深化纠纷解决机制协作，共同构建分层递进、功能完备、形式多元、衔接配套的纠纷解决体系。建设民商事仲裁服务共同体，探索建立面向"一带一路"的商事仲裁、调解中心，共建行业性、专业性调解专家库，完善两地仲裁沟通研讨机制。

## 四、共同营造高效便捷的政务环境

良好的政务环境是企业发展、群众安居乐业的基础。通过加快政务服务标准化、数字化建设以及深化重点领域改革，营造出廉洁高效的政务环境，有利于提升双城经济圈前行动力和发展活力。

### （一）统一推进政务服务标准化建设

政务服务标准化程度关系到成渝地区双城经济圈跨区域的政务服务事项办理方便度，必须要加快推进政务服务标准化建设。重点协同推进政务服务标准化、规范化、便利化建设，编制规范化办事指南，逐步实现无差别受理、同标准办理。推进"综合窗口"改革，实行"前台综合受理、后台分类办理、统一窗口出件"。全面梳理并公布两地跨区域惠企政策，向各类市场主体精准推送政策及解读等信息。共同构建川渝两地统一的网上"中介超市"服务标准，推行"中介超市"准入"零门槛"。聚焦企业群众需求，制定完善川渝两地基本公共服务标准，持续推动高频政务服务事项"川渝通办"。

### （二）共同推进重点领域深化改革

随着双城经济圈建设加快推进，工程建设、不动产登记等重点领域相关事项跨区域办理不断增多，进而需要进一步深入改革。重点协同推进工程建设项目审批改革，探索跨区域工程建设项目技术审查与行政审批"适度分离"。在川渝毗邻地区合作共建区域加快落实区域评估，共同明确地质灾害、压覆矿产、节能环评等领域评估的实施细则和技术要求，对区域内建设项目可采取直接准入、告知承诺制等方式简化审批流程。协同实名办税工作，推进实体办税同质，推动纳税人实名数据交换。深化不动产登记改革，优化"互联网+不动产登记"服务；推动两地间电子不动产登记证书等信息共享互认，以及提供纸质不动产登记证书邮寄服务。

### （三）协同推进政务服务数字化建设

针对政务数据的互通共享存在较大瓶颈，川渝两省市要重点推动人工智能、大数据、区块链等在政务领域广泛应用，协同布局大数据中心，推进信息基础设施共建共享和新型智慧城市建设，推动跨部门跨城市横向对接和数据共享，统一规范数据共享申请条件。推进川渝"跨省通办"支撑系统与国家政务服务平台跨省通办支撑系统融合，依法有序推进政务服务数据向公共服务机构共享。积极推动川渝网上政务服务平台及"渝快办""天府通办"等有关移动端互联互通，加快实现用户身份跨省市互认、移动端跨区域服务自动切换，从而达到线上"一地认证，全网通办"。

## 五、共同营造透明便利的开放环境

开放带来进步，封闭必然落后。通过完善开放制度、推动贸易互通便利等，营造出高水平的对内外开放环境，有助于双城经济圈产业、城市、社会加快转型发展，建成改革开放新高地。

### （一）协同推进完善开放制度

围绕改革开放新高地建设，提高双城经济圈内开放水平，需要共同推进完善对外开放制度。重点要同步落实外商投资准入前国民待遇加负面清单管理制度，探索缩减外资准入负面清单；对标RCEP、中欧CAI、CPTPP，共同探索扩大规则、规制、管理、标准等制度型开放，以及金融、电信、交通运输、文化娱乐等领域对外开放。以重庆服务业扩大开放综合试点为契机，共同围绕科技服务、商务服务等重点领域，探索分类放宽准入限制、促进消除行政壁垒等。共同打造"智汇巴蜀""才兴川渝"人才招聘等特色品牌，整合推出人才集聚工程。以"巴蜀一家亲"为主题创新设计合作招商形象品牌，提升"双城记"国际国内影响力。

### （二）推动贸易物流互通便利

为充分发挥西部陆海新通道、中欧班列（成渝）等国际大通道的对外贸易物流作用，以及提高贸易便利度，双城经济圈需加快外贸制度创新。重点健全成渝地区双城经济圈大通关合作机制，促进川渝港口联动发展；推进"航空＋陆运"业务发展，促进现有航线与口岸资源共享互通。推动区域内国家物流枢纽共建共享共用和一体化衔接。继续共同探索国际陆上贸易新规则，完善中欧班列国际合作机制；开展国际贸易"单一窗口"合作，推进双城经济圈口岸物流信息共享和业务协同。共同探索全面推行无纸化退税政策。完善进出口商品质量安全风险监测机制，在检疫检测等方面加强合作。

## 六、进一步深化市场经济体制改革

坚持"两个毫不动摇"，深化市场经济体制改革，加快推进国有企业发展，大力发展民营经济，营造出民营经济与国有经济协同发展、合作共赢的良好局面，增强双城经济圈的市场发展活力。

### （一）推进国有企业混合所有制改革

国有企业掌控着国民经济中的关键领域，是深化市场竞争体制改革的重点，成渝地区双城经济圈须在国有企业混合所有制改革方面有所突破。努力争取国家支持成渝地区双城经济圈国资国企综合改革试点。重点推进主业处于充分竞争行业和领域的商业类国有企业混合所有制改革，有效探索重点领域混合所有制改革。[①] 探索以市场化方式设立成渝混合所有制改革产业基金，

---

[①] 肖亚庆：《深化国有企业改革》，http://www.sasac.gov.cn。

吸引更多资本参与国有企业改革。鼓励国有资本以多种方式入股非国有企业，建立健全混合所有制企业治理机制。大力推动国有企业改制上市，在取得经验基础上稳妥有序开展国有控股混合所有制企业员工持股，建立激励约束长效机制。[①]

### （二）完善国有资产监管体制

健全的国有资产监管体制是国有经济发展壮大、实现国有资产保值增值的重要制度保障，成渝地区双城经济圈须在监管体制机制上创新探索。共同探索改革国有资本授权经营体制，推进经营性国有资产集中统一监管。以管资本为主深化国有资产监管机构职能转变，科学界定国有资本所有权和经营权边界，建立监管权力清单和责任清单。探索建立有效制衡的法人治理结构、灵活高效的市场化经营机制，依法落实企业法人财产权和经营自主权。[②]创新监管方式和手段，深化效率导向的国资经营评价制度改革，改变行政化监管方式，改进考核体系和办法，保障国有资产保值增值。深化国有资本投资运营公司综合性改革，探索有效的运营模式。

### （三）大力支持民营经济发展

发展民营经济是推动经济体制改革的必然选择，是解放和发展社会生产力的客观要求，是充分调动和激发劳动者积极性、主动性、创造性的有效举措，地处内陆的成渝地区双城经济圈更须大力支持民营经济发展。重点建立规范化、常态化政商沟通机制，推出"亲清在线"数字化平台，推动惠企政策精准、快速直达企业，畅通民营企业反映问题和诉求的渠道，缓解民营企业和中小微企业发展难题，共建民营经济示范城市。鼓励民间资本参与成渝地区重大工程建设和国有企业混合所有制改革，公平参与政府采购。搭建川商渝商综合服务平台，大力引导川渝两地商（协）会和重点民营企业共同开展项目推介、银企对接，鼓励川商渝商回乡创业。

---

①② 肖亚庆：《深化国有企业改革》，http://www.sasac.gov.cn。

### （四）保障民营企业合法权益

依法保护民营企业产权和企业家权益的道路依然漫长、任重道远，也一直是近年来社会普遍关注的热点，川渝两地要共同探索构建民营企业合法权益的体制机制。重点畅通权益保护渠道，建立完善权益保护协调处理机制；统一涉民营企业案件司法政策，严格界定违纪违法、经济纠纷与经济犯罪，在强制措施适用、定罪量刑等方面保持标准尺度一致。同时建立完善涉民营企业案件跨省市办理机制，加强监督线索移送、追赃挽损等方面协作。严厉打击清理黑恶势力欺行霸市、强迫交易等侵犯民营企业合法权益的犯罪活动，为企业发展提供安全稳定社会环境。

# 第九章

# 共同推动城乡融合发展

　　建立健全城乡融合发展体制机制和政策体系，是党的十九大作出的重大决策部署。党的二十大报告指出，要坚持农业农村优先发展，坚持城乡融合发展，畅通城乡要素流动。改革开放特别是党的十八大以来，我国在统筹城乡发展、推进新型城镇化方面取得了显著进展，但城乡要素流动不顺畅、公共资源配置不合理等问题依然突出，影响城乡融合发展的体制机制障碍尚未根本消除。在新时代能否建立健全城乡融合发展体制机制和政策体系，更好地处理工农关系和城乡关系，在一定程度上决定着我国建设现代化强国的成败。[1] 成渝地区拥有 1 亿左右人口，在统筹城乡综合配套改革方面探索形成了大量经验，需要以国家城乡融合发展试验区建设为依托，进一步促进城乡要素自由流动和平等交换、城乡公共资源合理配置、城乡产业协同发展。

## 第一节　推进国家城乡融合发展试验区建设

　　2019 年 12 月 19 日，国家发展改革委、中央农村工作领导小组办公室等18 个部门联合印发《国家城乡融合发展试验区改革方案》（简称《方案》），并

---

[1] 胡祖才：《推动城乡融合发展的新图景》，《宏观经济管理》2019 年第 7 期，第 1—5 页。

公布 11 个国家城乡融合发展试验区名单，四川成都西部片区、重庆西部片区入选其中。

## 一、试验区由来

党的十九大报告明确提出，要坚持农业农村优先发展，按照产业兴旺、生态宜居、乡风文明、治理有效、生活富裕的总要求，建立健全城乡融合发展体制机制和政策体系，加快推进农业农村现代化。2019 年 5 月，《中共中央国务院关于建立健全城乡融合发展体制机制和政策体系的意见》提出，把试点作为重要改革方法，选择有一定基础的市县两级设立国家城乡融合发展试验区，支持制度改革和政策安排率先落地，先行先试、观照全局，及时总结提炼可复制的典型经验并加以宣传推广。

2019 年底，四川成都西部片区、重庆西部片区入选国家城乡融合发展试验区。2021 年 2 月 3 日，国家发展改革委办公厅印发《关于国家城乡融合发展试验区实施方案的复函》，原则同意四川成都西部片区、重庆西部片区等 11 个试验区实施方案，标志着首批国家城乡融合发展试验区将正式全面启动实施。2021 年 10 月，中共中央、国务院公开发布《成渝地区双城经济圈建设规划纲要》，指出要推动要素市场化配置，破除体制机制弊端，加快建设国家城乡融合发展试验区。

## 二、试验区范围和基本情况

### （一）四川成都西部片区试验区

四川成都西部片区试验区范围包括温江区、郫都区、都江堰市、彭州市、崇州市、邛崃市、大邑县、蒲江县 8 个县（市、区），国土面积 7672 平方千米，占市域面积的 53.5%；常住人口约 624.06 万人，约占全市常住人口的 29.8%；水资源总量 100.51 亿立方米，占全市 70%；森林覆盖率 48.77%，高于全市森林覆盖率近 10 个百分点。

从城市总体规划的角度看，成都西部片区正是"西控"区域，西三环往西 50 千米是岷山，也是我国第二阶梯和第三阶梯的分界线，发展空间受限；同时，西部片区包含了岷江和都江堰精华灌溉区，这是成都作为超大城市的生产生活水源地，也是生态涵养区。因此，成都西部片区定位充分体现了这一自然本底和发展特点，即长江经济带生态价值转化先行区、美丽宜居公园城市典范区、农商文旅体融合发展示范区、城乡融合发展改革系统集成区。

根据《方案》，成都将以建设践行新发展理念的公园城市示范区为引领，以协调推进乡村振兴战略和新型城镇化战略为抓手，以打破行政区划边界、重塑新型城乡关系为主线，以城乡形态塑造、城乡产业协同和城乡要素自由流动为主攻方向，加快构建工农互促、城乡互补、全面融合、共同繁荣的新型工农城乡关系，努力实现更高质量、更有效率、更加公平、更可持续的发展，为全国特大城市城乡融合发展提供标杆示范。到 2025 年，成都西部片区国家城乡融合发展试验区生态价值实现机制基本形成，城乡产业协同发展平台基本建成，城乡统一建设用地市场全面形成，农村金融服务体系更加完善，城乡有序流动的人口迁徙制度基本建立。地区生产总值年均增速达到 7% 左右、全员劳动生产率提高到 13 万元 / 人，试验区城乡居民收入比 1.6：1 左右。

### （二）重庆西部片区

重庆西部片区试验范围包括荣昌区、潼南区、大足区、合川区、铜梁区、永川区、璧山区、江津区、巴南区 9 个区，面积约 15323 平方千米，约占市域面积的 18.60%。试验区地处重庆西部和成渝地区双城经济圈主轴，是连接成渝、贯通川黔的重要地带，也是内陆开放和国际合作的重要区域，具有承东启西、连接南北的区位优势。随着兰渝铁路建成投用，成渝中线、渝西、渝昆、渝贵等高铁建设加快推进，与周边区域联通的高速公路网络提速加密，试验区在重庆乃至西部示范带动作用将日益显现。

2019 年，试验区地区生产总值达 6824 亿元，人均地区生产总值 7.7 万元，高于全市平均水平；农村常住居民人均可支配收入 1.9 万元，高出全市平均水平 27%；城乡居民收入比 2.10：1，低于全市 2.51：1 的平均水平。

试验区中的巴南区、大足区、璧山区、潼南区、永川区是第一批国家新型城镇化试点，江津区、合川区、永川区、潼南区承担了农村产业融合发展示范园建设试点，巴南区、永川区、铜梁区、潼南区、荣昌区承担了农村承包地经营权抵押贷款试点，璧山区、大足区、江津区分别承担了支持农民工等人员返乡创业试点、农村土地制度改革试点和农民房屋财产抵押贷款试点三项试点。试验区已经在前期改革探索中积累了一批可复制、可推广的改革经验，为试验区推进改革奠定了基础。

《方案》提出，到 2025 年底，国家赋予试验区的改革任务全面推进，试验区城乡融合发展体制机制基本建立，城乡生产要素双向自由流动的制度性通道基本打通，城乡有序流动的人口迁徙制度基本建立，城乡统一的建设用地市场全面形成，城乡普惠的金融服务体系基本建成，农村产权保护交易制度基本建立，农民持续增收体制机制更加完善，城乡发展差距和居民生活水平差距明显缩小，试验区的引领示范带动效应充分释放，形成一批可复制可推广的典型经验和体制机制改革措施，成为具有全国影响力的城乡融合发展示范区。

## 三、试验任务

### （一）四川成都西部片区试验区

成都西部片区重点聚焦以下 5 项试验任务。

（1）在建立城乡有序流动的人口迁徙制度方面，全面放开放宽除个别超大城市外的城市落户限制，健全农业转移人口市民化成本分担机制；建立人才加入乡村制度，允许符合条件的返乡就业创业人员在原籍地或就业创业地落户。

（2）在建立农村集体经营性建设用地入市制度方面，在符合国土空间规划、用途管制和依法取得确权登记的前提下，推进集体经营性建设用地就地入市或异地调整入市，其使用权的出让及最高年限、转让、互换、出资、赠与、抵押等，参照同类用途的国有建设用地执行，把握好入市的规模与节奏；允许农民集体妥善处理产权和补偿关系后，依法收回农民自愿退出的闲置宅基地、废弃的集体公益性建设用地使用权，按照国土空间规划确定的经营性用途入市；推进集体经营性建设用地使用权和地上建筑物所有权房地一体、分割转让；建立集体经营性建设用地使用权转让、出租、抵押二级市场。

（3）在完善农村产权抵押担保权能方面，推进农村集体经营性建设用地使用权、集体林权等抵押融资以及承包地经营权、集体资产股权等担保融资；在深化农村宅基地制度改革试点地区探索农民住房财产权、宅基地使用权抵押贷款；推进已入市集体经营性建设用地与国有建设用地在资本市场同地同权，健全农业信贷担保机构。

（4）在搭建城乡产业协同发展平台方面，在试验区内选择一批产业园区或功能区，率先打造城乡产业协同发展先行区；在先行区内重点优化提升特色小镇、特色小城镇、美丽乡村和各类农业园区，创建一批城乡融合发展典型项目，实现城乡生产要素的跨界流动和高效配置。

（5）在建立生态产品价值实现机制方面，探索开展生态产品价值核算，完善自然资源价格形成机制；建立政府主导、企业和社会各界参与、可持续的城乡生态产品价值实现机制。

为加快试验区城乡融合发展的基础性保障工作，试验区统一规划了一批重大工程，串联和覆盖试验区优势资源，促进城乡人流、物流、信息流的双向流动。其中包括成都西部旅游环线工程、大熊猫国家公园工程、都江堰精华灌区文化保护传承利用工程、大地景观再造工程、特色镇建设工程、川西林盘保护修复工程、城乡生活污水综合整治工程、城乡公共服务品质提升工程。

### （二）重庆西部片区试验区

重庆西部片区试验区重点任务包括以下5个方面。

（1）建立城乡有序流动的人口迁徙制度。全面取消试验区城市落户限制，以经常居住地和稳定就业地登记户口。推动成渝地区双城经济圈实现户籍准入年限同城化累计互认、居住证互通互认、完善居住证信息共享机制，推进户籍迁移便利化。畅通城市人才加入乡村通道，探索将乡村发展需要的特殊人才吸纳为集体经济组织成员的机制。

（2）建立进城落户农民依法自愿有偿转让退出农村权益制度。不得以退出土地承包权、宅基地使用权、集体收益分配权作为进城农民落户的前置条件。在完成农村不动产确权登记颁证和农村集体产权制度改革的前提下，按照依法自愿有偿原则，探索土地承包经营权、宅基地使用权和集体资产股权流转退出机制。完善农村土地承包管理制度，推进农村宅基地制度改革。

（3）建立农村集体经营性建设用地入市制度。全面推进农村集体经营性建设用地入市，支持利用农村集体经营性建设用地建设租赁住房。丰富农村集体经营性建设用地入市方式载体，争取国家同意开展跨区域、市场化城乡建设用地增减挂钩节余指标、耕地占补平衡指标交易试点。

（4）搭建城中村改造合作平台。探索通过"政府引导＋村民入股＋开发商融资"方式，共同推进城中村改造或整治。支持各区因地制宜探索改造模式，比如荣昌区、潼南区采取"集体经济组织＋社会资本"或"集体经济组织＋平台公司"模式改造城中村。建立多元化融资机制，引导社会资本参与城中村改造，鼓励发展基础设施领域不动产投资信托基金。

（5）搭建城乡产业协同发展平台。优化提升农业园区平台功能，打造优势特色产业集群，带动农村一、二、三产业融合发展。大力推动"双创"向农业农村延伸，新增规划，建设一批市级农民工返乡创业园，切实解决园区建设用地问题。优化提升特色小镇小城镇发展，提高特色小镇、小城镇对产业和人口的聚集力和承载力。开展多元化美丽乡村创建，盘活用好乡村的资源资产。

除了国家层面安排的试验任务之外，重庆西部试验区还部署了自选任务，包括建立城乡交易、医疗、社保、养老等基本公共服务均等化发展体制机制；建立健全有利于城乡基础设施一体化发展的体制机制，强化一体化规划、建设、运营管护；健全农民持续增收体制机制。

重庆市还部署遴选了市级城乡融合发展先行示范区，包括南岸区、长寿区、綦江—万盛、垫江县、忠县（含"三峡库心·长江盆景"规划区域）、武隆区、秀山县等区县，总面积1.4万平方千米。试验重点：建立城乡有序流动的人口迁徙制度、建立进城落户农民依法自愿有偿转让退出农村权益制度、健全金融服务城乡融合发展机制、建立科技成果入乡转化机制、搭建城中村改造合作平台、搭建城乡产业协同发展平台、探索生态产品价值实现机制、健全农民持续增收体制机制。

# 第二节　推动城乡人口有序流动

推进城乡融合发展，需要促进"人、地、钱、技"等要素在城乡之间双向自由流动，建立健全城乡统一的要素市场。在所有要素中，人口这一要素最为关键，是所有改革的出发点和落脚点。人口流动包括进城落户和人才入乡两部分，目前都存在较大的体制机制障碍亟待破解。

## 一、深化户籍制度改革

健全农业转移人口市民化机制，在重庆主城和成都加快取消对稳定就业居住3年以上农业转移人口等重点群体的落户限制，推动都市圈内实现户籍准入年限同城化累计互认、居住证互通互认，完善居民户籍迁移便利化政策措施。尽快实现公共资源按常住人口规模配置。健全统一的人力资源市场体系，加快建立衔接协调的劳动力流动政策体系和交流合作机制。重庆提出，建立健全政府、企业、个人和市场"四位一体"的农业转移人口市民化成本分担机制，推动公共资源按常住人口规模配置。成都提出，探索人口跨区域流动引导机制，鼓励试验区富余劳动力向成都东部新区等区域有序流动，为都江堰灌区核心区的生态保护创造必要的空间条件，促进区域协调发展。

维护进城落户农民在农村的合法权益，对农村土地承包权、宅基地使用权、集体收益分配权等进行全面确权登记颁证，加快推进农村集体组织成员身份认定工作，充分保障进城农业转移人口在农村的合法财产权利。鼓励进城农业转移人口依法自愿有偿退出"三权"，健全农村产权交易、产权保护和产权纠纷调处体系。健全集体资产收益分配制度，探索进城落户农民对集体资产股权有偿退出的具体办法。

## 二、鼓励各类人才入乡

吸引社会各界人才投身乡村发展，建立有效的激励机制，增强乡村对人才的吸引力、向心力、凝聚力，激励各类人才在农村广阔天地大施所能、大展才华、大显身手，打造一支强大的振兴乡村人才队伍。以乡情乡愁为纽带，以大学生、进城务工人员、退伍军人等群体为重点，吸引更多人才投身现代农业，培养造就心怀农业、情系农村、视野宽阔、理念先进的"新农人"。积极推动农技推广、建筑设计、医疗卫生、环境整治、教育、法治等专业人才，通过多种方式支持参与乡村振兴。建立完善新乡贤吸纳机制，鼓励离退休党员干部、知识分子和工商界人士到乡村发挥余热、施展才能，实现宝贵人才资源从乡村流出再返回乡村的良性循环。

畅通人才入乡流动通道。完善人才培养、引进、使用、激励等方面的政策措施，营造良好环境，促进人才向农村集聚。鼓励农村集体经济组织探索外来人才加入的实践机制，吸引各类人才返乡入乡发展。建立健全基层专业技术人才"定向评价、定向使用"人才评价制度，推动职称评定、工资待遇等向乡村教师、医生倾斜。鼓励专业技术人员通过兼职方式，为农户、合作社等提供增值服务合理取酬。出台新型职业农民培育管理办法，加快推进新型职业农民认定工作。

推动农村创新创业，以带头人激发创业热情，采取多种方式扶持一批大型农业企业集团，培育一批具有全球战略眼光、市场开拓精神、管理创新能力的行业领军乡村企业家。培育返乡创业主体，以乡情感召、政策吸引、事业凝聚，引导有资金积累、技术专长和市场信息的返乡农民工在农村创新创业，引领乡村新兴产业发展。优化乡村营商环境，引导大中专毕业生、退役军人、科技人员和工商业主等入乡创业，应用新技术、开发新产品、开拓农村消费市场。加大乡村能人培训力度，提高发现机会、识别市场、整合资源、创造价值的能力，鼓励领办家庭农场、农民合作社等，创办家庭工场、手工作坊、乡村车间等。

# 第三节　深化城乡土地制度改革

土地制度是我国城乡发展中根本性的制度安排，农村土地流转权受限、土地增值收益在城乡之间分配不公等问题是影响城乡融合发展一大障碍。成渝两地 10 余年的统筹城乡改革在土地制度领域形成一整套经验，需要在此基础上更进一步，推动更具根本性和系统性的改革。

## 一、建立农村集体经营性建设用地入市制度

在符合国土空间规划、用途管制和依法取得前提下，采取就地入市、争取零星分散的农村集体经营性建设用地调整入市和城中村整治入市等多种途径，以及出让、出租、出资（作价入股）等多种有偿使用方式，推动农村集体经营性建设用地入市。探索农村集体经营性建设用地使用权和地上建筑物所有权房地一体、分割转让机制。允许项目在符合规划、用途管制、依法取得基础上进行开发建设，竣工验收后可按规划以及住建部门审定的房屋基本单元进行分割登记、分拆销售。优化利用农村集体经营性建设用地建设租赁住房办法。在符合规划的前提下，探索集体经济组织或国有平台公司在集体经营性建设用地上建设租赁住房，有效增加重点产业功能区周边住房供给。推进农村集体经营性建设用地使用权转让、出租、抵押的二级市场建设，完善农村集体经营性建设用地二级市场交易规则，发挥土地交易机构、平台的专业优势，提供法律、政策咨询服务，妥善处置交易纠纷，营造良好的交易环境。建立公平合理的集体经营性建设用地入市增值收益分配制度。建立农村集体经营性建设用地土地增值收益调节金管理机制，土地所有权人出租、出资（作价入股）取得的农村集体经营性建设用地使用权收益，集体经济组织按一定比例计提公积金或公益金，主要用于发展壮大集体经济和公益性支出。

成都提出，支持温江区、都江堰市、彭州市、大邑县等地探索村集体在农民自愿前提下，依法把有偿收回的闲置宅基地、废弃的工矿用地和集体公益性建设用地转变为集体经营性建设用地入市，重点发展民宿、旅游、文化等农商文旅体融合经济。重庆提出，把握好入市的规模与节奏，支持利用农村集体经营性建设用地建设租赁住房，丰富农村集体经营性建设用地入市方式载体。

## 二、创新适合生态产业化的灵活用地方式

成都立足区域条件和资源禀赋，在全市规划统筹布局建设66个主导产业明确、专业分工合理、差异发展鲜明的产业功能区。产业功能区是以产业发展为目标的空间聚集形式，不是传统的开发区，也不是普通的城市社区，而是集研发、生产、居住、消费、人文、生态等多种功能于一体的城市新型功能区。在这个意义上看，城乡融合要为产业功能区的健康发展提供要素支撑，特别是改革土地供给方式，补齐补强产业链条培育优势产业集群。要全面实行产业用地规模和新增产业项目土地供应"双锁定"，构建以产业功能区为载体的年度计划指标分配机制，确保重大项目及时精准供地。探索实行点状供地和混合用地。依法灵活确定地块面积，组合不同用途和面积地块搭配供应，构建"国有建设用地＋集体建设用地＋农用地"综合利用模式，推动土地功能复合集约节约利用。探索实行"标准地"供地模式。以土地产出为导向，按照规范化、透明化流程，推动土地标准出让、标准施建、标准监管，缩短项目开工周期，吸引更多优质企业入驻产业功能区。探索实行新型产业用地（M0）制度。在产业功能区内推广实行新型产业用地，满足研发、创意、设计、中试、无污染生产等新型产业功能以及相关配套服务功能需求，以高品质空间吸引创新要素加快集聚。探索国土空间规划、村庄规划管控的弹性调整机制。推动建设用地资源向产业功能区倾斜，根据主导产业差异化需求调整供地结构。构建城乡统一的土地利用分类和城市用地分类标准，探索适应于新经济、新业态、新模式的新型用地类型。

### 三、探索城乡低效闲置土地资源利用新途径

自 2019 年开始，四川省提出按规定适当调整乡镇行政区划，稳妥推进撤乡设镇、乡镇撤并、村居撤并，优化乡镇规模结构。成都全面启动乡镇（街道）行政区划调整和体制机制改革。聚焦减量、赋能、增效、便民，加快建立覆盖全区域全人群、标准化均等化的城乡一体公共服务体系，形成未来城市发展治理体制机制比较优势。

探索成都被撤并乡镇闲置建设用地收储机制，统筹产业功能区、郊区新城和特色镇重大项目的发展需求，盘活用好低效闲置的存量土地资源，发展新产业、新业态，逐步把撤并的乡镇转化为特色街区和特色产业功能区。深化推广彭州市农村宅基地使用权自愿有偿退出试点经验，注销原《农村房屋所有权证》和《集体土地使用证（农村宅基地）》，重新登记为集体经营性建设用地后入市流转，并鼓励依法依规办理特种行业经营许可证等相关证照，用于保障民宿等乡村休闲旅游康养类产业融合项目落地。建立产业功能区低效用地和闲置土地高效利用机制，制定低效用地和闲置土地认定标准，鼓励通过并购重组、有偿收回、区位调整、终止合同等方式有效盘活存量建设用地，研究完善促进盘活存量建设用地的税费制度；全面推进土地资源存量盘活与新增指标"增量挂钩"奖惩机制，以奖励容积率、专项补贴等方式鼓励低效用地"二次开发"，提高土地节约集约利用水平。鼓励农村集体建设用地节余指标跨区域使用。建立"统一管理、公开交易"的动态调整机制，大力支持试验区实施农村土地综合整治项目，鼓励节余指标用于本区域新产业、新业态建设项目，其余指标可在全市范围内跨区（市）县调剂使用。

### 四、推动建设用地节余指标跨区域交易

"十三五"期间，我国利用城乡建设用地增减挂钩指标跨区域交易政策支持脱贫攻坚（特别是易地扶贫搬迁），取得了很好的成效。中共中央、国务

院印发的《关于实现巩固拓展脱贫攻坚成果同乡村振兴有效衔接的意见》提出，在东西部协作和对口支援框架下，继续开展增减挂钩节余指标跨省域调剂。重庆西部片区试验区方案提出，争取国家同意开展跨区域、市场化城乡建设用地增减挂钩节余指标、耕地占补平衡指标交易试点。进一步完善地票制度，支持盘活存量建设用地，助推农村产业发展。

# 第四节　加强城乡建设资金保障

长期以来，由于农村产权流转受限，缺乏合格抵押物，导致农村金融发展受到抑制，资本要素在城乡之间流动不畅。《中共中央 国务院关于建立健全城乡融合发展体制机制和政策体系的意见》用了三条措施促进资本流动，即健全财政投入保障机制、完善乡村金融服务体系和建立工商资本入乡促进机制。

## 一、健全财政投入保障机制

建立财政资金激励引导机制，发挥财政资金四两拨千斤作用。引导社会资本投入，重点支持农业综合生产力提升、生态环境保护修复、生态环境基础设施建设、绿色产业发展。通过购买服务、先建后补、以奖代补、贷款贴息、PPP等方式，引导撬动社会资本投资现代农业产业化发展、大气污染防治、流域水污染治理、天然林保护、农村面源治理等领域。

建立涉农资金统筹整合长效机制，提高资金配置效率。搭建若干涉农资金统筹整合平台，着力解决资金多头管理问题。深入推进项目审批权限下放改革，赋予区县基层在项目和资金安排上更大自主权。拓宽整合资金支持范围，允许整合的其他涉农资金用于急需的社会事业发展。财政、审计、纪检、监察等部门加强全过程监管，明确县级按规定在统筹整合范围内将涉农资金跨类使用的，监督检查中不将其作为违规问题处理。建立备案机制，区县政府将涉农资金统筹整合实施方案报送上级牵头部门备案，同时建立县级涉农资金整合考评验收综合协调机制。

在有效防范风险前提下，按程序将乡村振兴、农村产业融合领域符合条件的公益性建设项目纳入地方政府专项债券支持范围。加快创新"三农"绿色金融产品和服务，通过发行绿色金融债券等方式，筹集资金用于支持污染防治、清洁能源、节水、生态保护、绿色农业等绿色领域，助力打好污染防治攻坚战。

## 二、完善乡村金融服务体系

鼓励开发性、政策性金融机构在业务范围内为乡村振兴提供中长期信贷支持。加大商业银行对乡村振兴支持力度，积极实施互联网金融服务"三农"工程，着力提高农村金融服务覆盖面和信贷渗透率。商业银行要突出做好乡村振兴领域中农户、新型经营主体、中小企业、建档立卡贫困户等小微普惠领域的金融服务，加大对县域地区的信贷投放，逐步提高县域存贷比并保持在合理范围内。

积极拓宽农业农村抵质押物范围，推动厂房和大型农机具抵押、圈舍和活体畜禽抵押、动产质押、仓单和应收账款质押、农业保单融资等信贷业务，依法合规推动形成全方位、多元化的农村资产抵质押融资模式。鼓励企业和农户通过融资租赁业务，解决农业大型机械、生产设备、加工设备购置更新资金不足问题。加快推动确权登记颁证、价值评估、交易流转、处置变现等配套机制建设，积极稳妥推广农村承包土地的经营权抵押贷款业务，结合宅基地"三权分置"改革试点进展稳妥开展农民住房财产权抵押贷款业务，推动集体经营性建设用地使用权、集体资产股份等依法合规予以抵押，促进农村土地资产和金融资源的有机衔接。

鼓励创新开发适应农业农村发展、农民需求的金融产品。围绕建设成渝地区现代高效特色农业带，稳步推广价格指数、气象指数等农业保险产品。支持期货交易所研究上市成渝地区优势特色农产品。加快"农贷通"等涉农金融服务平台在成渝地区的推广应用。完善农村产权交易服务平台,建设统一农村产权交易市场。鼓励发展基础设施领域不动产信托基金(简称"基础设施 REITs"),谋划一批城乡融合典型项目,加强项目储备管理,加快形成有效投资,尽快形成实物工作量。

## 三、促进工商资本入乡投资

完善融资贷款和配套设施建设补助等政策,鼓励工商资本投资适合产业化规模化集约化经营的农业领域。通过政府购买服务等方式,支持社会力量进入乡村生活性服务业。发挥中央预算内投资和国家城乡融合发展基金作用,支持引导工商资本和金融资本入乡发展。培育一批城乡融合典型项目,形成承载城乡要素跨界配置的有效载体,开展工商资本入乡发展试点。允许符合条件的入乡就业创业人员在原籍地或就业创业地落户并依法享有相关权益。

拓宽投资领域。鼓励社会资本投资发展农产品加工业,引导其进行技术改造,形成高起点、带动力强的农产品加工企业群。鼓励各类社会资本投入农村物流领域,推进农产品市场升级和现代物流中心建设。鼓励社会资本挖掘和利用农村的生产、生态、景观和文化等资源,发展观光农业和旅游业,着力构建现代化的农业产业体系。

建立工商资本租赁农地监管和风险防范机制,严守耕地保护红线,确保农地农用,防止农村集体产权和农民合法利益受到侵害。加快涉农信贷风险分担机制建设,进一步完善农业信贷担保、再担保体系和"农贷通"风险补偿机制,健全风险缓释补偿机制。

# 第五节　推动城乡公共资源均衡配置

公共服务和基础设施是当前乡村发展的明显短板,城乡融合发展需要加大对乡村公共资源投入,促进公共服务和基础设施向乡村延伸、覆盖,推动城乡基本公共服务普惠共享、城乡基础设施统一规划建设管护。

## 一、推动城乡基础设施一体化

加快推进城乡"多规合一"，统筹生产、生活、生态、安全需要，建立国土空间规划留白机制和动态调整机制，提高规划适应性。开展城市体检，查找城市规划建设管理存在的风险和问题，探索可持续的城市更新模式，有序推进老旧小区、老旧厂区、老旧街区及城中村改造。强化城市风貌管理，促进建筑物设计更加适用、经济、绿色、美观，推动天际线、街道立面、建筑色彩更加协调，严格控制超高层建筑建设。加强历史文化街区、古镇古村、全国重点文物保护单位等遗产遗迹的整体保护和合理利用，延续城市和乡村文脉，保护传统的山水城格局。

建立城乡利益联结和分享机制，以一体化的思路推动城乡基础设施共建共享。充分考虑农村农业发展的实际需要和村庄空间布局，分级分类推动农村基础设施建设，避免基础设施供给不足和资源错配，切实提高农村基础设施供给质量和利用效率。推动城乡协同建设，打造具有成渝特色风貌的美丽村居。依托现代技术手段，促进基础设施与农村关联产业融合发展。

完善级配合理的城乡路网和衔接便利的公交网络。推进城市电力、通信、供水、燃气、污水收集等市政管网升级改造和向乡村延伸，合理建设城市地下综合管廊。开展国家数字乡村试点。大力推进生活垃圾分类处理及再生利用设施建设，全面改善城乡居民卫生环境。加强城乡无障碍设施建设和设施适老化改造。推进城市公共基础设施管护资源、模式和手段逐步向乡村延伸，明确乡村基础设施产权归属，合理确定管护标准和模式，以政府购买服务等方式引入专业化机构管理运行。优化应急避难场所布局，完善抗震、防洪、排涝、消防等安全设施。

## 二、推动城乡基本公共服务均等化

建立城乡教育联合体，促进各类教育资源向乡村倾斜，着力提升乡村义务教育学校办学质量。建立统一选拔的乡村教师补充机制，深化义务教育阶段教师"县管校聘"管理改革，鼓励招募优秀退休教师到乡村和基层学校支教讲学，动态调整乡村教师岗位生活补助标准，在职称评审和分配特级教师名额时适当向农村薄弱学校倾斜。改善农村幼儿园办园条件，建立城镇优质示范园和农村园结对帮扶机制，为农村幼儿提供更好的成长环境。创新农村职业教育，加大资金支持，积极引进高等院校和地方职业技术学院合作，培养新型职业农民。

以区域医疗卫生服务体系规划为抓手，加强城乡医疗卫生服务体系建设，强化医疗卫生资源整合调整，优化医疗卫生机构布局，促进医疗资源向基层流动，提高基层医疗卫生机构的服务能力和水平。鼓励县医院与乡镇卫生院建立县域医共体，鼓励城市大医院与县医院建立对口帮扶、巡回医疗和远程医疗机制。加快基层医疗卫生机构标准化建设，提高医护人员专业技术水平，对在农村基层工作的卫生技术人员在职称晋升等方面给予政策倾斜，推动对符合条件的全科医生实行"乡管村用"。

## 三、完善城乡一体的社会保障制度

建立城乡居民基本养老保险待遇确定和基础养老金正常调整机制，稳步提高居民基本医保和大病保险筹资标准。完善城乡低保标准与消费支出挂钩的自然增长机制。持续扩大异地就医联网结算范围，支持试验区率先实现成渝地区双城经济圈跨区域门诊业务医保直接结算，推进工伤认定和保险待遇政策统一。

做好社会救助兜底工作，逐步缩小城乡低保标准差距，率先实行城乡统一的低保标准，织密兜牢困难群众基本生活安全网。做好困难农民重特大疾病救助工作，建立健全农村留守儿童和妇女、老年人关爱服务体系，完善困难残疾人分级分类保障政策。

推动社保公共服务跨地区、跨部门、跨层级业务协同、数据共享，逐步实现社会保险参保登记"一窗通办"，提升社保公共服务城乡一体化水平。做好社会保险关系转移接续工作，完善以国家政务服务平台为统一入口的社会保险公共服务平台。

## 四、健全城乡公共文化服务体系

着力建设乡村公共文化服务阵地，通过综合服务设施、新时代文明实践中心建设，倡树文明新风，开展移风易俗，着力打通服务基层群众"最后一公里"。加强投入保障、政策保障和机制保障，坚持一院多能、一室多用，整合基层宣传文化、党员教育、科学普及、体育健身等设施，统筹建设和利用各类公共文化服务阵地。推进乡村公共文化网络载体建设，推广移动互联网新媒体新应用，推动网络文化建设惠及广大农民群众。

提高公共文化服务的供给质量，改变传统政府单向供给的方式，形成以政府为主导、多元协同的供给体系。以喜闻乐见的方式精准满足农村群众多元文化需求。充分运用现代信息手段，采用"互联网＋文化供给"发挥倍加效应。开展丰富多彩的群众性文化活动，为乡村文化队伍提供展示交流平台。推动文化资源向基层农村倾斜，加强对农村题材文艺创作的规划和扶持。对乡村文化遗产进行挖掘整理，建设一批乡村历史文化展馆。划定乡村建设的历史文化保护线，保护好农业遗迹、文物古迹、民族村寨、传统村落、传统建筑和灌溉工程遗产，推动非物质文化遗产活态传承。发挥风俗习惯、村规民约等优秀传统文化基因的重要作用。

建立乡村文化事业人才队伍，对现有乡镇（街道）综合文化站人员进行登记，及时补充专业人员。在农村（社区）配备宣传员，加强基层文艺骨干培训。开展文艺志愿服务，培育打造了一批优秀基层戏曲院团、庄户剧团、民间班社，培养带动一批基层文化工作者、民间文化能手。把企事业单位退休人员、返乡大中专学生等吸纳到乡村文化队伍中来，增强乡村文化自我发展能力。

# 第六节　推动城乡产业协同发展

实现乡村经济的多元化和一、二、三产业融合发展，城乡之间要产业协同，核心是要用城市的消费、科技、市场等力量来改造乡村的传统农业，用城市的工业来延长农业的产业链条，用城市的互联网产业等服务业丰富农村的产业业态。

## 一、大力发展现代特色高效农业

加强粮食生产功能区、重要农产品生产保护区和特色农产品优势区建设，健全农业支持保护制度，落实粮食生产补贴政策。坚持最严格的耕地保护制度，严禁耕地"非农化"，防止"非粮化"。开展"天府好米品质提升行动"，建设长江中上游优质粮油基因库，打造"立足全川、走向全国"的天府好米运营平台。

依托区域农业资源禀赋，加快建设优势聚合、产业融合的现代高效特色农业带，打造有竞争力的优势特色产业集群，擦亮成渝农业金字招牌。以生态畜牧为重点，深化农业产业结构调整，打造特色蔬菜、粮油、柑橘和柠檬、榨菜、生态畜牧、生态渔业、茶叶、中药材、调味品、特色水果、特色经济林等优势特色产业集群。实施现代种业提升工程，开展种源"卡脖子"技术攻关，建设良种繁育基地，培育现代种业龙头企业。实施农产品质量提升工程，推进蔬菜、水果、茶叶标准园，畜禽标准化示范场，水产健康养殖示范场建设。

深化农业产业化经营，加快推动立体化、机械化、复合式农业全产业链发展。推进不同类型农业产业链延伸整合，提升产业链整体竞争力。发挥农业龙头企业在全产业链布局中的关键作用，促进农业生产、加工、物流、研发和服务相互融合，推进农产品多元化开发、多层次利用、多环节增值。提高农业机械化水平，实施农田水利工程，加快建设现代农田灌排体系，提高农机装备智能决策和精准作业能力，推进关键环节技术机械化能力示范推广，加快推广林牧渔生产、病虫害防治、节水灌溉和农产品初加工机械化。

## 二、积极培育多元化乡村经济

跨界配置农业和现代产业要素，促进产业深度交叉融合。推进农业与旅游、教育、文化、康养等产业深度融合，发展创意农业、功能农业等，充分开发农业多种功能和多重价值。推进农业与加工流通业融合，发展中央厨房、直供直销、会员农业等。推进智慧农业发展，鼓励农业龙头企业与互联网企业合作，建立产销衔接服务平台。推动休闲农业和乡村旅游发展，培育一批美丽休闲乡村、乡村旅游示范村，打造成渝乡村旅游品牌。

提升农产品加工流通业，完善产品供销体系。完善农村流通基础设施网络布局，促进传统流通网点向现代农资综合服务商转型。支持优势产区建设一批农产品精深加工基地，鼓励农民合作社和家庭农场发展农产品初加工。鼓励供销、邮政、快递和大型商贸物流企业在农村地区经营布局，加强农产品物流骨干网络建设。支持冷链物流信息化、标准化建设，优选重要节点城市，率先完善冷链物流体系，打造区域性先进冷链物流中心。采用定制化消费模式，形成产地与销地、生产者与消费者良性互动生态圈。

以现代农业产业园区建设为突破口，引领现代农业高质高效发展。开展农业"新六产"示范主体创建，带动形成一批百亿级、千亿级农村产业融合发展集群，创建一批国家级和省级农村产业融合发展示范园区。促进产城融合发展，引导二三产业向县城、重点乡镇及产业园区等集中。坚持以园区化引领发展现代农业，融合发展关联产业，着力打造现代农业综合发展平台。

强化农业生产性服务业对现代农业产业链的引领支撑作用，做大做强一批具有一定综合实力的农业服务业企业，支持供销、邮政、农业服务公司、农民合作社等开展农资供应、土地托管、代耕代种、统防统治、烘干收储等农业生产性服务业，构建全程覆盖、区域集成的新型农业社会化服务体系。

健全农业全程社会化服务体系，探索多种形式的托管服务模式，鼓励发展农业生产租赁、众筹合作等多种形式的互助共享经济，积极探索农产品个性化定制服务、会展农业、农业众筹等新型服务业态。

## 三、引导科技成果入乡转化

加快推进现代生物育种，制定种源"卡脖子"问题清单，实施粮油、生猪、牦牛、青稞和道地药材等重点物种种源联合攻关，培育具有突破性的"川种""渝种"品牌。加强农业种质资源保护和开发利用，推进省种质资源中心库建设，推动省畜禽遗传资源基因库提档升级，推动畜禽遗传资源保护利用，建设区域性畜禽基因库、畜牧科技城、国家级重庆（荣昌）生猪大数据中心。支持成都建设国家区域农作物种业创新中心，绵阳建设国家区域畜禽种业创新中心。设立乡村振兴投资引导基金，支持投资现代种业发展。研究组建四川现代农业种业发展集团。

提升农业科技创新能力，建设丘陵山区智能农机装备创新中心，推动"缺门断档"装备技术攻关和应用推广。整合四川、重庆农业高校、科研院所、农产品加工大企业研发中心等各类农业科技资源，搭建农科教创新平台，建设一批省级以上农业重点实验室和技术创新中心，造就一批具有较强国际竞争力的创新型领军企业，全面提升农业科技创新能力和核心竞争力。引导经济圈内外科技创新联盟、高新技术企业在现代农业园区设立试验站、中试熟化基地，推动新品种、新技术、新装备应用。

强化重大技术攻关和转化应用，深入实施国家农业重大科技创新工程，超前部署农业前沿和共性关键技术研究，重点发展农业生物制造、农业智能生产、智能农机装备、设施农业等关键技术和产品。围绕提高资源利用率、土地产出率、劳动生产率，突破一批节水农业、循环农业、农业污染控制与修复、盐碱地改造、农林防灾减灾等关键和实用技术。创新农产品优质高效安全生产技术，加快研究高效安全生物制剂和高效健康种养模式，建立从农田到餐桌的全程质量控制技术体系。建立成果转化激励机制，立足农业新成果新技术，集成创新推广模式，加快农业科技成果推广和转化应用。

## 四、加强农业品牌建设

建立农产品品牌培育、发展和保护体系，实施农业品牌提升工程、地理标志农产品保护工程，开展有机农产品认证。积极培育发展地理标志产品认证和知名品牌管理，推广巴味渝珍、天府龙芽等特色品牌，打造川菜渝味等区域公用品牌，加强绿色食品、有机产品、道地药材认证，提升农产品品牌溢价水平。培育一批区域特色明显、市场知名度高、发展潜力大、带动能力强的知名农产品区域公用品牌和企业产品品牌。加强无公害农产品、绿色食品、有机食品和农产品品牌管理，推进"三品一标"示范县、镇、村创建。

强化农产品分拣、加工、包装、预冷等一体化集配设施建设，大力建设自贡等国家骨干冷链物流基地。大力发展农村电商，建设一批重点网货生产基地和产地直播基地。建设国际农产品加工产业园。积极发挥农业领域上市公司、龙头企业带动作用，鼓励有实力的企业到国外进行农业资源开发，建设生产基地、研发基地和营销网络。提升农产品国际竞争力，推动农产品出口产业集群集聚发展，引导农产品出口企业境外注册商标。强化行业组织在推动和开拓国际市场中的作用，搭建农产品出口交易平台，举办品牌农产品宣传推介活动。

# 第十章
# 总结与展望

## 第一节　总结

历史上看，成渝地区一直是我国的人口重镇和经济重镇。成渝作为国家的战略后方，曾在许多重要时刻发挥关键作用。改革开放特别是西部大开发战略实施以来，成渝地区在基础设施建设和产业发展等方面取得长足进展。党的十八大以来，通过积极参与共建"一带一路"、长江经济带发展等重大战略，成渝地区积累了一定的发展实力，已经成为我国西部人口最密集、产业基础最雄厚、创新能力最强、市场空间最广阔、开放程度最高的区域，其战略高地地位日益凸显。以"双城记"引领区域经济稳步增长，是成渝地区发展的主要特色。因此，在中共中央、国务院开展区域重大战略谋划时，将其命名为"成渝地区双城经济圈建设"，旨在凸显双核引领、区域联动的现状特征与发展方向。

2020年1月3日，习近平总书记主持召开中央财经委员会第六次会议，研究推动成渝地区双城经济圈建设问题。会议指出，推动成渝地区双城经济圈建设，有利于在西部形成高质量发展的重要增长极，打造内陆开放战略高地，对于推动高质量发展具有重要意义。同年10月16日，中共中央政治局召开会议，审议《成渝地区双城经济圈建设规划纲要》。会议指出，推动成渝地区双城经济圈建设，有利于形成优势互补、高质量发展的区域经济布局，有利于拓展市场空间、优化和稳定产业链供应链，是构建以国内大循环为主体、国内国际双循环相互促进的新发展格局的一项重大举措。中共中央在2020年两次专题研究，足见对成渝地区双城经济圈建设寄予厚望，做出了重大而明确的部署。党的二十大报告指出，推动成渝地区双城经济圈建设。成渝地区成为我国促进区域协调发展的重要板块。

本书系统总结成渝地区经济社会发展历程与现状，以成渝两地的分合为主线，概括提炼大国内陆双城格局的演变过程，从成渝铁路、三线建设到重庆计划单列和直辖、成渝经济区提出，进而从经济规模、城镇格局、产业体系、基础设施、生活水平、开放条件、城乡融合等阐述了成渝地区如何发展成为一个充满活力的地区。与此同时，还需清楚地看到，与《规划纲要》提出的"打造带动全国高质量发展的重要增长极和新的动力源"这个目标和使命相比，与京津冀、长三角、粤港澳大湾区这三大发达区域相比，仍具有不小的差距。

面向未来，在世界面临百年未有之大变局的时代背景下，本书提出，抢抓重要战略机遇期的时间窗口，全力支持成渝地区双城经济圈建设，加快形成与东部沿海三大城市群比肩的发展引擎和创新高地，对于进一步提升我国在全球竞争中的位势、顺利开启第二个百年奋斗目标新征程、实现中华民族伟大复兴的中国梦都具有重要意义。具体而言，成渝地区双城经济圈加快建设，是拓展战略纵深、维护总体国家安全的有力举措，是发挥大国优势、形成强大国内市场的重要途径，也是优化开放格局、促进区域协调发展的必然要求。

比照《规划纲要》，本书从协同打造现代产业体系、优化双核引领的城镇发展格局、合力建设现代基础设施网络、构建区域一体化发展机制、强化高品质生活宜居地建设、联手打造内陆改革开放高地、共同推动城乡融合发展等七个章节，对成渝地区双城经济圈建设进行深入分析，提出建设举措。

# 第二节　展望

《成渝地区双城经济圈建设规划纲要》提出，到 2025 年，成渝地区双城经济圈经济实力、发展活力、国际影响力大幅提升，一体化发展水平明显提高，区域特色进一步彰显，支撑全国高质量发展的作用显著增强，双城引领的空间格局初步形成，基础设施联通水平大幅提升，现代经济体系初步形成，改革开放成果更加丰硕，创新水平大幅提高，生态宜居水平大幅提高。到 2035 年，建成实力雄厚、特色鲜明的双城经济圈，重庆、成都进入现代化国际都市行列，大中小城市协同发展的城镇体系更加完善，基础设施互联互通基本实现，具有全国影响力的科技创新中心基本建成，世界级先进制造业集群优势全面形成，现代产业体系趋于成熟，融入全球的开放型经济体系基本建成，人民生活品质大幅提升，对全国高质量发展的支撑带动能力显著增强，成为具有国际影响力的活跃增长极和强劲动力源。

展望未来，成渝地区发展的四梁八柱已经夯实，美好蓝图已经绘就，需要蹄疾步稳地按照已有的时间表、施工图抓好落实，在健全统筹推进机制、完善考核激励机制、推动多层次互动融合、加快重大项目落地、创新共享合作方式、加强人才交流往来等方面下功夫，积厚成势、久久为功，为成渝人民幸福生活和现代化国家建设提供坚实有力支撑。

# 参考文献

［1］习近平.推动形成优势互补高质量发展的区域经济布局［J］.求是，2019（24）：4-9.

［2］刘鹤.加快构建以国内大循环为主体、国内国际双循环相互促进的新发展格局［N］.人民日报，2020-11-25.

［3］周一星.主要经济联系方向论［J］.城市规划，1998，22（2）：22-25.

［4］史育龙，潘昭宇.成渝地区双城经济圈空间格局优化研究［J］.区域经济评论，2021（4）：127-134.

［5］四川省人民政府关于印发《成都都市圈发展规划》的通知［EB/OL］.https://www.ndrc.gov.cn/xwdt/ztzl/xxczhjs/ghzc/202203/t20220310_ 1319047. html?code=&state=123，2022-3-10.

［6］肖金成，汪阳红，张燕.成渝城市群空间布局与产业发展研究［J］.全球化，2019，（8）：30-48.

［7］林毅夫.自生能力、经济发展与转型：理论与实证［M］.北京：北京大学出版社，2004.

［8］邓玲，陈希勇，曾武佳.区域中心城市融入成渝地区双城经济圈的路径研究［J］.成都大学学报（社会科学版），2021（6）：40-53.

［9］朱兰.邓小平与成渝铁路建设［J］.四川档案，2004（4）：17-18.

［10］郑有贵，陈东林，段娟.历史与现实结合视角的三线建设评价——基于四川、重庆三线建设的调研［J］.中国经济史研究，2012（3）：120-127.

［11］白和金．重庆市的"计划单列"与计划体制改革［J］．经济与管理研究，1984（4）：15-19.

［12］唐润明．重庆：直辖之路［J］．中国档案，2008（6）：64-66.

［13］周跃辉．加快推动成渝地区形成有实力、有特色的双城经济圈——《成渝地区双城经济圈建设规划纲要》解读［J］．党课参考，2021（22）：55-71.

［14］西南财经大学成渝地区双城经济圈建设课题组，郭仕利，丁祥宇，等．成渝地区双城经济圈迈入绿色发展新阶段的现状、问题与路径［J］．经济研究参考，2021（24）：5-26+45.

［15］费孝通．中华民族的多元一体格局：民族学文选［M］．北京：生活·读书·新知三联书店，2021.

［16］《邓小平讲话实录》编写组．邓小平讲话实录［M］．北京：红旗出版社，2018.

［17］北京大学国家发展研究院综合课题组．还权赋能：奠定长期发展的可靠基础——成都市统筹城乡综合改革实践的调查研究［M］．北京：北京大学出版社，2010.

［18］林毅夫，付才辉．成渝地区双城经济圈建设的新结构经济学分析建议报告［N］．成都日报·理论周刊．2020-06-17.

［19］四川省人民政府办公厅　重庆市人民政府办公厅关于印发《成渝现代高效特色农业带建设规划》的通知［EB/OL］．https://www.sc.gov.cn/10462/zfwjts/2021/11/23/9d42b236fc5e420d893937fdcf331749.shtml，2021-11-23.

［20］四川省人民政府关于印发《四川省"十四五"服务业发展规划》的通知［EB/OL］．https://www.sc.gov.cn/10462/zfwjts/ 2021/12/16/cb8f9fb60cd74f40ae6b356563e4bcd5.shtml，2021-12-13.

［21］重庆市现代种业发展"十四五"规划［EB/OL］．http://nyncw.cq.gov.cn/zwxx_161/tzgg/202201/t20220111_10292336_wap.html，2022-01-11.

［22］四川省农业农村厅　四川省发展和改革委员会　四川省林业和草

原局关于印发《四川省"十四五"现代种业发展规划》的通知［EB/OL］.
http://nynct.sc.gov.cn/nynct/c100664/2022/2/21/b76db3ff91fe463589a24610ff8fc
4d5.shtml，2022-01-29.

［23］牟锦毅.农业科技在巩固拓展脱贫攻坚成果同乡村振兴有效衔接的
支撑作用研究［J］.四川农业科技.2021（1）：5-8.

［24］重庆市农业农村委员会关于印发重庆市农业经济作物发展
"十四五"规划（2021—2025年）的通知［EB/OL］. http://nyncw.cq.gov.cn/
xxgk_161/zfxxgkzl/fdzdgknr/ghjh/202112/t20211227_10236989.html，2021-12-
23.

［25］中国人民银行 国家发展改革委 财政部 中国银行保险监督管理
委员会 中国证券监督管理委员会 国家外汇管理局 重庆市人民政府 四川
省人民政府关于印发《成渝共建西部金融中心规划》的通知［EB/OL］.
https://www.ndrc.gov.cn/xwdt/ztzl/xxczhjs/ghzc/202203/t20220310_1319048.
html?code=&state=123，2021-12-13.

［26］四川省人民政府关于印发《四川省"十四五"金融业发展和改革规
划》的通知［EB/OL］. https://www.sc.gov.cn/10462/zfwjts/2021/12/1/23359e
d8bf6043aaad0d44236db59aca.shtml，2021-12-01.

［27］成都市统计局，国家统计局成都调查队.2021年成都市国民经济和
社会发展统计公报［EB/OL］. http://gk.chengdu.gov.cn/uploadfiles/ 0703320213/
2022032509515647，2022-03-25.

［28］重庆市统计局，国家统计局重庆调查总队.2021年重庆市国民经
济和社会发展统计公报［EB/OL］. https://www.cq.gov.cn/zjcq/sjfb_120853/
tjgb/202203/t20220318_10523268.html，2022-03-18.

［29］四川省统计局.2021年四川省国民经济和社会发展统计公报［EB/OL］.
https://www.sc.gov.cn/10462/c106776/2022/3/14/f166e013752142c094665a61ff8
18d09.shtml，2022-03-18.

［30］重庆市经济和信息化委员会.成渝地区双城经济圈电子信息产业协

同发展实施方案［EB/OL］. http://jjxxw.cq.gov.cn/hdjl_213/yjzj/202105/t20210518_9289816.html.，2021-05-14.

［31］重庆市经济和信息化委员会．成渝地区双城经济圈汽车产业高质量协同发展实施方案［EB/OL］. https://jjxxw.cq.gov.cn/hdjl_213/yjzj/202105/t20210518_9289816.html，2021-05-14.

［32］重庆市人民政府．重庆市战略性新兴产业发展"十四五"规划（2021—2025年）［EB/OL］. http://wap.cq.gov.cn/zwgk/zfxxgkml/wlzcxx/qyjf/wqszf/202203/t20220321_10531169.html，2022-03-02.

［33］唐泽文．建设国家算力枢纽节点 今年川渝两地将强化数据双向流动［N］.四川日报，2022-05-24.

［34］曹清尧．为加快推进成渝城市群一体化发展建言献策［N］.重庆日报，2022-03-03.

［35］杨成万．成渝含"金"量将大幅提升［N］.金融投资报，2021-12-28.

［36］范文博，余丽，任清怡．共建成渝地区协同创新体系的建议［J］.决策咨询，2020（5）：23-27.

［37］康治平，付媛，唐旭，等．赋予科研人员职务科技成果所有权或长期使用权实施路径探究［J］.中国科技论坛，2022（3）：17-24.

［38］谢婷婷，李梦悦，张克武．职务科技成果所有权改革的激励机制研究［J］.西南科技大学学报（哲学社会科学版），2022，39（2）：85-90.

［39］黄钟仪．产业转移：东部的趋势及西部的选择——以重庆为例［J］.经济问题，2009（7）：117-120.

［40］仲量联行．成渝城市群，中国第四极："十四五"展望视角［EB/OL］. https://www.joneslanglasalle.com.cn/zh/trends-and-insights/research/chengyu-cluster-report-2022，2022-04-26/2022-11-01.

［41］重庆市委，重庆市人民政府．关于进一步推动制造业高质量发展加快建设国家重要先进制造业中心的意见［EB/OL］. https://jjxxw.cq.gov.cn/zwgk_213/zcjd/wzjd/202104/t20210423_9207968.html，2021-04-23.

［42］重庆市人民政府.支持制造业高质量发展若干政策措施［EB/OL］. https://www.cq.gov.cn/zwgk/zfxxgkml/zfgb/2021/d8q_20210601/202106/ t20210629_9435750.html，2021-04-20.

［43］四川省发展改革委.四川省"十四五"川陕革命老区发展规划 ［EB/OL］. http://fgw.sc.gov.cn/sfgw/c106050/2021/10/26/3bd391eb7c6b 4a899522901506531446/files/fb2bc21f96cd416fb077af05faaa6c28，2021-10-31.

［44］四川省经济和信息化厅.四川省承接制造业有序转移的实施意见 ［EB/OL］. https://www.sc.gov.cn/10462/zfwjts/2022/9/23/5b957bb3ba774b1eb5 b23391a7d89393/files/4d10ca60454e4b53a1fe0f356ac2653c，2022-04-01.

［45］国家发展改革委.重庆沿江承接产业转移示范区抢抓产业转移机遇 激发经济发展潜力［J］.中国经贸导刊，2021（15）：41-43.

［46］尹虹潘，成渝城市群空间经济格局与城际经济关联［J］.西南大学 学报，2019，45（3）：44-53.

［47］国家发展改革委关于印发成渝经济区区域规划的通知［EB/OL］. https://www.ndrc.gov.cn/xxgk/zcfb/ghwb/201106/t20110602_ 962116.html， 2011-06-02.

［48］国家发展改革委 住房城乡建设部关于印发成渝城市群发展规划的 通 知［EB/OL］. https://www.ndrc.gov.cn/fzggw/jgsj/ghs/sjdt/201605/t20160504_ 1170022.html，2016-05-04.

［49］重庆市人民政府办公厅，四川省人民政府办公厅.关于印发川渝毗 邻地区合作共建区域发展功能平台推进方案的通知［EB/OL］. http://www.cq. gov.cn/zwgk/fdzdgknr/lzyj/qtgw/202008/t20200812_7776971.html，2020-7-27.

［50］李凯，刘涛，曹广忠.城市群空间集聚和扩散的特征与机制——以 长三角城市群、武汉城市群和成渝城市群为例［J］.城市规划，2016，40（2）： 18-26.

［51］姚作林，涂建军，牛慧敏，等.成渝经济区城市群空间结构要素特 征分析［J］.经济地理，2017，37（1）：82-89.

［52］胡锡琴，张红伟．空间经济视域下城市群FDI、服务业集聚的经济效应——基于成渝城市群的实证分析［J］．中国地质大学学报，2017，17（5）：116-125.

［53］张学良，张明斗，肖航．成渝城市群城市收缩的空间格局与形成机制研究［J］．重庆大学学报，2018，24（6）：1-14.

［54］杨任飞，罗红霞，周盛，等．夜间灯光数据驱动的成渝城市群空间形成过程重建及分析［J］．地球信息科学学报，2017，19（5）：654-661.

［55］冯正霖．实现世界级城市群和机场群联动发展［N］．人民日报，2017-07-24（07）.

［56］范渊，姜欣辰．加州世界级机场群空间规划布局模式研究［J］．国际城市规划，2021，36（3）：13.

［57］中国民航局．2019年民航机场生产统计公报：2019年民航机场吞吐量排名［R/OL］．http://www.caac.gov.cn/XXGK/XXGK/TJSJ/202003/t20200309_201358.html，2020-03-09.

［58］中国口岸协会．中国口岸年鉴（2020年版）［M］．北京：中国海关出版社，2020.

［59］中国民用航空局，国家发展和改革委员会，交通运输部．"十四五"民用航空发展规划［R/OL］．http://www.caac.gov.cn/XXGK/XXGK/FZGH/202201/t20220107_210798.html，2021-12-14.

［60］四川省人民政府．四川省"十四五"综合交通运输发展规划［R/OL］．http://jtt.sc.gov.cn/jtt/c101533/2021/11/1/62e9f47c162a4250b676a35dd42d4421.shtml，2021-10-26.

［61］重庆市人民政府．重庆市综合交通运输"十四五"规划［R/OL］．https://jtj.cq.gov.cn/zwgk_240/zfxxgk/fdzdgknr/ghjh/202110/t20211020_9868651.html，2021-10-9.

［62］潘昭宇，唐怀海，王亚洁，等．加快构建都市圈多层次轨道交通体系［J］．宏观经济管理，2020（11）：6.

［63］国家发展改革委.成渝地区双城经济圈多层次轨道交通规划［R/OL］.https://www.ndrc.gov.cn/xxgk/zcfb/tz/202112/t20211222_1308923_ext.html，2021-12-10.

［64］周晓峰.国际航运中心建设重在"软环境"［N］.青岛日报，2022-02-11（009）.

［65］高嵩，马飞.长江内河航运中心定位辨析［J］.重庆交通大学学报（社会科学版），2015,15（3）：5.

［66］国家发展改革委，交通运输部.成渝地区双城经济圈综合交通运输发展规划［R/OL］.https://www.ndrc.gov.cn/xwdt/ztzl/xxczhjs/ghzc/202202/t20220228_1317667.html?code=&state=123，2021-6-7.

［67］四川省人民政府.四川省"十四五"能源发展规划［R/OL］.https://www.sc.gov.cn/10462/11555/11562/2022/4/11/3838ea3722e742fa95f151fbd7c5cf8a.shtml，2022-3-3.

［68］重庆市发展改革委.重庆市"十四五"节能环保产业发展规划（征求意见稿）［R/OL］.http://fzggw.cq.gov.cn/hdjl/yjzq/202202/t20220214_10390621.html，2022-2-14.

［69］四川省人民政府.四川省"十四五"水安全保障规划［R/OL］.http://slt.sc.gov.cn/scsslt/slcwzcfg/2021/9/15/b806f41fc8d14e87af30dd4fdb26c771.shtml，2021-8-30.

［70］重庆市人民政府办公厅.重庆市水安全保障"十四五"规划［R/OL］.http://slj.cq.gov.cn/zwgk_250/fdzdgknr/ghxx/202110/t20211019_9820532.html，2021-9-30.

［71］重庆市人民政府.重庆市数字经济"十四五"发展规划［R/OL］.http://www.cq.gov.cn/zwgk/zfxxgkml/szfwj/qtgw/202112/t20211208_10107836.html，2021-11-23.

［72］四川省人民政府.四川省"十四五"新型基础设施建设规划［R/OL］.https://www.sc.gov.cn/10462/zfwjts/2021/9/10/ff0c000e339b4bd8b83dc2f2

4e9c88ed.shtml，2021-9-8.

［73］［英］彼得·霍尔，凯西·佩恩. 多中心大都市：来自欧洲巨型城市区域的经验［M］. 罗震东，等，译. 北京：中国建筑工业出版社，2010.

［74］姚亚伟，刘江会. 长三角区域资本市场一体化程度评价、测度及未来发展建议［J］. 苏州大学学报（哲学社会科学版），2021，42（3）：14.

［75］周素红，陈慧玮. 美国大都市区规划组织的区域协调机制及其对中国的启示［J］. 国际城市规划，2008，23（6）：93-98.

［76］刘君德. 中国政区地理［M］. 北京：科学出版社，1997.

［77］浦善新. 中国行政区划概论［M］. 北京：知识出版社，1995.

［78］刘再兴. 综合经济区划的若干问题［J］. 经济理论与经济管理，1985（6）：45-49.

［79］刘本盛. 中国经济区划问题研究［J］. 中国软科学，2009（2）：81-90.

［80］蔡之兵，张可云. 经济区与行政区适度分离改革：实践逻辑、典型模式与取向选择［J］. 改革，2021（11）：30-41.

［81］贾让成，楼伟波，李龙. 政府绩效考核机制：长三角经济一体化中政府竞争的源泉［J］. 上海经济研究，2007（5）：75-79.